আজ প্রতিটা পরিবারের ঠাকুমা-দিদিমারা 8-10-টা ঘরোয়া চিকিৎসার ব্যাপারে জানেন... কিন্তু আমরা সঠিক সময়ে সেগুলোর লাভ ওঠাতে পারি না। কিন্তু এই সব চিকিৎসা বেশীর ভাগ সময়েই রামবাণের মত কাজ করে। এই জিনিষটাকে মাথায় রেখেই এই পুস্তকের রচনা করা হয়েছে।

ঠাকুমার ঘরোয়া চিকিৎসা

ঠাকুমার ঘরোয়া চিকিৎসা

লেখক / সংকলন

ডাঃ রাজীব শর্মা

বি. এইচ. এম. এস., এম. ডি.
পি. জি. এন. ডি., ডি. ওয়াই. টি. এইচ., পি. এম. এস.
সম্পাদক, কলাম লেখক, সমালোচক এবং পরামর্শদাতা

শ্রীমতি রাজেশ শর্মা

এম. এ., এল. এল. বি.
লেখিকা, এ্যাডভোকেট এবং সমাজ সেবিকা

ডায়মণ্ড বুকস

ISBN : 81-288-1574-1

প্রকাশক	ঃ	ডায়মণ্ড বুক্স (প্রা.) লি. X-30, ওখলা ইণ্ডাস্ট্রিয়াল এরিয়া, ফেজ-2 নূতন দিল্লী - 110 020
ফোন	ঃ	011-41611861
ফ্যাক্স	ঃ	011-41611866
ই-মেল	ঃ	sales@dpb.in
ওয়েবসাইট	ঃ	www.dpb.in
বঙ্গানুবাদ	ঃ	শ্রী সমীর দে
লেজার টাইপসেটিং	ঃ	ল্যাঙ্গুয়েজট্রন, ফোন ঃ 9810633190
সংস্করণ	ঃ	2026
মুদ্রক	ঃ	আদর্শ প্রিন্টার্স, শাহদরা, দিল্লী - 32

Thakumar Gharoa Chikitsa

by Dr. Rajeev Sharma

সাদর সমর্পণ

কৈলাশবাসী প্রভু ভোলানাথ
ভগবান শংকর, মাতা পার্ব্বতী এবং শ্রী গণেশের
শ্রী চরণে শ্রদ্ধা, ভক্তি ও বিশ্বাস সমেত
সাদরে সমর্পিত!

"প্রভু, আমাকে শক্তি-বুদ্ধি-ধন-ঐশ্বর্য্যে পরিপূর্ণ রাখুন!"
ওঁ ত্রয়ম্বকং যজামূহে সুগন্ধিত পুষ্টিবর্ধনম।
উর্বারুক মিব বন্ধনান মৃত্যোর্মুক্ষীয়মাঽমৃতাত্।।

লেখক পরিচিতি

ডাঃ রাজীব শর্মা হচ্ছেন আমাদের দেশের একজন প্রতিষ্ঠিত হোমিওপ্যাথি, যোগ, প্রাকৃতিক এবং বৈকল্পিক চিকিৎসা পরামর্শদাতা।

প্রায় 100 পুস্তকের লেখক, *"সাহিত্য শ্রী"* উপাধিতে বিভূষিত ডাঃ রাজীব শর্মা বিগত 10 বছর ধরে কলাম লেখকের রূপে সক্রিয় হয়ে রয়েছেন। প্রায় সকল রাষ্ট্রীয় সংবাদপত্র, পত্র-পত্রিকায় ওনার 1000-য়েরও বেশী রচনা ইতিমধ্যেই প্রকাশিত হয়ে পড়েছে। চিকিৎসকীয় লেখনের ক্ষেত্রে ডাঃ রাজীব শর্মা উত্তর প্রদেশের বুলন্দশহরের নাম উজ্জ্বল করে তুলেছেন। ওনাকে *"সাহিত্য শ্রী"* এবং আরও বেশ কিছু উপাধিতে বিভূষিত করা হয়েছে।

হোমিওপ্যাথি, যোগ, আকুপ্রেশার, চুম্বক এবং প্রাকৃতিক চিকিৎসা পরামর্শদাতা ডাঃ রাজীব শর্মা ভারতীয় জীবন বীমা নিগমের মেডিক্যাল অফিসারের পদে কার্যরত... উনি রলসন রেমেডিজ, দিল্লী-র পরামর্শদাতা এবং বিশ্বের 20-টিরও বেশী দেশে প্রসারিত *"এশিয়ান হোমিওপ্যাথিক জার্নাল"*-য়ের সম্পাদক মণ্ডলের অন্যতম সদস্য।

রাষ্ট্রীয় স্তরে *"নেশামুক্তি এবং এইডস্ জাগরুকতা অনুষ্ঠান"*-য়ের সঙ্গে যুক্ত ডাঃ রাজীব শর্মার বেশ কিছু অনুষ্ঠান আকাশবাণীতেও প্রসারিত হয়েছে।

শীঘ্রই ডাঃ রাজীব শর্মার এক কাব্য-সংগ্রহ এবং দুটি উপন্যাসও প্রকাশিত হতে চলেছে।

প্রস্তাবনা

এই পুস্তক লেখার কাজে আমি আমার দিদিমা শ্রীমতি মালতী দীক্ষিতের থেকে বিশেষ সাহায্য প্রাপ্ত করেছি। আমি উত্তর প্রদেশের বুলন্দশহরের সিনীয়র এ্যাডভোকেট শ্রী কিরণ চন্দ্র শর্মা এবং শ্রী সজেন্দ্র চৌধুরীর প্রতিও কৃতজ্ঞ... যাঁরা প্রতি পদক্ষেপে সু-পরামর্শ প্রদান করে আমার উৎসাহ বর্দ্ধন করেছেন।

এই পুস্তককে *'শংকর পরিবার'*-য়ের শ্রী চরণে সমর্পিত করতে পেরে আমি অপার আনন্দ অনুভব করছি। আশা করি, এই পুস্তক পাঠকদের রোগ নিবারণে কার্যকরী হবে।

শুভ কামনার সঙ্গে -

ডাঃ রাজীব শর্মা
আরোগ্য জ্যোতি ®
320-322, টীচার্স কলোনী
বুলন্দশহর - 203 001 *(উ. প্র.)*
ফোন ঃ (05732) - 21793, 25398

ভূমিকা

প্রিয় ডাঃ রাজীব শর্মা,

আপনার পুস্তক ***"ঠাকুমার ঘরোয়া চিকিৎসা"***-র মূল পাণ্ডুলিপি দেখলাম। পুস্তকটি সাধারণ পাঠকবৃন্দের কথা মাথায় রেখে অত্যন্ত সরল ভাষায় লেখা হয়েছে। আপনাকে আমার শুভ কামনা জানাই।

মুকুল শর্মা
জেলা সংবাদদাতা
'রাষ্ট্রীয় সাহারা'
বুলন্দশহর
উত্তর প্রদেশ

সূচীপত্র

পুরো এবং নতুন মাপ

- 08 রত্তি = এক মাশা
- 12 মাশা = এক তোলা
- 05 তোলা = এক ছটাক
- 16 ছটাক = এক কি.গ্রা.
- এক ছটাক = প্রায় 60 গ্রাম

মাথা এবং স্নায়ু সংস্থানের রোগ

মাথার যন্ত্রণা

- মাথার যন্ত্রণায় গোদন্তী ভস্ম 450 মিগ্রা., 1 গ্রাম মিছরী এবং 10 গ্রাম গরুর দুধের ঘি নিয়ে সব কিছুকে এক সঙ্গে মেশান। এই মাত্রা দিনে তিন বার নিলে লাভ হয়।
- শূলাদিবজ্র রসের 1-1 গুলি সকাল-সন্ধ্যা মিছরীর সঙ্গে নিলে মাথার যন্ত্রণায় লাভ হয়।
- ত্রিফলা চূর্ণ 500 মিগ্রাকে 1 গ্রাম মিছরীর সঙ্গে মিশিয়ে রাতে ঘুমোবার আগে নিলে আরাম পাওয়া যায়।
- যড়বিন্দু তেল 5-5 ফোঁটা নাকে দিলে পুরোন মাথার যন্ত্রণায় লাভ হয়।
- কুঠ আর অরণ্ডের শেকড়কে বেটে প্রলেপ করলে মাথার যন্ত্রণায় আরাম পাওয়া যায়।
- ত্রিকটু, পুস্করমূল, রাস্ত্রা আর অশ্বগন্ধের 25 গ্রাম চূর্ণকে 2 কাপ জলে ক্বাথ তৈরী করে নাকে 2-2 ফোঁটা দিলে মাথার যন্ত্রণায় আরাম পাওয়া যায়।
- মহালক্ষী বিলাসের 1-1 গুলি সকাল-সন্ধ্যে নিলে মাথার যন্ত্রণায় লাভ হয়।
- দারচিনিকে জলের সঙ্গে খুব মিহি করে বেটে প্রলেপ বানিয়ে কপালে লাগালে মাথার যন্ত্রণায় লাভ হয়।

আধকপালী *(অৰ্দ্ধেক কপালের যন্ত্রণা)*

মাদার বা আকের বড় পাতার মাঝখানের দুটো ছোট-ছোট পাতার জোড়াকে সূর্যোদয়ের আগে ভেঙে নিন আর গুড়ের সঙ্গে জড়িয়ে সূর্যোদয়ের আগেই গিলে খেয়ে নিন। লাগাতার তিন দিন এই প্রয়োগ করলে লাভ

হবে।

সতর্কতা – যদি এই প্রয়োগ সূর্য ওঠার আগে না করা যায়, তাহলে কোন লাভই হবে না।

- প্রতি দিন ভোজনের সময় 2 চামচ খাঁটি মধুর সেবন করলে আধকপালীর যন্ত্রণা শেষ হয়ে যায়।
- যন্ত্রণার সময় নাকের ফুটোয় 1-1 ফোটা মধু ঢাললে আরাম পাওয়া যায়।
- 10 গ্রাম গোলমরিচ চিবিয়ে খেয়ে তারপর 20-25 গ্রাম দেশী ঘি পান করলে আধকপালীর যন্ত্রণা দূর হয়।
- চকবড়ের বীজ কাঞ্জিতে পিষে কপালে প্রলেপ করলে আরাম হয়।

পুরোন শ্লেষ্মা-জ্বর

ভাজা ছোলার (খোসা ছাড়ানো) ছাতু 20 গ্রাম, মালাই বা রাবড়ি 20 গ্রাম, কিছুটা মধুতে মিশিয়ে তাতে 4 ফোটা আসল অমৃতধারা মিশিয়ে কিছু দিন রাতের বেলা সেবন করলে নতুন-পুরোন শ্লেষ্মা-জ্বরে ভালো লাভ হয়।

গুলবনফশা 4 গ্রাম, মূলেঠী 4 গ্রাম, উন্নাব 5 দানা, মুনক্কা 4 দানা, উস্তখদ্দুস 2 গ্রাম – সব কিছুকে এক গ্লাস জলে ফোটান। জল 200 গ্রামের মত অবশিষ্ট থেকে গেলে তাতে কিছুটা দেশী চিনি মিশিয়ে রাতের বেলা পান করুন। টক জিনিষ খাবেন না।

সাইনাসের মাথা যন্ত্রণা

চিকিৎসা – 11 তুলসী পাতা, 11 গোলমরিচ, 11 মিছরীর টুকরো আর 2 গ্রাম আদাকে 250 গ্রাম জলে ফেলে ফোটান। জল ফুটে অর্ধেক অবশিষ্ট থেকে গেলে ছেঁকে সকালবেলা খালি পেটে গরমাগরম পান করুন আর প্রায় 2 ঘন্টা পর্যন্ত স্নান করবেন না। এই প্রয়োগ 3 দিন পর্যন্ত করুন।

মাথার যন্ত্রণার ঘরোয়া চিকিৎসা

শুকনো আদার চা – আধ চামচ শুকনো আদার চূর্ণ 1 কাপ জলে মিশিয়ে পান করুন, এতে মাথার যন্ত্রণায় তৎক্ষনাৎ আরাম হয়... বিশেষ করে যদি হজমের গোলমালে মাথার যন্ত্রণা হতে থাকে।

ক্যামোমিল (ববুনার ছাল) আর ক্যাটনিপের চা – এটা

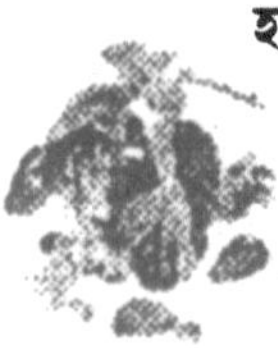

ঘাবড়ানি ভাবের কারণে উৎপন্ন মাথার যন্ত্রণায় খুব ভালো কাজ দেয়। এর প্রভাব হাল্কা হয় আর এই প্রয়োগ শান্তি প্রদান করে। এই দুটো প্রয়োগই ঘুম নিয়ে আসে আর এ্যালার্জীর কারণে হওয়া মাথার যন্ত্রণাতেও লাভ প্রদান করে। এই দুটো প্রয়োগের মধ্যে যে কোন একটা দ্বারা প্রস্তুত চা দিনের মধ্যে তিন কাপ পান করলে মাথার যন্ত্রণায় আরাম পাওয়া যায়।

পিপারমেন্ট চা – পিপারমেন্টে এমন তেল পাওয়া যায়, যেটা মাংসপেশীগুলোর সংকুচনকে দূর করে মাথার যন্ত্রণার থেকে মুক্তি প্রদান করে। সুতরাং মাথার যন্ত্রণা শুরু হতেই এক কাপ পিপারমেন্টের চা পান করুন।

ফীভারফ্যু – এটা রক্তের শিরাগুলোকে আরাম প্রদান করে, যার ফলে মাইগ্রেন *(আধকপালী)*, জ্বর আর সন্ধিবাতের কারণে উৎপন্ন মাথার যন্ত্রণায় আরাম হয়।

বলেরিয়ন আর প্যান ফ্লাওয়ার – এতে মাংসপেশীগুলোর সংকুচন দূর হয় আর এটা কিছুটা মাত্রায় সেডেটিভ *(শান্তিকারক)*-ও হয়।

সাদা উইলো (পাদপ) – এর ছালে এ্যাস্পিরিনের মত যন্ত্রণানাশক শক্তি থাকে।

আধকপালীর ওপরে পরীক্ষিত যোগ

শিরহেরার পাতা আর ডাঁটাকে কুটে সেটার রস বার করে নিন আর 2 ফোটা যে দিকে যন্ত্রণা হচ্ছে, তার উল্টো দিকের কানে ঢালুন। হাঁচি এসে মাথার যন্ত্রণা ঠিক হয়ে পড়বে।

গরমের কারণে মাথায় যন্ত্রণা হতে থাকলে লাউয়ের বিচি বার করে খুব মিহি করে পিষে কপালে প্রলেপ করুন।

পীপলামূলের চূর্ণ 1-1 মাশা আধ ঘন্টা পরে-পরে জলের সঙ্গে তিন বার দিলে মাথার যন্ত্রণা দূর হয়ে পড়ে।

মৃগী

এই রোগে রোগী হঠাৎ করে জ্ঞান হারিয়ে ফেলেন। রোগীর হাত-পা কাঁপতে থাকে... মুখ দিয়ে গ্যাঁজলা বেরোতে থাকে। শরীরে কড়া ভাব এসে যায় আর রোগীর মস্তিস্কে ভারসাম্যের অভাব হয়ে পড়ে।

- অকরকরা 100 গ্রাম, পুরোন ভিনিগার আর মধু 100 গ্রাম নিন। প্রথমে অকরকরাকে ভিনিগারে ভালো করে ঘুঁটে নিন আর তারপর মধু মিশিয়ে দিন। 5 গ্রাম এই ওষুধ প্রতি দিন

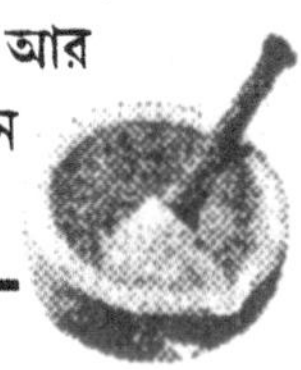

প্রাতঃকালে রোগীকে চাটান। মৃগী রোগ দূর হবে।

- বচের চূর্ণ 1 গ্রাম প্রতি দিন মধুর সঙ্গে চাটান। তারপর দুধ পান করতে দিন। এতে পুরোন মৃগী রোগও দূর হয়ে পড়ে।
- অজ্ঞান হয়ে পড়া রোগীকে রসুন কুটে শোঁকালে রোগীর জ্ঞান ফিরে আসে।
- প্রতি দিন 3-5 কালো রসুন, দুধে ফুটিয়ে পান করালে মৃগী রোগ দূর হয়।

পাগলামী/মানসিক ভারসম্যতা হীনতা

এটা হচ্ছে এক মানসিক রোগ। চিৎকার করা, জামা-কাপড় ছেঁড়া, উল্টো-পাল্টা বকা, নিজের সঙ্গেই কথা বলে চলা, হঠাৎ হেসে ওঠা বা কেঁদে ফেলা, লোকেদের মারতে বা কামড়াতে চেস্টা করা, নিজের মাথার চুল নিজেই ছেঁড়া ইত্যাদি হচ্ছে এই রোগের প্রমুখ লক্ষণ।

এই রোগ বেশ কয়েক প্রকারের বিকৃতির কারণে হতে পারে। যেমন – অত্যধিক প্রসন্ন হওয়া, ঋণগ্রস্ত বা দেউলিয়া হয়ে পড়া, অত্যধিক চিন্তিত থাকা, ভয়, শোক, মোহ, ক্রোধ, হর্ষ, মৈথুনে ব্যর্থ হওয়া, কাম-বাসনার অতৃপ্তি অথবা মাদক পদার্থের অত্যধিক সেবন করা। সুতরাং পাগলামীর মূল কারণকে জেনে তবে ঔষধির প্রয়োগ করা উচিত।

- খিরেটী *(সাদা ফুলওয়ালা)*-র চূর্ণ সাড়ে তিন তোলা আর 10 গ্রাম পুনর্নবার শেকড়ের চূর্ণ – এই দুটো জিনিষকে ক্ষীর-পারুর বিধিতে দুধে ফুটিয়ে এবং ঠাণ্ডা করে প্রতি দিন প্রাতঃকালে পান করলে ঘোর উম্মাদও নস্ট হয়ে পড়ে।
- পীপল, দারুহরিদ্রা, মঞ্জীঠ, সর্ষে, সিরসের বীজ, হিং, শুকনো আদা, গোলমরিচ – এই সব কিছু 10-10 গ্রাম করে নিয়ে কুটে-পিষে ছেঁকে নিন। এই চূর্ণকে ছাগলের মূত্রে পিষে নস্য দিলে এবং চোখে পরীক্ষা করলে উম্মাদ, গ্রহ এবং মৃগী রোগ নস্ট হয়।
- সর্ষের তেলের নস্য দিলে এবং সর্ষের তেল চোখে কাজলের মত লাগালে পাগলামী রোগ দূর হয়। এমন রোগীর সর্বশরীরে সর্ষের তেল লাগিয়ে আর রোগীকে বেঁধে রোদে চিত করে শুইয়ে দিলেও এই রোগের থেকে মুক্তি পাওয়া যায়।
- ব্রাহ্মী পাতার রস 40 গ্রাম, 12 রত্তি কুটের চূর্ণ এবং 48 রত্তি মধু – এই সব কিছুকে এক সঙ্গে মিশিয়ে পান করলে বা

পান করালেও পাগলামীর লক্ষণ দূর হয়।

- 20 গ্রাম পেঠার বীজ রাতের বেলা কোন মাটির পাত্রে 50 গ্রাম জলে ভিজিয়ে রাখুন। পরের দিন সকালে সেটাকে শিলে বেটে ছেঁকে নিন এবং 6 মাশা মধু মিশিয়ে পান করুন। 15 দিন পর্যন্ত নিয়মিত এর সেবন করলে পাগলামী *(যদি সেটা বাস্তবে থাকে আর রোগী যদি পাগলামীর অভিনয় না করে)* দূর হয়ে পড়ে।
- তগর, বচ আর কুট, সিরসের বীজ, মূলেঠী, হিং, রসুনের রস – সব কিছু 10 গ্রাম করে নিয়ে মিহি করে পিষে ছেঁকে নিন। তারপর সেটাকে ছাগলের মূত্রে পিষে নস্য দিলে এবং চোখে দিলে পাগলামী দূর হয়।

মাথা ঘোরা

- মালকাঙ্গনীর বীজ – প্রথম দিন 1, দ্বিতীয় দিন 2 আর তৃতীয় দিন 3... এই প্রকার 21 দিন পর্যন্ত 21 বীজে পৌঁছে যান। তারপর এই ভাবে কমাতে-কমাতে 1 পর্যন্ত নেমে আসুন। উপরোক্ত বীজ গিলে খেয়ে তারপর দুধ পান করুন। এর ফলে মস্তিস্কের দুর্বলতার কারণে মাথা ঘোরা বন্ধ হয়ে পড়ে।
- মালকাঙ্গনীর চূর্ণ 3 গ্রাম *(এক বড় চামচের সমান)* দিনে দু বার দুধের সঙ্গে নিলে মস্তিস্কের দুর্বলতা দূর হয়।
- 50 গ্রাম শঙ্খপুস্পী আর 50 গ্রাম মিছরীকে পিষে চূর্ণ বানিয়ে নিন। 6 গ্রাম চূর্ণ প্রাতঃকালে কালো গরুর দুধের সঙ্গে খেলে মাথা ঘোরা বন্ধ হয়ে পড়ে।
- বচের 4 গ্রাম চূর্ণ খেয়ে তারপর দুধ পান করলে মস্তিস্ক শক্তি প্রাপ্ত করে।
- 5 থেকে 10 ফোঁটা মালকাঙ্গনীর তেল মাখন বা মালাইতে ঢেলে খেলে মস্তিস্কের দুর্বলতা দূর হয়ে মাথা ঘোরা বন্ধ হয়ে যায়।
- শংরবাহুলী বুটী 7 গ্রাম আর 7 দানা গোলমরিচকে লস্যির মত ঘুঁটে, মিছরী মিশিয়ে পান করলে মাথা ঘোরা বন্ধ হয়ে পড়ে।
- মৌরী 6 গ্রাম, 7 বাদাম আর 6 গ্রাম মিছরীর চূর্ণ বানিয়ে রাতে দুধের সঙ্গে সেবন করলে মস্তিস্কের দুর্বলতা দূর হয়ে মাথা ঘোরা বন্ধ হয়ে যায়। পুরো সওয়া এক মাস এর সেবন করা উচিত।

পক্ষাঘাত

এই রোগে শরীরের অঙ্গ নিষ্ক্রিয় হয়ে পড়ে আর চেতনাশূণ্য হয়ে পড়ে। শরীর নাড়াচাড়া করাও রোগীর পক্ষে মুশ্‌কিল হয়ে যায়।

- শরীরের যে অঙ্গে পক্ষাঘাত হয়েছে, সেই অঙ্গে খেজুরের শাঁস মালিশ করলে পক্ষাঘাত দূর হয়।
- হরতাল বর্কী 20 গ্রাম, জায়ফল 40 গ্রাম, পীপলী 40 গ্রাম – সব কিছুকে কুটে-পিযে কাপড়ে ছেঁকে নিন। আধ গ্রাম মাত্রায় সকাল-সন্ধ্যে মধুর সঙ্গে নিন। তারপর গরম দুধ পান করুন।
- বীর বহুটীর পা আর মাথা বার করে যেটুকু বাঁচবে, সেটাকে পানের মধ্যে রেখে কিছু দিন পর্যন্ত লাগাতার সেবন করলে পক্ষাঘাত রোগ দূর হোতে পড়ে।
- গোলমরিচ 60 গ্রাম নিয়ে পিযে নিন। তারপর সেটাকে 250 গ্রাম তেলে মিশিয়ে কিছুক্ষন ফোটান। এই তেলের পাতলা প্রলেপ করলে পক্ষাঘাত রোগ দূর হয়। এই তেল সেই সময় তাজা বানিয়ে গুনগুনা গরম অবস্হায় লাগানো হয়।

প্যারালাইসিস

এই রোগে রোগীর অর্দ্ধেক মুখ বেঁকে যায়... ঘাড় বেঁকে যায়... রোগীর মুখ দিয়ে আওয়াজ বেরোয় না। চোখ, নাক, ভ্রু আর গাল বেঁকে যায় আর যন্ত্রণাও হতে থাকে।

- রাই, অকরকরা আর মধু – তিনটে জিনিষ 6-6 গ্রাম নিন। রাই আর অকরকরাকে কুটে-পিযে কাপড়ে ছেঁকে নিন আর মধুর সঙ্গে মিশিয়ে দিন। এটা দিনে তিন বার জিভের ওপরে মালিশ করতে থাকুন। ভালো ফল পাবেন।
- 25 গ্রাম খোসা ছাড়ানো রসুনকে পিযে 200 গ্রাম দুধে ফেলে ফোটান... পায়েসের মত গাঢ় হয়ে উঠলে আঁচ থেকে নামিয়ে এনে ঠাণ্ডা করে খান।
- শুকনো আদা আর কলাইকে ফুটিয়ে সেটার জল পান করলে এই রোগে লাভ হয়। এটা এক পরীক্ষিত যোগ।

- 6 গ্রাম তুলোর শেকড়ের চূর্ণকে 6 গ্রাম মধুর সঙ্গে মিশিয়ে সকাল-সন্ধ্যে নিলে লাভ হয়।
- 5-6 রসুনের কোওয়াকে পিযে সেটাকে 15 গ্রাম মধুর সঙ্গে মিশিয়ে সকাল-সন্ধ্যে নিলে এই রোগে লাভ হয়।

মস্তিষ্কের শক্তি

বাবলার আঠা আধ কিলো খাঁটি ঘিয়ে ভেজে নিন আর সেটাকে ঠাণ্ডা করে মিহি করে পিযে নিন। সেটার সমান মাত্রায় পেযা মিছরী মিশিয়ে নিন। বীজ বার করা মুনক্কা 250 গ্রাম আর খোসা ছাড়ানো বাদাম 100 গ্রাম – এই দুটো জিনিষকে হামান-দিস্তায় ভালো করে কুটে-পিযে এতে মিশিয়ে দিন।

সকালে জলখাবারের রূপে এটা 2 চামচ (বড়) অর্থাৎ 20-25 গ্রাম মাত্রায় ভালো করে চিবিয়ে-চিবিয়ে খান। তার সঙ্গে এক গ্লাস মিস্টি দুধ চুমুক মেরে-মেরে পান করতে থাকুন। এর পরে যখন খুব ক্ষিধে লাগবে, তখনই খাবার খান। এই যোগ শরীরের পক্ষে তো পৌষ্টিক হয়ই... তার সাথে-সাথে মস্তিষ্কের শক্তি আর তরোতাজা ভাবের জন্যও অত্যন্ত গুণকারী হয়। ছাত্র-ছাত্রীদের এই প্রয়োগ অবশ্যই পরীক্ষা করে দেখা উচিত।

❑❑

দাঁত এবং মুখের রোগ

মজবুত দাঁতের জন্য

- দাঁত পরিস্কার আর মজবুত থাকাটা অত্যন্ত আবশ্যক হয়। দাঁত পরিস্কার না থাকলে মুখ থেকে দুর্গন্ধ বেরোতে থাকে। দাঁতে পোকা লেগে যায়। ধীরে-ধীরে মাড়ি শিথিল হয়ে পড়ে আর সেটার থেকে রক্তও বেরোতে থাকে। পরে দাঁত নড়তে আর পড়ে যেতে থাকে।
- খাবার খাওয়ার পরে যদি মুখ আর দাঁত পরিস্কার না করা হয়, তাহলে দাঁতের ওপরে এক ধরণের চ্যাপ্‌চেপে পরতের সৃষ্টি হয়ে পড়ে, যেটায় জীবাণু উৎপন্ন হয়ে পড়ে। এই জীবাণু দাঁতের মাঝে ফেঁসে থাকা ভোজন-কণাগুলোর প্রোটিনের ওপরে নির্ভর করে বেঁচে থাকে। এই সময় এই সব জীবাণু এক প্রকারের অম্ল তৈরী করতে থাকে, যে কারণে মুখ থেকে দুর্গন্ধ বেরোতে থাকে।
- এজন্য সকালবেলা ছাড়াও দুপুরে আর রাতে খাবার খাওয়ার পরে দাঁত সাফ করাটা অত্যন্ত আবশ্যক হয়। বরং এটা সর্বদা মাথায় রাখা উচিত যে, সকালে দাঁত সাফ করার তুলনায় দুপুরে আর রাতে খাবার খাওয়ার পরে দাঁত সাফ করাটা অনেক বেশী গুরুত্বপূর্ণ হয়। দাঁত সাফ করা ছাড়া মাড়িরও মালিশ করা উচিত। এতে মাড়ি আর দাঁত মজবুত হয়।
- নিমের দাঁতন দাঁত সাফ করার জন্য সব থেকে ভালো সামগ্রী হয়। নিমের পাকা শাখা দিয়ে দাঁতন বানানো উচিত। নিমের পাকা শাখার কুঁচি ভালো তৈরী হয়। দাঁতনকে দাঁতের নীচে চেপে আর ঘুরিয়ে-ঘুরিয়ে মোলায়েম আর মিহি কুঁচি বানানো উচিত, অন্যথা মাড়িতে ঘা হয়ে পড়তে পারে। কুঁচি তৈরী হয়ে পড়ার পরে সেটাকে দাঁতের ওপরে-নীচে চালানো উচিত... পাশাপাশি দিকে নয়। ওপরে-নীচে দাঁতন চালালে দাঁতের ফাঁকে আটকে থাকা ভোজন-কণা বেরিয়ে আসে আর পাশাপাশি দাঁতন চালালে এই কণা আর অন্য ময়লা দাঁতের ফাঁকে

আরও বেশী মজবুতীর সঙ্গে ফেঁসে যায়। নিমের দাঁতন করলে দাঁতের পোকা মরে যায়।

- বাবলার দাঁতনও গুরুত্বপূর্ণ হয়। এটা দাঁত সাফ করার সাথে-সাথে দাঁতকে মজবুতও করে তোলে।
- দাঁতের সুরক্ষার জন্য পান, তামাক, খৈনী, পান মশলার প্রয়োগ, ধূম্রপান আর মদ্যপান বর্জন করা অনিবার্য হয়। এমনটা না করলে দাঁত খয়েরী আর কালো হয়ে পড়ে। মুখ থেকে দুর্গন্ধ বেরোতে থাকে। ধূম্রপান করলে অন্য ঘাতক রোগের সাথে-সাথে ঠোঁঠ আর মাড়ি কালো হয়ে পড়ে। দাঁত সাফ করার জন্য বিভিন্ন প্রকারের মাজনের প্রয়োগ আপনি করতে পারেন।
- আমলা দাঁত দিয়ে কামড়ে-কামড়ে খান। এতে দাঁত মজবুত আর সাফ থাকে। এছাড়া দাঁতে যদি পোকা লেগে গিয়ে থাকে, তাহলে সেটাও শেষ হয়ে পড়ে।
- পেয়ারা, নাশপাতি আর আপেলের মত ফল দাঁত দিয়ে কামড়ে চিবিয়ে-চিবিয়ে খেলে দাঁত মজবুত হয়। লেবুর রসের প্রয়োগ করার পরে সেটার খোসার ভেতরের অংশে একটু নুন ছিটিয়ে সেটা দিয়ে দাঁতের মালিশ করুন। দাঁত সাদা হয়ে চমকাতে থাকবে।
- খাঁটি সর্ষের তেলে মিহি নুন মিশিয়ে আঙুল দিয়ে মাড়ি আর দাঁতের ওপরে মালিশ করুন। দাঁত মজবুত আর পরিস্কার থাকবে। মাড়িও মজবুত হয়ে উঠবে। দাঁতনের কুঁচিতে এটা লাগিয়েও দাঁতন করতে পারেন। ফিটকিরিকে মিহি করে পিষে ছেঁকে নিন। সেই পাউডার দিয়ে রোজ দাত মাজুন। দাঁত সাফ আর কীটাণুমুক্ত হয়ে উঠবে।
- তুলসীর পাতাকে ছায়ায় শুকিয়ে সেটার চূর্ণ বানিয়ে নিন। এই পাউডার দিয়ে রোজ দাঁত সাফ করুন। মাড়ি আর দাঁত মজবুত হবে। মুখ থেকে দুর্গন্ধ আসবে না। দাঁতের যন্ত্রণা আর পায়োরিয়া রোগেও লাভ পাবেন। লেবুর খোসা রোদে শুকিয়ে নিন। খুব করকরে হয়ে এলে সেটা মিহি করে কুটে-ছেঁকে নিন আর শিশিতে ভরে রেখে নিন। এই পাউডারে কিছুটা নুন মিশিয়ে দাঁত সাফ করুন, দাঁত পরিস্কার থাকবে।
- বেদানার খোসাকে জলে ফুটিয়ে রেখে নিন। সকাল-সন্ধ্যে এই জল গুনগুনা গরম করে সেটা দিয়ে গার্গল করলেও মুখের দুর্গন্ধ দূর হয়।
- জায়ফল, লবঙ্গ আর ছোট এলাচের দানা 4-4 গ্রাম করে নিয়ে তাতে কিছুটা কর্পূর মিশিয়ে নিন। এই সব কিছুকে গোলাপ জলে পিষে ছোট-ছোট গুলি বানিয়ে নিন। দিনে 2-3 বার 1-1 গুলি

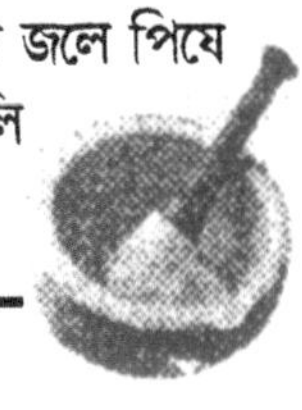

চুষতে থাকুন। মুখের দুর্গন্ধ শেষ হয়ে পড়বে।

- এক চা চামচের মত আদার রস আধ গ্লাস গুনগুনা গরম জলে মিশিয়ে দিনে তিন বার সেই জল দিয়ে কুলকুচি আর গার্গল করলে মুখের দুর্গন্ধ দূর হয়।
- সময়ে-সময়ে লেবুর জল পান করতে থাকলে আর সেটা দিয়ে কুলকুচি করলেও মুখে লার তৈরী হয়... যার ফলে মুখের দুর্গন্ধ দূর হয় আর দাঁতও পরিস্কার হয়ে যায়।

দাঁত আর মাড়ির যন্ত্রণা

সামগ্রী – নীল থোথা 10 গ্রাম, সাদা খয়ের 10 গ্রাম।

বিধি – দুটো জিনিষকে আলাদা-আলাদা করে চাটুতে ভেজে পুড়িয়ে নিন আর সমান মাত্রায় মিশিয়ে পিষে-ছেঁকে নিন। তারপর সেটাকে শিশিতে ভরে রেখে নিন।

সেবন বিধি আর লাভ – এটাকে দিনে 2-3 বার মাড়ির ওপরে আঙুল দিয়ে লাগিয়ে, কিছুক্ষন মাথা নীচের দিকে ঝুঁকিয়ে ভালো করে ঘষুন। লার পড়তে দিন। লারকে গলা থেকে নীচের দিকে পেট যেতে দেওয়া উচিত নয়... এজন্য মাথা নীচের দিকে ঝুঁকিয়ে লার ফেলতে-ফেলতে মাড়ির ওপরে ঘষা উচিত। আঙুলে চূর্ণ লাগিয়ে 2 বার মাজন করাটাই যথেস্ট হয়। এই প্রয়োগের পরে 10-15 মিনিট পর্যন্ত লার থুথু করে ফেলতে থাকুন, থুথু গিলবেন না... তারপর পরিস্কার জল দিয়ে ভালো করে কুলকুচি করে মুখ ধুয়ে নিন। এই প্রয়োগে মাড়ি ফুলে ওঠা, মাড়ির পচন আর মাড়ি হলুদ হয়ে ওঠা, যন্ত্রণা, মুখ থেকে দুর্গন্ধ আসা ইত্যাদি সকল প্রকারের ব্যাধি নস্ট হয়ে পড়ে। মাড়ি মজবুত আর শক্ত হয়ে ওঠে... যার ফলে দাঁতও মজবুত হয়। যেসব ব্যক্তির মুখ থেকে দুর্গন্ধ আসে আর যাঁদের মাড়ি খারাপ, তাঁদের এই প্রয়োগ অবশ্যই পরীক্ষা করে দেখা উচিত।

দাঁত নড়তে থাকা

- সন্ধক লবন আর সর্ষের তেল দাঁতের ওপরে দুপুরে আর রাতে খাবার খাওয়ার পরে মালিশ করলে দাঁত নড়া বন্ধ হয়ে পড়ে।
- 10 গ্রাম লবঙ্গ আর 1 গ্রাম সন্ধক লবনকে পিষে দাঁতের ওপরে মালিশ করলেও দাঁত নড়া থেমে যায়।
- মৌলসিরির দাঁতনের মোলায়েম ব্রাশ তৈরী করে সেটা দিয়ে দাঁত পরিস্কার করলে দাঁত নড়া ধীরে-ধীরে থেমে যায়।

- তুলসী আর চামেলীর পাতা চিবোলে দাঁত আরাম প্রাপ্ত করে।
- অশ্বত্থ গাছের ছালের চূর্ণ তৈরী করে দাঁতের ওপরে মালিশ করুন। পরে গরম আর ঠাণ্ডা জল দিয়ে কুলকুচি করলে দাঁত নড়া বন্ধ হয়ে পড়ে।
- বকুলাদি তেলকে দাঁতের ওপরে মালিশ করলেও দাঁত নড়া কিছু দিনের মধ্যে থেমে যায়।
- মোথা, হরিতকী, ত্রিকটু, বায়বিডঙ্গ 1-1 ভাগ নিয়ে পিষে নিন। গোমূত্রের সঙ্গে এটার গুলি তৈরী করুন। 1-1 গুলি সকাল-সন্ধ্যা মুখে রাখলে দাঁত নড়া বন্ধ হয়ে পড়ে।

পায়োরিয়া

খুব মিহি করে পিষে নেওয়া সন্ধক লবনকে হাতের তালুতে আধ চামচ নিয়ে তাতে সর্ষের তেল মেশান। তারপর হাতের পাতাকে বেঁকিয়ে তেলের ফোঁটা হাতের আঙুল দিয়ে মাড়ির ওপরে ভালো করে মালিশ রাতে ঘুমোবার আগে করুন। যদি রক্ত বেরোয়, তো বেরোতে দিন। কিছুক্ষন মালিশ করার পরে তেলে ভেজানো নুন দাঁত আর মাড়ির ওপরে প্রলেপ করে তৎক্ষনাত গুনগুনা গরম জল দিয়ে কুলকুচি করে নিন। এই বিধির প্রয়োগে দাঁতে মিষ্টি, ঠাণ্ডা, গরম আর টক লাগা বন্ধ হয়ে পড়ে।

এতে দাঁত সুন্দর আর মজবুত হয়। দাঁতে কালো পাপড়ি জমে না। দাঁতের পোকা নষ্ট হয়। দাঁতের যন্ত্রণা আর মাড়ি ফুলে ওঠা ঠিক হয়ে পড়ে এবং ফুলে ওঠা মাড়ি থেকে রক্ত বেরোনও বন্ধ হয়ে পড়ে। এমনটা নিয়মিত রূপে করতে থাকলে পায়োরিয়া রোগ নষ্ট হয়ে পড়ে।

- আমলাকে পুড়িয়ে তাতে কিছুটা সন্ধক লবন মিশিয়ে সর্ষের তেলের সঙ্গে দাঁত মাজলে পায়োরিয়া রোগ দূর হয়।
- নুন 30 গ্রাম, পোটাশিয়াম পারম্যাঙ্গেনেট 1 মাশা আর 20 গ্রাম মাজুফলের চূর্ণ বানিয়ে প্রতি দিন সেটা দিয়ে দাঁত মাজলে পায়োরিয়া রোগ দূর হয়।
- এলাচ, লবঙ্গ আর পোস্তের তেলকে এক সঙ্গে মিশিয়ে দাঁতের ওপরে মালিশ করলেও পায়োরিয়া রোগ ঠিক হয়ে মুখের দুর্গন্ধ দূর হয়।
- নিমের কচি পাতা, গোলমরিচ আর বীট লবন প্রতি দিন প্রাতঃকালে সেবন করলে রক্ত শুদ্ধ হয়ে পায়োরিয়া রোগ মিটে যায়।
- জিরা, সন্ধক লবন, হরিতকী, সেমলের কাঁটা, দারচিনি,

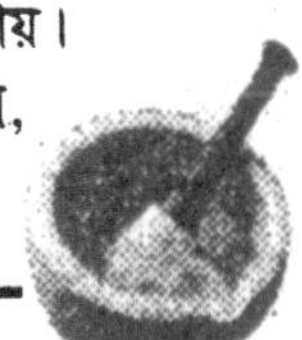

শুদ্ধ কুচলা, শুদ্ধ ভিলাবা, দক্ষিনী সুপারি, মৌলসিরির ছাল, মাজুফল আর অকরকরা – এই সব কিছুকে সমান মাত্রায় নিয়ে কোন বন্ধ পাত্রে রেখে আগুনের ওপরে রেখে পুড়িয়ে নিন। তারপর সেটাকে পিষে সেটা দিয়ে দাঁত মাজলে পায়োরিয়া রোগ বরাবরের মত দূর হয়ে পড়ে।

মাড়ির রোগ

- অঞ্জীরকে জলে ফুটিয়ে সেটার জল দিয়ে কুলকুচি করলে মাড়ির রোগ দূর হয়।
- নিমের তেল লাগালেও মাড়ির রোগ ঠিক হয়ে পড়ে।
- খয়ের চুষলেও মাড়ির যন্ত্রণা দূর হয়।
- যদি অত্যধিক লার বইতে থাকে, তাহলে মুরাদের পাতা ফুটিয়ে সেই জল দিয়ে কুলকুচি করুন।
- যদি মাড়ি থেকে দুর্গন্ধ আসতে থাকে, তাহলে সমুদ্রফেন আর তিল এক সঙ্গে মিশিয়ে খাওয়া উচিত।
- হরিতকীর ক্বাথে মধু মিশিয়ে পান করলে মুখের সকল প্রকারের রোগ শান্ত হয়ে পড়ে।
- বেলের 50 গ্রাম শরবতে 50 গ্রাম দুধ মিশিয়ে পান করলে মাড়ির সকল প্রকারের রোগ দূর হয়।
- ভিনিগারে নুন আর ফিটকিরী ফেলে কুলকুচি করলে মাড়ি থেকে রক্ত বেরোন বন্ধ হয়ে যায়।
- সর্ষের তেলে মধু মিশিয়ে কুলকুচি করলেও মাড়ির সকল প্রকারের রোগ ঠিক হয়।
- বাবলা গাছের ছালের ক্বাথ দিয়ে কুলকুচি করলে মুখ, দাঁত এবং মাড়ির রোগ দূর হয়।

দাঁতের যন্ত্রণার উত্তম ঔষধি

সাদা ফিটকিরী 1 ছটাক নিয়ে সেটাকে আকের দুধে খরল করে যন্ত্রণার জায়গায় লাগালে যন্ত্রণা তৎক্ষনাত দূর হয়ে যায়।

দাঁতের পোকা মারার ঔষধি

কন্টেরী ফলের বীজ ছিলিমে ভরে তামাকের মত পান করলে আর মুখে ধোঁওয়া ভরে রাখলে পোকা লাগার কারণে দাঁতের যন্ত্রণা কমে আসে।

দাঁতকে মজবুত করে তোলার ঔষধি

নীল থোথা, ঘি, শুকনো আদা, সাদা খয়ের আর সুপারী – সব কিছুকে পিষে মাজন তৈরী করুন। এটার নিয়মিত প্রয়োগে দাঁত পরিস্কার হয়।

ঝিনুকের পোড়া চূর্ণ, মক্কার পোড়া গিল্লী 2-2 তোলা, বালছড় 1 তোলা, গোলমরিচ 3 মাশা, ফিটকিরী 1 তোলা – সব কিছুকে এক সঙ্গে পিষে-ছেঁকে সেটা দিয়ে দাঁত মাজলে দাঁত পরিস্কার হয়।

মুখের ছালা

মুখে ছালা হয়ে পড়লে আমাদের অত্যন্ত সমস্যার মুখোমুখি হতে হয়। কোন কিছু খাওয়া তখন মুশ্কিল হয়ে ওঠে। আসুন, এই কষ্টদায়ক মুখের ছালার হাত থেকে মুক্তি পাবার কিছু প্রভাবশালী এবং সহজ উপায় আপনাদের জানাচ্ছি।

- জলে এক চামচ ফিটকিরী ফেলে সেটাকে খুব ভালো করে মিশিয়ে নিন। এই জল দিয়ে দিনের মধ্যে চার বার কুলকুচি করুন।
- জামের তাজা পাতার রস বার করুন। দিনে 3-4 বার ছালার ওপরে লাগান... লাভ হবে।
- রাতে ঘুমোবার সময় ছালার ওপরে মাখন বা ঘি লাগান... জ্বলুনি শান্ত হবে আর মুখের ছালাও শীঘ্র ঠিক হবে।
- মিছরী আর এলাচ এক সঙ্গে নিয়ে চিবোন... লাভ হবে।
- হরিতকীকে ঘষে প্রলেপ তৈরী করুন আর সেটা ছালার ওপরে প্রলেপ করুন... আরাম পাবেন।
- শুকনো নারকেল দিনে 3-4 বার চিবোন... লাভ পাবেন।
- পুদিনার তাজা পাতা মিছরীর সঙ্গে চিবোন... আরাম হবে।
- আমলার পাতাকে এক লিটার জলে ফেলে ফোটান আর জল ছেঁকে ফ্রীজে রেখে নিন। এই জল দিয়ে দিনে চার বার কুলকুচি করুন।
- তাজা বেল পাতা দিনে 3-4 বার চিবোলেও মুখের ছালা শীঘ্র ঠিক হয়ে পড়ে।
- কুল্ফা *(এক প্রকারের সবুজ সব্জী)*-র পাতাকে মিহি করে পিষে ছালার ওপরে প্রলেপ করুন... আরাম পাবেন।
- ছোট পীপলকে পিষে মধুর সঙ্গে মেশান। এই মিশ্রণকে জিভ আর মুখের ভেতরের অংশে প্রলেপ করুন... মুখের ছালায় শীঘ্র আরাম হবে।

- চামেলীর পরিস্কার পাতা দিনে তিন বার চিবোন। এর নিয়মিত প্রয়োগে মুখের ছালা শীঘ্র ঠিক হয়ে পড়ে।

মুখে আলসার হলে কি করবেন ?

মুখের আলসার হচ্ছে এক সাধারণ রোগ। এই রোগ হয়ে পড়ার বেশ কিছু কারণ থাকে। দাঁত দিয়ে মুখ কামড়ে ফেলা, সংক্রমণ, আনুবংশিকতা এবং আহারে ভিটামিন-*'বি-12'*-র মত গুরুত্বপূর্ণ ঘটকের অভাব বা শরীরে রক্তের অভাব ইত্যাদি। মানসিক চাপ বা চিন্তাও এই রোগ হওয়ার এক মুখ্য কারণ হয়। মুখের আলসার এত বেশী কস্টদায়ক হয় যে, খাবার খাওয়া আর কথা বলাও কঠিন হয়ে ওঠে। মুখের আলসারের কস্টের হাত থেকে মুক্তি পাবার জন্য নীচে কিছু উপায় জানানো হল।

- *'এডকর্টিল ইন্ অরবেজ'* নামক ওষুধ মুখের আলসারের কস্টে ভালো আরাম প্রদান করে। এই ওষুধ প্রয়োগ করলে আলসারের ওপরে এক সুরক্ষাত্মক আবরণের সৃষ্টি হয়... যার ফলে ক্ষতস্হান শীঘ্র ভরে আসে। এই রোগের দ্বিতীয় চিকিৎসা হচ্ছে করলেন *(Corlan)*। এতে *'বায়োরল জেল'* থাকে, যেটা ক্ষতস্হান ভরে তুলতে সহায়তা করে... অন্য দিকে *'মেডিজেল'* যন্ত্রণা কম করে। এতে মজুদ *'মেনথল'* যন্ত্রণা কম করার সাথে-সাথে এ্যান্টীসেপ্টিকও হয়।
- *'কোসোডিল'* নামক মাউথওয়াশ দ্বারাও ভালো আরাম প্রাপ্ত হয়। এটা আপনি যে কোন ওষুধের দোকান থেকে কিনতে পারেন বা কোন দাঁতের ডাক্তারের কাছে গিয়ে *'এ্যান্টীবায়োটিক ওয়াশ'*-ও করাতে পারেন।
- যদি মুখের একই জায়গায় বার-বার আলসার হতে থাকে, তাহলে সেটার কারণ ছুঁচোল দাঁতও হতে পারে। এমন পরিস্হিতিতে দাঁতের ডাক্তার আপনার সেই ছুঁচোল দাঁতকে সমতল করে তুলতে পারেন।
- মুখের আলসার অধিকাংশ ক্ষেত্রে এক সপ্তাহের ভেতরেই ঠিক হয়ে পড়ে। যদি সেটা 2-3 সপ্তাহ পর্যন্ত বজায় থাকে, তাহলে দাঁতের ডাক্তারের কাছে যাওয়াটা জরুরী হয়ে ওঠে।
- পেট পরিস্কার রাখুন, কোস্ঠকাঠিন্য হতে দেবেন না, অত্যধিক ঝাল-মশলাযুক্ত ভোজন এড়িয়ে চলুন।

❑❑

চোখ / নাক / কানের রোগ

চোখের রোগ এবং চিকিৎসা

চোখকে বাদ দিয়ে এই দুনিয়া মানুষের কাছে শূণ্য। এমনটা বলা হয়েছে – *"চোখ ছাড়া এই দুনিয়াটা শূণ্য... চোখ চলে যাওয়া মানে সব কিছু চলে যাওয়া!"* সুতরাং নিজের চোখের প্রতি পূর্ণ দৃষ্টি দিন।

- মকোয়ের রস প্রতি দিন চোখে সুর্মার মত লাগালে চোখের রোগ দূর হয়।
- গোলাপ বুনার ক্বাথ তৈরী করে সেটা দিয়ে সকালে ঘুম থেকে উঠে আর রাতে ঘুমোবার সময় চোখ ধুলে চোখের সকল প্রকারের যন্ত্রণা ঠিক হয়।
- রীঠার খোসা জলে ঘষে চোখে লাগান... এতে চোখের রোগ ঠিক হয়ে পড়ে।
- কুলের বিচিকে ঘষে চোখে লাগালে সকল প্রকারের নেত্র রোগ দূর হয়।
- বাবলা গাছের পাতার রসের প্রলেপ প্রতি দিন চোখে করলে চোখের ফোলা ভাব দূর হবে এবং চোখ থেকে জল পড়াও বন্ধ হয়ে পড়বে।
- বাবলা গাছের আঠাকে জলে ফেলে সেটাকে ভালো করে গুলে নিন... তারপর সেই জলের 1-1 ফোঁটা চোখে দিন... এতে চোখের কুকরোঁ রোগ ঠিক হয়ে যাবে।
- অরণ্ডের পাতাকে পিষে যবের আটায় মিশিয়ে প্রলেপ তৈরী করুন। এই প্রলেপ সেই সব রোগীদের চোখে লাগান... যাঁদের চোখ ফুলে উঠেছে। তার ওপরে পট্টি বেঁধে দিলে 12 ঘন্টার ভেতরেই

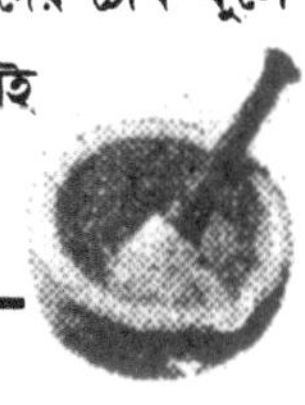

চোখের ফোলা ভাব ঠিক হয়ে পড়বে।

- ভুঞ্জ বুটীর ফল জল ছাড়াই একটা-একটা করে যতগুলো খেতে পারেন, খান। এটা সকালের সময় খেলে জীবনে কখনো চোখের রোগ হবে না।
- শুকনো লঙ্কার 25 বছর পুরোন গাছের শেকড়কে জলের সঙ্গে কোন পরিস্কার পাথরে ঘষে চোখে কাজলের মত লাগালে চোখের সকল প্রকারের রোগ মিটে যায়... এমন কি চোখের ছানিও এতে ঠিক হয়ে পড়ে।
- অরহড়ের শেকড়কে জলে ঘষে সুর্মা লাগানোর কাঠি দিয়ে সকাল-সন্ধ্যা চোখে লাগালে চোখের রোগ দূর হয়।
- পেঁয়াজের রসে রসৌত ঘষে আর প্রতি দিন রাতে ঘুমোবার সময় চোখে লাগালে চোখের জালা আর চোখে ঝাপসা দেখা দূর হয়।

নাকের রোগের চিকিৎসা

- বাবলা গাছের আঠা, লচুর আর আফিম এক-এক চুটকী করে নিয়ে এক সঙ্গে মিশিয়ে নিন। এটাকে ড্রপারের সহায়তায় 1-1 ফোঁটা করে নাকে দিলে নাক থেকে রক্ত পড়া বন্ধ হয়।
- নিম পাতার রস 1-1 ফোঁটা করে নাকে প্রতি দিন দিলে শ্বাস রোগ ঠিক হয় আর বন্ধ নাকও খুলে যাবে।
- নকসীর রোগে আক্রান্ত লোকেদের রাস্তা দিয়ে চলতে-চলতেও নাক থেকে রক্ত পড়তে থাকে... বাচ্চারা বিশেষ করে এই রোগের শিকার হয়ে পড়ে। এমন রোগীদের জন্য ফিটকিরীকে জলে গুলে নাকে দিয়ে সেটাকে গলা দিয়ে বার করতে-করতে নাক দিয়ে কুলকুচি করতে থাকলে নকসীর রোগ কিছু দিনের ভেতরেই ঠিক হয়ে পড়ে।
- লেবুর রসকে পিচকিরী দিয়ে নাকের ভেতরে 2-2 ফোঁটা দিতে থাকলে নকসীর রোগ ঠিক হয়ে পড়ে।

কানের রোগ

কানে যন্ত্রণার চিকিৎসা

সুদর্শন আর আকের পাতার রস 250 গ্রাম করে নিন। সেটাকে মিষ্টি তেলে ফোটান আর ভালো করে ফুটে উঠলে ছেঁকে শিশিতে ভরে রেখে নিন। এটা কানে দিলে কানের যন্ত্রণা বন্ধ হয়।

কান দিয়ে জল পড়ার চিকিৎসা

রসৌত, মধু আর মহিলাদের দুধ এক সঙ্গে মিশিয়ে কান পরিস্কার করে 2-3 ফোঁটা করে দিনে তিন বার কানে দিন। এতে কান থেকে জল পড়া বন্ধ হয়ে পড়বে বা মিহি করে পেয়া সিলোচন পাইপে করে দিনে 2-3 বার কানে দিলেও লাভ হয়।

কান দিয়ে জল পড়ার অন্য ওষুধ

কান থেকে জল পড়তে থাকলে কোকর ফুলকে তেলে ফুটিয়ে ছেঁকে নিন। এটা কান থেকে জল পড়ার এক উত্তম ঔষধি হয়।

কানের যন্ত্রণায় বন্দৌলের ফল

কর্ণ শূলে বন্দৌলের ফলের 5 তোলা ক্বাথে 20 তোলা তিলের তেল মিশিয়ে আগুনের ওপরে রেখে ফোটান আর ঠাণ্ডা করে সুরক্ষিত রেখে নিন্। এটার দু ফোঁটা কানে দিলে কানের যন্ত্রণা বন্ধ হয়।

নাক, কান, দাঁতের ঘায়ে ধোঁওয়া

নাকের কৃমি *(পীনস)* কানে ঘা হলে হয়ে পড়ে। দাঁতে পোকা হয়ে পড়লে বা অন্য কোন বাহ্যিক ক্ষতে পোকা হলে বন্দৌল ফলের চূর্ণ পুড়িয়ে ধোঁওয়া দিলে পোকা মরে যাবে আর রোগীর আরাম হবে।

কানের ঘা শুকোবার প্রয়োগ

বাবলা গাছের ফল নিয়ে সর্ষের তেলে ফেলে আগুনের ওপরে ফোটান। এই তেলকে ছেঁকে কানে 2 ফোঁটা দিলে কান থেকে জল পড়া বন্ধ

হয়। এটা এক পরীক্ষিত প্রয়োগ।

কানের সকল প্রকারের রোগের ওষুধ

পেঁয়াজের রস গরম করে এক বা দু ফোঁটা কানে দিন। কানে কম শোনা, কানের যন্ত্রণা ইত্যাদি সকল রোগ সমাপ্ত হয়ে পড়বে।

কানের পোকা মারার ওষুধ

ইন্দ্রায়নের কাঁচা-তাজা ফল নিয়ে তিলের তেলে ফেলে আঁচের ওপরে কড়াইতে ফোটান। তারপর সেটাকে ছেঁকে শিশিতে ভরে রেখে নিন। এই তেলের 1-2 ফোঁটা প্রতি দিন সকাল-সন্ধ্যা কানে দিলে 25-30 দিনে লাভ পাওয়া যায়। এতে কানের পোকা মরে যায়।

❑❑

পেটের রোগ

ক্ষিধে কি করে বাড়াবেন ?

- 5-6 লিচু খাবার খাওয়ার 2 ঘন্টা আগে চুষে-চুষে খেয়ে নিন। এতে ক্ষিধে ভালোমতন আসবে।
- খাবার খাওয়ার আগে আধ গ্লাস আনারসের রস পান করলেও ভালোমতন ক্ষিধে লাগে।
- চুষে খাওয়া আমের আধ গ্লাস থেকে পৌনে এক গ্লাস রস নিয়ে তাতে কিছুটা সন্ধক লবন মিশিয়ে নিন। খাবার খাওয়ার আগে এই রস একটু-একটু করে পান করতে থাকুন। কিছুক্ষনের মধ্যেই ক্ষিধে লাগবে।
- আদা খাবারে স্বাদ আর রুচি উৎপন্ন করে। 6 গ্রাম আদা খুব মিহি করে কুঁচিয়ে তাতে নুন মিশিয়ে দুপুরের খাবার খাওয়ার আধ ঘন্টা আগে দিনে একবার খেতে থাকলে 7-8 দিনে ভালোমতন ক্ষিধে লাগতে থাকে আর পেটের ভেতরের গ্যাসও বেরিয়ে আসে।
- ক্যাওড়া ফুলকে জলে ছেড়ে দিন। কিছুক্ষন পরে সেই জল পান করে নিন। ভালোমতন ক্ষিধে লাগবে। তার সাথে-সাথে শরীরের ভেতরের উষ্ণতাও বেরিয়ে আসবে আর শরীর তরোতাজা হয়ে উঠবে।
- তরমুজের বিচি খেলেও ক্ষিধে বাড়ে।
- বেলও ক্ষুধাবর্দ্ধক হয়।
- তেঁতুলের পাতার চাটনী বানিয়ে খেলে ক্ষিধে বাড়ে আর খাবার সহজে হজমও হয়।
- বেদানাও ক্ষুধাবর্দ্ধক হয়। বেদানার সেবন করতে থাকলে ক্ষিধে ভালোমতন লাগে।
- জলে লেবুর রস মিশিয়ে প্রতি দিন সকালবেলা খালি পেটে পান করলে ক্ষিধে বাড়ে।

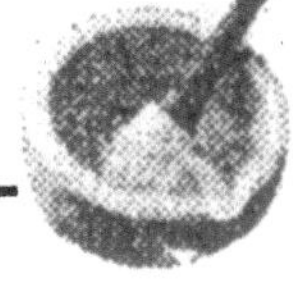

- টম্যাটো স্যস্ চাটতে থাকলে বা পাকা টম্যাটো চুষতে থাকলেও ক্ষিধে বাড়ে।
- মেথীও ক্ষিধে বাড়ায়। সকল প্রকারের আচারে মেথীর প্রয়োগ করা হয়। সুতরাং ক্ষিধে বাড়াবার জন্য যে কোন আচার চোযা লাভ প্রদান করে।
- দুটো ছুয়ারার শাঁস বার করে দেড় পোওয়া দুধে ফেলে ফুটিয়ে নিন। তারপর ছুয়ারার শাঁস আলাদা করে সেই দুধ পান করুন। এমনটা করলেও ক্ষিধে বাড়ে আর খাবারও ভালো করে হজম হয়।
- জিরা, শুকনো আদা, আজওয়াইন, ছোট পীপল আর গোলমরিচ সমান মাত্রায় নিন। তাতে কিছুটা ভাজা হিং মিশিয়ে দিন। তারপর এই সব কিছুকে মিহি করে পিযে চূর্ণ বানিয়ে নিন আর সেটা শিশিতে ভরে রাখুন। এই চূর্ণ কিছুটা লস্যিতে মিশিয়ে প্রতি দিন কম পক্ষে 2 সপ্তাহ পর্যন্ত সেবন করলে ক্ষিধে বাড়ে।
- বেশী চা পান করবেন না... কারণ বেশী চা পান করলে ক্ষিধে মরে যায়। খাবার খাওয়ার আগে তো চা একেবারেই পান করতে যাবেন না... অন্যথা যেটুকু ক্ষিধে থাকে, সেটাও শেষ হয়ে পড়বে। মদ্যপান আর তামাকের সেবন কখনো করবেন না।
- খাবার খাওয়ার আধ ঘন্টা আগে বীট, গাজর, টম্যাটো, বাঁধাকপি, পালং শাক আর অন্য সবুজ শাক-সব্জীর স্যুপ পান করলে ক্ষিধে বেড়ে ওঠে।
- কাগজী লেবুকে ছুরী দিয়ে কেটে দু টুকরো করে নিন। এবার সেই দুটো টুকরোকে 4-4 ভাগে এমন ভাবে কাটুন, যাতে সেগুলো আলাদা না হয়ে পড়ে। এর পরে একটা টুকরোয় গোলমরিচের চূর্ণ ছড়িয়ে কোন প্লেটে রেখে ঢেকে দিন আর সারা রাত এমনটাই থাকতে দিন। পরের দিন দুপুরের খাবার খাওয়ার এক বা দেড় ঘন্টা আগে কাগজী লেবুর সেই টুকরোটাকে চুষুন। নিয়মিত রূপে এমনটা করতে থাকলে এক থেকে তিন সপ্তাহের ভেতরে ক্ষিধে বাড়তে লাগে।
- আপেল খেলেও ক্ষিধে বাড়ে আর রক্তও শুদ্ধ হয়।

এ্যাসিডিটি হলে কি করবেন ?

এমন ব্যক্তি খুঁজলে খুব কমই পাওয়া যাবে, যিনি কখনো

এ্যাসিডিটি *(অম্লতা)* এবং বদহজমের শিকার হননি। এ্যাসিডিটি কেন হয় ? এ্যাসিডিটি হলে রোগীর অবস্হা অত্যন্ত খারাপ হয়ে ওঠে। এক তো তিনি ঠিক করে খাবার খেতে পারেন না... তার ওপরে আবার তাঁর বমি হতে থাকে আর চোঁওয়া ঢেঁকুর উঠতে থাকে। এই এ্যাসিড *(অম্ল)* আসে কোথা থেকে আর এর চিকিৎসাই বা কি ? এই প্রশ্ন আমাদের সবার মনের ভেতরেই উঠতে থাকে।

এ্যাসিডিটি হওয়ার অর্থ হচ্ছে এই যে, আমাদের আমাশয়ে অম্লতার মাত্রা বেড়ে উঠেছে... যেটা সাধারণতঃ আমাদের পেটের কোন ব্যাধির লক্ষণও হতে পারে। আমাদের আমাশয় গোস্ট্রিক প্লুকোজা *(আমাশয়ের ভেতরের ঝিল্লী)* থেকে খাবার হজম করার জন্য বেশ কয়েক প্রকারের এঞ্জাইম এবং হাইড্রোক্লোরিক এ্যাসিডের স্রাব হতে থাকে... যেগুলো আমাদের পাচন ক্রিয়ার জন্য আবশ্যক হয়। অনেক বার মশলাদার ভোজন, ভাজাভুজি খাবার, কিছু ওষুধ এবং এ্যাসিড স্রাবের জন্য বেশ কিছু উৎপ্রেরক তত্ত্ব, যেমন – সিগারেট, তামাক, চা, কফি আর মদ ইত্যাদির অত্যধিক সেবনের ফলেও এ্যাসিডিটি উৎপন্ন হয়ে পড়ে।

এমনিতে তো খাবার খাওয়ার সাথে-সাথেই আমাদের আমাশয় থেকে হাইড্রোক্লোরিক এ্যাসিডের স্রাব শুরু হয়ে পড়ে এবং আবশ্যকতা অনুসারে স্রাব হওয়ার পরে সেটা আপনা থেকেই বন্ধ হয়ে পড়ে। যদি আমাশয়ে এ্যাসিডের মাত্রা প্রয়োজনের তুলনায় বেশী হয়ে পড়ে, তাহলে সেটাকে "*এ্যাসিডিটি*" হয়ে পড়া বলে।

এ্যাসিডিটির দ্বারা প্রভাবিত ব্যক্তির বুক আর পেটের ওপরে অংশে জ্বলুনি হতে থাকে... টক-টক ঢেঁকুর উঠতে থাকে আর এ্যাসিডিটি আরও বেড়ে উঠলে বমিও হয়ে পড়ে। এর সাথে-সাথেই রোগীর ক্ষিধে না লাগা এবং কখনো-কখনো খাবার খাওয়ার পরে পেটে যন্ত্রণা হতে থাকে।

এ্যাসিডিটিকে কখনো উপেক্ষা করা উচিত নয়... কারণ এ্যাসিডিটির কারণে আলসার এবং গ্যাস্ট্রাইটিস *(আমাশয়ের আভ্যন্তরীণ পরত ফুলে ওঠা)* ইত্যাদি রোগের উৎপত্তি হয়ে পড়তে পারে। গ্যাস্ট্রাইটিস রোগ হওয়ার প্রমুখ কারণগুলোর মধ্যে মদ্যপান, সিগারেট, তামাকের অত্যধিক সেবন, খুব বেশী মশলাদার আর ভাজাভুজি খাবার খাওয়া এবং কিছু ওষুধ, যেমন – এ্যাসপিরিন, ইবুপ্রোফেন, ইণ্ডোমেথামিন ইত্যাদি যন্ত্রণানিবারক ঔষধির সেবনও হতে পারে। চিন্তা আর মানসিক চাপও এ্যাসিডিটির কারণ হতে পারে।

যদি কোন ব্যক্তির প্রায়ই এ্যাসিডিটি হোতে থাকে, তাহলে

তাঁর সেটা হবার কারণটা জানার চেস্টা করা উচিত। যদি আপনি এমন কোন পদার্থ বা ওষুধের সেবন করেন, যেটা এ্যাসিডিটির কারণ হয়ে উঠতে পারে, তাহলে তৎক্ষনাত সেই পদার্থ বা ওষুধের সেবন বন্ধ করে দেওয়া উচিত। আপনি যদি সেটার সেবন কোন চিকিৎসকের পরামর্শ অনুযায়ী করছেন... কিন্তু তার ফলে আপনার এ্যাসিডিটি হচ্ছে, তাহলে সেটা নিজের চিকিৎসককে জানান। সাধারণতঃ লোকেরা এই সমস্যাকে পেটে গ্যাস তৈরী হওয়াও বলে থাকেন এবং এর থেকে মুক্তি পাবার জন্য সোডা বা ঠাণ্ডা পানীয়ের সহায়তা নেন। এতে রোগী ক্ষনিক আরাম তো পেয়ে যান... কারণ সেগুলো আমাশয়ে মজুদ এ্যাসিডকে স্বাভাবিক করে তোলে... কিন্তু এ্যাসিড তৈরী হওয়াকে কম করতে পারে না। তাছাড়া এগুলোর সেবনে কিছুক্ষন পরেই এগুলোয় মজুদ কিছু ক্ষতিকারক তত্ত্ব দ্বারা আমাশয়ে এ্যাসিডের উৎপত্তি বেড়ে উঠতে পারে।

এ্যাসিডিটি এবং বদহজমের জন্য কিছু ঘরোয়া ঔষধিও কার্যকরী হতে পারে, যেমন –

- মৌরী আর আদা বা জিরা সেবন করলে পেটের জ্বলুনিতে লাভ হয়।
- আজওয়াইনের বীজ থেকে বাস্প বিধি দ্বারা বার করা তেল 2-3 ফোটা নিলে গ্যাস, চোঁওয়া ঢেঁকুর এবং পেটের যন্ত্রণায় আরাম হয়।
- রোজমরী বা গোদানার অর্ক বার করে 30 গ্রাম মাত্রায় দিনে 3-4 বার সেবন করলে পেটের জ্বলুনি, ঢেঁকুর এবং যন্ত্রণা দূর হয়।
- ববুনা বা ববুনী ফুলের চূর্ণ এক থেকে দু গ্রাম বা এর ফুলের তেল 2-3 ফোটা বুকের জ্বলুনি, পেটের যন্ত্রণা এবং মানসিক চাপ থেকে উৎপন্ন এ্যাসিডিটিতে ভালো লাভ প্রদান করে।
- হরিতকীর জুস আমলার রসের সঙ্গে খাবার খাওয়ার পরে সেবন করলে এ্যাসিডিটি আর বুকের জ্বলুনিতে লাভ হয়।
- খাবার খাওয়ার পরে মৌরী সেবন করলে নিঃশ্বাসের দুর্গন্ধ, বদহজম আর বমিতেও আরাম হয়। এছাড়া 15-20 গ্রাম মৌরীকে 100 গ্রাম জলে আধ ঘন্টা পর্যন্ত ফুটিয়ে অবশিস্ট জল পান করলে বদহজম, ঢেঁকুর এবং খাবার খাওয়ার পরের যন্ত্রণা এবং এ্যাসিডিটিতে আরাম হয়।
- মূলেঠীর শুকনো শেকড়কে সারা রাত জলে ভিজিয়ে রেখে পরের দিন সকালে সেই জলকে ভাতের ফেনের সঙ্গে মিশিয়ে সেবন করলে আলসারে লাভ হয়। মূলেঠী চূর্ণের সেবন করলে পেটের যন্ত্রণায়

আরাম হয় আর এ্যাসিডের স্রাবও কমে আসে।

- যদি রোগ পুরোন হয়ে পড়ে, তাহলে কোন কুশল চিকিৎসকের পরামর্শ অনুযায়ী পূর্ণ চিকিৎসা করানো উচিত।

হেঁচকি

বাতের প্রকোপে কখনো-কখনো এমন হেঁচকি আসতে থাকে, যেটা সহজে বন্ধ হবার নামই নেয় না। প্রায় ক্ষেত্রে সাধারণ হেঁচকি জল পান করলে, প্রাণায়াম করলে, কোন চিন্তাজনক বিষয়ে চিন্তা করলে আর ঘি-ভাত খেলে আপনা থেকেই বন্ধ হয়ে পড়ে... কিন্তু কখনো-কখনো ওপরে উল্লেখিত কোন উপায়ই হেঁচকি বন্ধ করতে সফল হয় না। এমন পরিস্থিতিতে নিম্নলিখিত উপায় গ্রহণ করা উচিত ঃ-

সামগ্রী – ময়ুয়ের পাখনার চন্দ্রাকার অংশ, পীপলের চূর্ণ আর মধু।

বিধি – ময়ুরের পাখনার চন্দ্রাকার অংশকে কাঁচি দিয়ে কেটে পুড়িয়ে নিন আর সেটার ভস্ম তৈরী করে নিন। পীপলকে অত্যন্ত মিহি করে পিষে নিন। তারপর দুটোকে সমান মাত্রায় মিশিয়ে নিন।

মাত্রা আর সেবন বিধি – এই মিশ্রণকে এক চামচ *(প্রায় 5 গ্রাম)* মাত্রায় নিয়ে কিছুটা মধুর সঙ্গে মিশিয়ে চাটুন।

লাভ – এই প্রয়োগ এক বা দু বার সেবন করলেই হেঁচকি আসা বন্ধ হয়ে পড়ে। যতক্ষন না হেঁচকি বন্ধ হচ্ছে, ততক্ষন পর্যন্ত খাবার খাওয়া উচিত নয়। ক্ষিধেকে শান্ত করার জন্য দুধে 8-10 মুনক্কা *(বিচি বার করে)* আর 2 গ্রাম শুকনো আদার চূর্ণ মিশিয়ে পান করা উচিত।

কোষ্ঠকাঠিন্যনাশক – হজমশক্তি ভালো থাকলে আর পেট পরিস্কার থাকলে খাবার ভালোমতন হজম হয় আর শরীরও সেই আহারের থেকে লাভ প্রাপ্ত করে... কিন্তু কোষ্ঠকাঠিন্য থাকলে সব কিছুই গড়বড় হয়ে পড়ে। আজকাল বেশীর ভাগ লোকেদের মধ্যেই কোষ্ঠকাঠিন্য দেখতে পাওয়া যায়। বাচ্চাদেরও এখন থেকেই এই দিকে দৃষ্টি দেওয়া উচিত, যাতে কোষ্ঠকাঠিন্য না হতে পারে... কারণ কোষ্ঠকাঠিন্য থাকলে মল দূষিত হয়ে পড়ে আর সেটা শরীরে বিযাক্ত প্রভাব বিস্তার করে... যার ফলে বেশ কিছু রোগ সৃষ্টি হয়ে পড়ে। আয়ুর্বেদে বলা হয়েছে – "**সর্বেষামেব রোগাণাং নিদানং কুপিতা মলাঃ**" *(অষ্টাঙ্গ হৃদয়)* অর্থাৎ সকল প্রকারের ব্যাধির কারণই হচ্ছে মলের কুপিত হয়ে পড়া। কোষ্ঠকাঠিন্যের হাত থেকে বাঁচার সর্বপ্রথম

উপায় হচ্ছে সকালে আর সন্ধ্যায় শৌচে যাওয়া। অনেক লোক দিনে মাত্র একবার – সকালবেলাই শৌচে *(পায়খানা)* যান, সন্ধ্যায় যান না। বাচ্চাদের মধ্যে এখন থেকেই দিনে দু বার শৌচে যাওয়ার অভ্যাস গড়ে তোলা উচিত। রাতে একটা অঞ্জীরকে চার টুকরো করে এক গ্লাস দুধে ফেলে মৃদু আঁচে আধ ঘন্টা পর্যন্ত সেই দুধকে ফোটান। দুধ ভালোমতন ফুটে উঠলে আঁচ থেকে নামিয়ে এনে ঠাণ্ডা করে নিন আর অঞ্জীরের টুকরোগুলোকে খুব ভালো করে চিবিয়ে-চিবিয়ে খেতে থাকুন আর এক চুমুক-এক চুমুক করে দুধ পান করতে থাকুন। এই প্রয়োগে এক দিকে যেমন সকালে শৌচ ভালো করে হয়... অন্য দিকে রক্তেরও শুদ্ধি হয়। ত্বক পরিস্কার হয়ে ওঠে। এই প্রয়োগ রক্তার্শেও ভালো ফল প্রদান করে। এক সপ্তাহ পর্যন্ত একটা অঞ্জীরের চার টুকরো সেবন করার পরে দ্বিতীয় সপ্তাহে দুটো অঞ্জীরের আটটা টুকরো দুধে ফেলে ফুটিয়ে সেবন করুন। গোটা শীতকালে কম পক্ষে 40 দিন পর্যন্ত এই প্রয়োগ অবশ্যই চালিয়ে যান।

কোষ্ঠকাঠিন্য দূর করার জন্য

- সকালে ঘুম থেকে উঠে 1-2 গ্লাস জল পান করা উচিত। জলে একটা লেবুর রস নিংড়ে নিলে সেটা আরও বেশী উপযোগী হয়ে উঠবে।
- এক চামচ আমলা চূর্ণ রাতে ঘুমোবার আগে জল বা দুধের সঙ্গে গিলে খেলে কোষ্ঠকাঠিন্য দূর হয়। আপনি আমলার চূর্ণকে মধুর সঙ্গেও নিতে পারেন।
- শুকনো আমলা 3-4 গ্রাম নিয়ে রাতে জলে ভিজিয়ে রাখুন আর পরের দিন সকালে সেগুলোকে ভালো করে রগড়ে আর ছেঁকে সেই জল পান করলে কোষ্ঠকাঠিন্য দূর হয়।
- ছুয়ারা আর আমলা 1-1 নগ করে নিয়ে রাতে জলে ভিজিয়ে রেখে পরের দিন সকালে সেগুলোকে ভালো করে রগড়ে আর ছেঁকে 2-2 চামচ মাত্রায় দিনে 2-3 বার সেই জল পান করলেও কোষ্ঠকাঠিন্য দূর হয়ে পড়ে।
- ত্রিফলা *(আমলা, হরিতকী, বহেড়া চূর্ণ)* বা শুধু আমলার চূর্ণ 5-10 গ্রাম *(1-2 চা চামচ)* রাতে ঘুমোবার সময় গরম দুধ বা গরম জলের সঙ্গে গিলে খেলে কোষ্ঠকাঠিন্য দূর হয়।
- আম খেয়ে তারপর দুধ পান করলেও কোষ্ঠকাঠিন্য দূর হয়।

- আঙুর রস 1/2 কাপ প্রতি দিন পান করলেও কোষ্ঠকাঠিন্যের হাত থেকে মুক্তি পাওয়া যায়।
- আপেল আর বীটের রস পান করলে বা আপেল আর বীট খেলে কোষ্ঠকাঠিন্য দূর হয়।
- শুকনো আদার চূর্ণ 2 গ্রাম নিয়ে তাতে কিছুটা সন্ধক লবন মিশিয়ে নিন। গরম জলের সঙ্গে এটার সেবন করলে কোষ্ঠকাঠিন্য দূর হয়ে পড়ে।
- তাজা আমলা খেলেও পেট পরিস্কার থাকে।
- গ্যারপাঠার তাজা পাতার রস বা সেটার শাঁসে নুন মিশিয়ে সেবন করলে কোষ্ঠকাঠিন্য দূর হয়।
- ভুষিযুক্ত আটার রুটী আর খোসা সমেত ডালের প্রয়োগ করলেও পেট পরিস্কার থাকে।
- সকালে ঘুম থেকে উঠেই বাসী মুখে তামার পাত্রে রাখা পরিস্কার জল পান করলে কোষ্ঠকাঠিন্যের হাত থেকে মুক্তি পাওয়া যায়।
- হলুদের চূর্ণ 1 চা চামচ প্রতি দিন রাতে ঘুমোবার আগে দুধের সঙ্গে নিলে কোষ্ঠকাঠিন্য আর অর্শের হাত থেকে মুক্তি পাওয়া যায়।
- 1 বা 2 বাব্বুগোশা ফল খেতে থাকলে কোষ্ঠকাঠিন্য হতে পারে না। কোষ্ঠকাঠিন্য যদি অত্যন্ত কস্ট দিতে থাকে, তাহলে নাশপাতির এক কাপ রস প্রতি দিন পান করতে থাকলে কোষ্ঠকাঠিন্যের হাত থেকে রক্ষা পাওয়া যায়।
- সকালবেলা 2 কোওয়া কমলা লেবু নিয়ে সেটার রস বার করুন আর তাতে কিছুটা জল মিশিয়ে পান করুন। কোষ্ঠকাঠিন্য আপনা থেকেই পালিয়ে যাবে।
- ভাজাভুজি জিনিষ, অত্যধিক ঝাল-মশলা, আচার, টক ইত্যাদির সেবন করবেন না। ফ্যাটের প্রয়োগ বন্ধ করে দিন। ধূম্রপান আর তামাকের সেবন একেবারে বর্জন করুন। তাজা ফল আর তাজা সব্জী স্যালাডের রূপে অথবা কাঁচা এবং রান্না করে খান। পাতাযুক্ত সব্জী, যেমন – পালং শাক, মেথী, পোয়ী, কুল্ফা, চোলাই শাক, বাঁধাকপি, শালগম, ফুলকপি, মূলো আর বীট ইত্যাদির সেবন বেশী করে করুন। এগুলোর এবং গাজর, টম্যাটোর স্যুপ পান করুন।
- পেঁপে আর পেয়ারা থেকে কোষ্ঠকাঠিন্যের ভালো ঔষধি

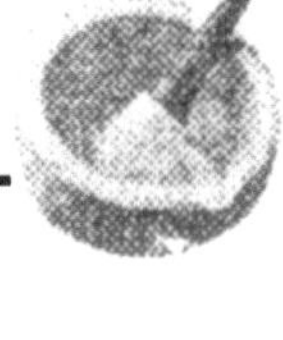

হয়। এগুলোর প্রয়োগ নিয়মিত রূপে করতে থাকলে কোষ্ঠকাঠিন্য হবার প্রশ্নই ওঠে না। পাকা পেয়ারা আর পাকা পেঁপের সেবন লাগাতার করতে থাকুন... কোষ্ঠকাঠিন্যে আরাম পাবেন।

- কোষ্ঠকাঠিন্য বজায় থাকার কারণে পেট পরিস্কার হতে পারে না... যার ফলে মুখের ছালা, অর্শ আর ভগন্দরের মত বেশ কিছু রোগ এবং আরও কিছু ঘাতক রোগ উৎপন্ন হয়ে পড়ে। সুতরাং সর্বদা কোষ্ঠকাঠিন্যের থেকে নিজেকে দূরে সরিয়ে রাখুন আর সুস্থ থাকুন।

গ্যাস / পেট ফাঁপা / বায়ুগোলা

আজকাল প্রায় 50 শতাংশ লোক গ্যাসের রোগে পীড়িত হয়ে অস্থির হয়ে উঠেছেন। ছুটোছুটি ভরা আজকের অসংযমিত জীবনে এই রোগ অত্যন্ত বেশী বেড়ে উঠেছে। এই রোগের কারণে ব্যক্তির কাজ করার শক্তিও প্রভাবিত হয়ে পড়ে। এখানে এই রোগের কিছু ছোট-ছোট ঘরোয়া চিকিৎসার ব্যাপারে জানানো হল ঃ-

- এক কাপ গরম জলে লেবুর রস নিংড়ে পান করলে গ্যাসের অস্থিরতা দূর হয়।
- সকালবেলা এক গ্লাস জলে 25 গ্রাম পুদিনার রস আর 30 গ্রাম মধু মিশিয়ে পান করলে গ্যাসের রোগে লাভ হয়।
- এক গ্লাস জলে 60 গ্রাম পুদিনা, 10 গ্রাম আদা আর 10 গ্রাম আজওয়াইন ফেলে ফোটান। ভালো করে ফুটে উঠলে তাতে আধ কাপ দুধ আর চিনি মিশিয়ে চায়ের মত পান করুন। এতে গ্যাস দূর হবে আর পাচন শক্তি বৃদ্ধি পাবে।
- খাবার খাওয়ার পরে 125 গ্রাম দইয়ের লস্যিতে 2 গ্রাম আজওয়াইন আর আধ গ্রাম বীট লবন মিশিয়ে পান করলেও গ্যাস দূর হয়।
- আজওয়াইন, গোলমরিচ, জিরা, সাদা ধনে, শুকনো আদা, নৌসাদর, বড় এলাচ, পুদিনা, বীট লবন, লাহোরী লবন – এই সব কিছু 15-15 গ্রাম আর 5 লবঙ্গ নিয়ে সব কিছুকে কুটে-পিষে কাপড়ে ছেঁকে নিন। 3 গ্রাম মাত্রায় *(অর্ধেক চা চামচ)* আধ কাপ জলের সঙ্গে সেবন করুন... গ্যাসের সমস্যায় লাভ পাবেন।
- হিং-কে জলে পিষে নাভির ওপরে প্রলেপ করলে পেট ফাঁপা দূর হয়ে পড়ে।

- আজওয়াইন 50 গ্রাম, বীট লবন 12 গ্রাম – এই দুটোকে কুটে-পিষে কাপড়ে ছেঁকে পরস্পরের সঙ্গে মিশিয়ে নিন। পেটে গ্যাসের সৃষ্টি হলে 150 গ্রাম দই-য়ের লস্যি বানিয়ে তাতে এই চূর্ণ আধ চামচ *(3 গ্রাম)* মাত্রায় মিশিয়ে খাবার খাওয়ার পরে সেবন করুন। এতে পেটের গ্যাস দূর হয়। ভাত, কচু, ফুলকপি এবং অন্যান্য গ্যাস সৃষ্টিকারী পদার্থের সেবন করবেন না।
- একটা মিস্টি লাল রং-য়ের আপেল নিয়ে তাতে উল বোনার কাঠি দিয়ে ফুটো করুন। যতগুলো লবঙ্গ তার মধ্যে আসতে পারে, ভরে দিন আর 15 দিন পর্যন্ত সেটাকে কোন চীনা মাটির জারে রেখে মুখ বন্ধ করে দিন। ষোল দিনের দিন লবঙ্গ বার করে, ছায়ায় শুকিয়ে কোন শিশিতে ভরে রেখে নিন আর আপেলটাকে ফেলে দিন। 3 লবঙ্গ পাথরে ঘষে মধুর সঙ্গে সকালবেলা আর রাতে ঘুমোবার আগে 10 দিন পর্যন্ত সেবন করুন। এটা হচ্ছে পেটের গ্যাস, কোস্ঠকাঠিন্য, কৃমি আর বায়ুগোলার এক অব্যর্থ ঔষধি।
- এক কোওয়া রসুন ছিলে 4 নগ বিচি বার করা মুনক্কায় জড়িয়ে খাবার খাওয়ার পরে চিবিয়ে গিলে খেয়ে নিন। এই বিধি দ্বারা পেটের ভেতরে আটকে থাকা গ্যাস তৎক্ষনাত বেরিয়ে আসে।
- অলসীর পাতার সব্জী বানিয়ে খেলে গ্যাসের সমস্যা দূর হয়।
- জলের সঙ্গে 5 মাশা হিঙ্গাস্টক চূর্ণ খেলে সকল প্রকারের বায়ু-বিকার দূর হয়।
- আজওয়াইন, মৌরী, বীট লবন 10-10 গ্রাম, গোলমরিচ 5 গ্রাম নিয়ে মিহি করে কুটে-ছেঁকে 2 গ্রাম তাজা জলের সঙ্গে নিন... পেট ফাঁপা দূর হয়ে পড়বে।
- গোলমরিচ 5 নগ নিয়ে পিষে গোমূত্রের সঙ্গে সেবন করলে পেট ফাঁপা দূর হয়।

গ্যাসের নাশ

সামগ্রী – গোলমরিচ, শুকনো আদা আর দেবদারু গাছের কাঠ।

বিধি – এই তিনটে জিনিষকে আলাদা-আলাদা কুটে-পিষে মিহি চূর্ণ বানিয়ে নিন। তিনটে জিনিযের চূর্ণকে সমান মাত্রায় নিয়ে মিশিয়ে নিন আর 2-3 বার ছাঁকনী দিয়ে ছেঁকে একটা শিশিতে ভরে নিন আর শিশির

ঢাকনা ভালো করে লাগিয়ে দিন। ব্যস্... ওষুধ তৈরী !

সেবন বিধি আর লাভ ঃ

এটা এক চামচ (প্রায় 4-5 গ্রাম) মাত্রায় সকালবেলা খালি পেটে, গরম জলের সঙ্গে গিলে খেয়ে নিন। পরের মাত্রা রাতে নিন। এর প্রয়োগ করার সাথে-সাথে রাতের খাবার খাওয়ার এক ঘন্টা পরে এক গ্লাস গরম দুধে এক চামচ শুদ্ধ ঘি মিশিয়ে পান করা উচিত। দুধ পান করে দাঁত মেজে মুখ ধুয়ে নেওয়া উচিত। দুধ মিস্টি করতে চাইলে অঞ্জীরের চার টুকরো করে দুধ ফোটার সময় দুধে ফেলে দিন আর দুধকে খুব ভালো করে ফুটিয়ে নিন। এই দুধে ঘি মিশিয়ে অঞ্জীরের টুকরো চিবোতে-চিবোতে এক চুমুক-এক চুমুক করে দুধ পান করুন। এই প্রয়োগে বাত প্রকোপ, গ্যাসের কস্ট, শারীরিক ক্লান্তি, আলস্য, জয়েন্টের যন্ত্রণা, আমবাত *(প্রারম্ভিক গেঁটে বাত)*-য়ের যন্ত্রণা, পেট ভারী-ভারী লাগা আর অপান বায়ুর দুর্গন্ধ ইত্যাদি বিকার নস্ট হয়। ক্ষিধে বেড়ে ওঠে এবং শরীরে স্ফূর্তি আসে।

আহার-বিহার ঃ

এই যোগের সেবন করার সময় কটু-তিক্ত এবং কষা রসযুক্ত পদার্থের সেবন না করে মধুর, অম্ল এবং লবন রসযুক্ত পদার্থের সেবন করা উচিত। **'স্বাদম্ল লবণা বায়ু'** অনুসারে এই তিন রসযুক্ত পদার্থ গ্যাসের শমন করে। বাসী, রুক্ষ পদার্থেরও সেবন করা উচিত নয়।

দ্বিতীয় প্রয়োগ ঃ

বীট লবন, খাবার সোডা আর লবঙ্গ – এই তিনটে জিনিষের চূর্ণ সমান মাত্রায় মিশিয়ে শিশিতে ভরে ঢাকনা লাগিয়ে দিন। পেট ফাঁপলে, পেটে গ্যাসের সৃস্টি হলে আর গ্যাস না বেরোলে আধ চামচ চূর্ণ গুনগুনা গরম জলের সঙ্গে খাবার খাওয়ার আধ ঘন্টা পরে নেওয়া উচিত। এতে হজম ঠিকমত হয়... যার ফলে পেট ফাঁপা, পেটে গ্যাস তৈরী হওয়া ইত্যাদি ব্যাধি হয় না।

সংগ্রহণী

- বট গাছের দুধ নিয়ে সেটা নাভির ফুটোয় ভরলে লাভ হয়। এটা হচেছ সকল প্রকারের সংগ্রহণীর অব্যর্থ ঔষধি।

- 50 গ্রাম আমলা নিয়ে সেটাকে জলে ভিজিয়ে দিন। নরম হয়ে এলে তাতে কিছুটা বীট লবন মিশিয়ে শিল-নোড়ায় বেটে জংলী কুলের আকারের গুলি বানিয়ে নিন। সকাল-সন্ধ্যা 1-1 গুলি চুষলে অতিসার এবং সংগ্রহণী ইত্যাদি রোগে লাভ হয়।
- দুটো পাকা কলা 150 গ্রাম দইয়ের সঙ্গে খেলে আন্ত্রের দোষ দূর হয়ে সংগ্রহণী রোগে লাভ হয়।
- কাঁচা পেঁপের সব্জী বানিয়ে অথবা পাকা পেঁপে লাগাতার খেতে থাকলে সংগ্রহণী রোগ মিটে যায়।

অম্ল-পিত্ত

(Acidity)

সংযোগ বিরুদ্ধ ভোজন, পিত্তকে কুপিত করে তোলা পদার্থ, মদ, লস্যি, কলাইয়ের ডাল ইত্যাদির সেবন দ্বারা এই রোগের উৎপত্তি হয়। এতে কষা বা টক-মিস্টি ঢেঁকুর আসতে থাকে। গা গুলোন, হৃদয় বা গলায় জ্বলুনি, বমি আসা, শরীর ভারী-ভারী লাগা ইত্যাদি লক্ষণ প্রকট পায়।

- দিনে দু বার খাবার খাওয়ার পরে 1-1 লবঙ্গ চুষলে অম্ল-পিত্ত ঠিক হয়ে পড়ে।
- নিম পাতা আর আমলার ক্বাথ তৈরী করে পান করলেও অম্ল-পিত্ত রোগ দূর হয়।
- ছোট হরিতকীর চূর্ণ 2 গ্রাম নিয়ে 2 গ্রাম মধুর সঙ্গে মিশিয়ে অথবা গুড়ের সঙ্গে মিশিয়ে প্রতি দিন রাতে খাবার খাওয়ার পরে 3 দিন পর্যন্ত নিন। অম্ল-পিত্ত দূর হয়ে পড়বে।

অরুচি, মন্দাগ্নি

বায়ু দোষে পীড়িত হয়ে পড়লে শোক, ভয়, ক্রোধ অথবা মন ভালো না লাগার কারণে অরুচি রোগ উৎপন্ন হয়ে পড়ে। সাধারণতঃ ভোজন অথবা যে কোন খাবার জিনিষের প্রতি অরুচি হওয়াই এই রোগের মুখ্য লক্ষণ হয়।

- খাঁটি গরুর দুধ থেকে প্রস্তুত দইতে ভাজা সর্ষে, ভাজা জিরা, ভাজা শুকনো আদা এবং সন্ধক লবন মিশিয়ে সেটাকে রেশমী কাপড়ে ছেঁকে নিন... তারপর তাতে ঠিক ততটাই জল মিশিয়ে নিন, যাতে সেটা লস্যির মত হয়ে পড়ে। এই লস্যি পান করলে

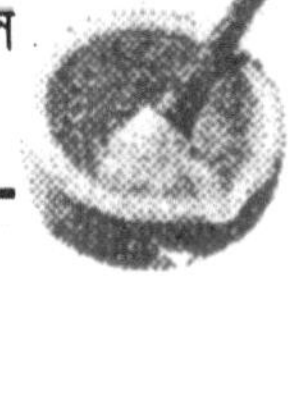

অরুচি দূর হয়ে জঠরাগ্নি তীব্র হয়ে ওঠে। এতে যদি হিং আর জিরাও মেশানো যায়, তাহলে সেটা আরও ভালো ফল প্রদান করে।

- আদা ছিলে মিহি করে কেটে নিন এবং তাতে কিছুটা সন্ধক লবন আর লেবুর রস মিশিয়ে দিন। খাবার খাওয়ার আধ ঘন্টা আগে এটাকে চিবিয়ে-চিবিয়ে খান। 5-7 দিন লাগাতার খেলে হজমশক্তি ঠিক হয় আর ক্ষিধেও ভালোমতন লাগে।
- লেবুর রস আর চিনি সমান মাত্রায় নিয়ে আগুনে গরম করে রস বানিয়ে নিন। এক চামচ মাত্রায় পান করলে খাবারের প্রতি রুচি বেড়ে ওঠে *(এটাকে শরবতের মত পান করলে শরীরের উষ্ণতা দূর হয় আর পিত্ত শান্ত হয়)*।
- লেবুকে টুকরো করে কাঁচের জারে ভরে রেখে নিন আর একটু নুন আর চিনি মিশিয়ে দিন। এতে কিছুটা গোলমরিচ আর সাদা জিরাও পিযে মিশিয়ে দিন আর জারের ঢাকনা লাগিয়ে রোদে রেখে দিন। 10-15 দিন পরে এটা খান *(এটা খেলে ক্ষুধামান্দ্য, খাবারের প্রতি অরুচি দূর হয় আর মুখের স্বাদও ঠিক হয়ে আসে)*।

পেটের যন্ত্রণা

- এক চুটকী হলুদ আর এক চুটকী নুন মিশিয়ে গিলে খেয়ে নিন আর তারপর এক চুমুক জল পান করুন। পেটের ভেতরে জমে থাকা গ্যাস দূর হয়ে পেটের যন্ত্রণায় আরাম পাবেন।
- পেযা আজওয়াইন 100 গ্রাম, পেষা বীট লবন 25 গ্রাম নিয়ে কাপড়ে ছেঁকে রেখে নিন। এটা আধ চামচ মাত্রায় গরম জলের সঙ্গে নিলে পেটের যন্ত্রণায় তৎক্ষনাত আরাম পাওয়া যায় *(তাজা জলের সঙ্গে সেবন করলে বদহজম, অরুচি এবং মন্দাগ্নিতে লাভ প্রাপ্ত হয়)*।
- একটা বাতাশায় 2-3 ফোটা অমৃতধারা ফেলে সেবন করলে পেটের যন্ত্রণা দূর হয়।
- 2 গ্রাম শুকনো আদার চূর্ণে কিছুটা সন্ধক লবন আর কিছুটা হিং মিশিয়ে গরম জলের সঙ্গে গিলে খেয়ে নিন। এতে পেটের যন্ত্রণা দূর হয়। অথবা পেষা শুকনো আদা আর সন্ধক লবন এক গ্লাস জলে ফুটিয়ে পান করলেও পেটের যন্ত্রণা আর অপচন ঠিক হয়।
- এক চুটকী মৌরী আর এক চুটকী আজওয়াইনকে কিছুটা

জলের সঙ্গে পিষে রস বার করুন। এই রস পান করলে সকল প্রকারের পেটের যন্ত্রণা ঠিক হয়ে পড়ে।

পেটের কৃমি

- বাচ্চাদের আধ গ্রাম আজওয়াইনের চূর্ণে কিছুটা বীট লবন মিশিয়ে রাতে ঘুমোবার সময় গরম জলের সঙ্গে পান করতে দিন। বড়দের আজওয়াইন চূর্ণ 2 গ্রাম আর বীট লবন আধ গ্রাম মাত্রায় দিন।
- আজওয়াইন চূর্ণ আধ গ্রাম *(বাচ্চাদের)* এবং 2 গ্রাম *(বড়দের)* মাত্রায় ক্রমশঃ 50 গ্রাম এবং 125 গ্রাম *(এক কাপ)* লস্যির সঙ্গে দিলে পেটের কৃমি নস্ট হয়ে মলের সঙ্গে বেরিয়ে যায়।
- বাচ্চাদের পেটে ছোট-ছোট সাদা রং-য়ের কৃমি হলে অরণ্ডের পাতার রস 3-4 দিন বাচ্চাদের পায়ুতে লাগালে সেই কৃমি মরে যায়।
- পেঁয়াজের রস পান করালেও বাচ্চাদের পেটের কৃমি আর বদহজমী দূর হয়।
- দুটো টম্যাটো, গোলমোরিচ আর সন্ধক লবন ছিটিয়ে বাসী মুখে খেলে পেটের কৃমি নস্ট হয়। এর পর বাচ্চাদের দু ঘন্টা পর্যন্ত কিছু খেতে দেবেন না *(তিন বছরের কম বয়সের বাচ্চাদের দেবেন না)*।
- এন্টীপার এ্যালোপ্যাথিক ওষুধও পেটের কৃমিকে শেষ করে দেয়। দোকান থেকে কিনে নিয়ে এসে আপনারা এই ঔষধির প্রয়োগ করতে পারেন। 5-6 বছরের বড় বাচ্চাদের এক আউন্স একটু গরম দুধের সঙ্গে রাতের বেলা পান করানো উচিত। এ্যালোপ্যাথিক ঔষধির সেবনের জন্য শিশু রোগ বিশেষজ্ঞের পরামর্শ নিন।

পাতলা পায়খানা

- 250 গ্রাম মোষের কাঁচা দুধ নিন। তাতে এক চামচ চিনি আর একটা লেবুর রস মিশিয়ে দিন, যাতে দুধ কেটে যায়। সেটাকে ভালো করে নাড়িয়ে পান করলে পাতলা পায়খানা বন্ধ হয়ে পড়ে।
- চারটে ছোট এলাচকে এক কিলো জলে ফেলে ফোটান। জল যখন 3 কাপের মত অবশিস্ট থেকে যাবে, তখন সেটাকে ঠাণ্ডা করে তিন ভাগ করে নিন। 4-4 ঘন্টা পরে-পরে পান করলে আট ঘন্টায় লাভ হবে।

- ইসব গোলের ভুষি দু চামচ, 125 মিলি দুধের সঙ্গে মিশিয়ে সকাল-সন্ধ্যে খেলে পাতলা পায়খানা ঠিক হয়ে পড়ে।
- জায়ফল 50 গ্রাম, সিদ্ধি 50 গ্রাম এবং ইন্দ্র জৌ 100 গ্রাম – এই তিনটে জিনিষকে কুটে-পিষে কাপড়ে ছেঁকে নিন আর তাতে এতটা মধু মেশান, যাতে সেটা চাটনীর মত হয়ে পড়ে। এই চাটনীর সেবনে সকল প্রকারের পাতলা পায়খানা ঠিক হয়ে পড়ে।
- বাবলা গাছের পাতার স্বরস পান করলেও সকল প্রকারের পাতলা পায়খানায় লাভ হয়।
- বাবলা গাছের পাতা, আমের পাতা আর আমলা পাতার স্বরস প্রতি 2-2 গ্রামে 6 গ্রাম মধু মিশিয়ে সেবন করলে সকল প্রকারের পাতলা পায়খানায় লাভ হয়।

বাচ্চাদের পাতলা পায়খানা

- 1-2 আসল কেশর নিয়ে ঘষে তাতে ঘি মিশিয়ে চাটালে বাচ্চাদের পাতলা পায়খানা বন্ধ হয়।
- বেলগিরিকে মৌরীর অর্কে ঘষে বাচ্চাদের চাটালে লাল-সবুজ পায়খানা বন্ধ হয়।

কোষ্ঠকাঠিন্য থেকে মুক্তির উপায়

- কোষ্ঠকাঠিন্য আর ডায়রিয়া রোগ শরীরকে অত্যন্ত দুর্বল করে তোলে। এজন্য রোগীর এই রোগ থেকে দ্রুত মুক্তি প্রাপ্ত করা উচিত।
- ক্যাঞ্চার কাঁচা ফলের শাঁস আর এই গাছের কাণ্ড থেকে বেরোন গঁদ কোষ্ঠকাঠিন্য আর ডায়রিয়া রোগের নিবারণে গুরুত্বপূর্ণ ভূমিকা পালন করে।
- ক্যাঞ্চার পাকা ফলের শাঁস ডায়রিয়া আর বদহজমীতে লাভদায়ক হয়। এর জন্য শাঁসে মধু, জিরা আর এলাচের চূর্ণ মিশিয়ে সেবন করা উচিত।
- তাজা আমলার রসে কাগজী লেবুর রস মিশিয়ে শরবত বানিয়ে নিন। এই শরবত পান করলে কোষ্ঠকাঠিন্য রোগে ভালো লাভ পাওয়া যায়। ডায়রিয়া আর কোষ্ঠকাঠিন্যে শুকনো আমলাও অত্যন্ত উপযোগী হয়। এর উপযোগ চূর্ণের রূপে অথবা জলে ভিজিয়ে

করা যেতে পারে। আমলার পাতাও এই দিক থেকে অত্যন্ত গুরুত্বপূর্ণ হয়। এর জন্য আমলার পাতাকে চাটনীর মত পিষে নিন। সেটা এক চা চামচ মাত্রায় নিয়ে তার সঙ্গে মধু মিশিয়ে চেটে নিন। এই প্রকারে এই রোগের থেকে মুক্তি পাওয়া যায়।

- বেল খেলেও পুরোন কোস্ঠকাঠিন্য আর ডায়রিয়া রোগে আরাম পাওয়া যায়। বেলের শরবত পান করলে আন্ত্রগুলো আরাম পায় আর কোস্ঠকাঠিন্যের হাত থেকে মুক্তি পাওয়া যায়। আধপাকা বা কাঁচা বেল খাওয়াটা হচ্ছে পুরোন ডায়রিয়া আর কোস্ঠকাঠিন্য নিবারণের সব থেকে ভালো উপায়। বেলের শুকিয়ে নেওয়া টুকরো আরও বেশী লাভদায়ক হয়। এটার প্রয়োগের জন্য কাঁচা বা আধপাকা বেলের টুকরো রোদে রেখে শুকিয়ে নিন। তারপর সেই শুকিয়ে নেওয়া টুকরোগুলোর চূর্ণ বানিয়ে নিন। এই চূর্ণের প্রয়োগ জ্বর না থাকাকালীন অবস্হাতেই করা উচিত। এই দুটো রোগের নিবারণ করার উদ্দেশ্যে বেলের মোরব্বা খাওয়াটাও অত্যন্ত লাভদায়ক প্রমাণিত হয়, যে মোরব্বা কাঁচা বেলের টুকরো দিয়ে তৈরী করা হয়ে থাকে।
- জামের বিচি আর জাম গাছের ছালের ক্বাথ পান করলেও কোস্ঠকাঠিন্য আর ডায়রিয়া রোগে আরাম পাওয়া যায়। এই প্রকার কুল গাছের ছাল আর বেদানার খোসারও কোস্ঠকাঠিন্য আর ডায়রিয়া রোগের থেকে মুক্তি প্রদান করায় যথেস্ট অবদান থাকে।
- মেথী পাতা বা বীজ *(দানা)*-ও ডায়রিয়া আর কোস্ঠকাঠিন্যে বড়ই লাভদায়ক হয়। এর জন্য মেথী শাক রান্না করে খাওয়া উচিত। এছাড়া মেথী দানাকে পিষে চূর্ণ বানিয়ে নিন। এই চূর্ণ তিন গ্রাম মাত্রায় কিছুটা দই-য়ের সঙ্গে দিনে চার বার খান। এমনটা করলে আমাশা রোগের থেকে মুক্তি পাওয়া যায়। মেথী দানার চা বানিয়ে 3-4 সপ্তাহ পর্যন্ত নিয়মিত রূপে সকাল-সন্ধ্যে পান করলেও আমাশা রোগের থেকে মুক্তি পাওয়া যায়।
- এক চা চামচের মত জিরা নিয়ে এক গ্লাস জলে ফেলে ফুটিয়ে নিন। তারপর তাতে এক চা চামচ কচি ধনেপাতার রস মিশিয়ে কিছুটা নুনও মিশিয়ে নিন। তারপর সেটাকে ছেঁকে সেই ক্বাথকে সকাল-সন্ধ্যে নিতে থাকুন... এতে ডায়রিয়া রোগে আরাম পাওয়া যায়। এছাড়া জিরা আর মৌরী দানা – দুটোকে সমান মাত্রায় নিয়ে চাটুর ওপরে ভেজে নিন। এর পরে সেটাকে পিষে চূর্ণ বানিয়ে

নিন আর কোন শিশিতে সুরক্ষিত রেখে নিন। এই চূর্ণের প্রায় 3 গ্রাম মাত্রা 3-3 ঘন্টা পরে-পরে দিনে 4 বার তাজা ঠাণ্ডা জলের সঙ্গে গিলে খান। পাতলা পায়খানা বন্ধ হয়ে যাবে।

- পাকা তেঁতুলের শাঁস কোষ্ঠকাঠিন্য নিবারণে অত্যন্ত লাভকারী হয়। প্রায় 3 গ্রাম শাঁসে 3-4 খেজুর, 1-2 লবঙ্গ, এলাচের দানা, কিছুটা কর্পূর এবং আবশ্যকতানুসার চিনি মিশিয়ে আধ লিটার জলে ফুটিয়ে শরবত বানিয়ে নিন। কোষ্ঠকাঠিন্য নিবারণে এই শরবতের সেবন করুন।
- সোয়াবীনকে মেথী দানার সঙ্গে ঘিয়ে ভেজে চূর্ণ বানিয়ে নিন। এই চূর্ণ দই-য়ের সঙ্গে সেবন করলে ডায়রিয়া আর কোষ্ঠকাঠিন্যে লাভ প্রাপ্ত হয়।
- পীপলের কচি পাতা আর ধনেপাতাকে চিনির সঙ্গে চিবিয়ে-চিবিয়ে সেটার রস চুষলেও কোষ্ঠকাঠিন্য ঠিক হয়ে যায়। পিষে নেওয়া দারচিনির চূর্ণকে এক চুটকী গোলমরিচের চূর্ণ আর মধুর সঙ্গে ফুটিয়ে ক্বাথ বানিয়ে নিন। তারপর সেটাকে ছেঁকে নিন। এই ক্বাথ এক চামচ মাত্রায় সেবন করতে থাকলে ডায়রিয়া রোগের থেকে মুক্তি পাওয়া যায়। এতে হজমশক্তিও উন্নত হয়ে ওঠে।

জণ্ডিস

এই রোগে গোটা শরীরের রং হলুদ হয়ে ওঠে এবং চোখ আর নখও হলুদ রং-য়ের হয়ে পড়ে।

- 5 তোলা মূলো পাতার অর্ক নিংড়ে তার সঙ্গে এক তোলা মিছরী মিশিয়ে নিন আর সেটা বাসী মুখে পান করুন। এটা হচ্ছে জণ্ডিস রোগের অব্যর্থ ঔষধি। এই প্রয়োগে এক সপ্তাহের ভেতরেই জণ্ডিস রোগ দূর হয়ে পড়ে... কিন্তু দু মাস পর্যন্ত হলুদ আর দুধের সেবন করা উচিত নয়।
- ঝাল-মশলা ছাড়া কাঁচা পেঁপের সব্জী খান অথবা পাকা পেঁপে খেলেও জণ্ডিস রোগ দূর হয়।
- এক গ্লাস টম্যাটোর রস প্রতি দিন পান করলেও জণ্ডিস রোগ ঠিক হয়ে যায়।
- গাজরের রস, গাজরের স্যুপ পান করলেও জণ্ডিস রোগ

শান্ত হয়। গাজর হচ্ছে জণ্ডিস রোগের প্রাকৃতিক ঔষধি।

- 6 টি বাদাম, 3 টি ছোট এলাচ আর 2 ছুয়ারাকে রাতে মাটির ভাঁড়ে ভিজিয়ে রাখুন। পরের দিন সকালে তাতে 50 গ্রাম মিছরী আর 50 গ্রাম মাখন মিশিয়ে সেবন করুন।

তিল্লী রোগের চিকিৎসা

এই রোগে হাত-পা শুকিয়ে যায় এবং পেটের উল্টো দিকটা ফুলে ওঠে আর শক্ত হয়ে পড়ে।

- ঘিক্বারের পাতাকে চিরে তার ওপরে 10 গ্রাম নৌসাদর পিযে লাগিয়ে রোদে ঝুলিয়ে রাখুন। সেটার নীচে কোন পাত্র রেখে দিন। সেটার থেকে যে রস বার হবে, সেটা শিশিতে ভরে রাখুন। আধ চামচ মাত্রায় দিনে 2 বার 2 চামচ জলে মিশিয়ে 20 দিন পর্যন্ত নিন।
- ঝাল-মশলা দিয়ে বথুয়া শাক রান্না করে, এক সপ্তাহ পর্যন্ত সেটার সেবন করলে তিল্লীর রোগে অবশ্যই লাভ হবে।
- খালি পেটে পাতা সমেত মূলো বীট লবন লাগিয়ে খাওয়াটা তিল্লী রোগে লাভদায়ক হয়।

ডায়াবেটিজ

ডায়াবেটিজ রোগের নতুন বা পুরোন রোগীর মিষ্টি জিনিষ সেবন করা উচিত নয়। এই রোগে ধীরে-ধীরে পায়চারী করা এবং প্রাতঃকালীন ভ্রমণ অবশ্যই করা উচিত।

- 5 তোলা জামের বিচি, 5 তোলা শুকনো আদা আর 10 তোলা গুড়মার – এই সব কিছুকে কুটে-পিযে গ্যারপাঠার রসে গুলে 4-4 রত্তির গুলি বানিয়ে নিন। এটা দিনে 3 বার জলের সঙ্গে সেবন করলে ডায়াবেটিজ রোগ শীঘ্র দূর হয়ে পড়ে।
- জামের 4 কচি আর নরম পাতাকে খুব মিহি করে কুটে 60 গ্রাম জলে রগড়ে-ছেঁকে 10 দিন পর্যন্ত সকালবেলা লাগাতার পান করুন। তার পরে এটা প্রতি 2 মাস পরে-পরে 10 দিন পর্যন্ত নিন। ডায়াবেটিজ দূর করার এটা এক উত্তম ঔষধি।
- রোগের প্রারম্ভিক অবস্থায় জামের 4 টি পাতা সকালবেলা আর রাতে চিবিয়ে খেলে তৃতীয় দিন থেকেই ডায়াবেটিজ

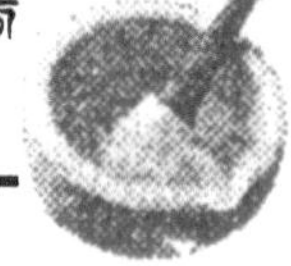

রোগে লাভ হতে থাকে।

- ভালো করে পাকা 60 গ্রাম জামকে 300 গ্রাম ফুটন্ত জলে ফেলে ঢেকে দিন। আধ ঘন্টা পরে রগড়ে ছেঁকে নিন। সেটার 3 ভাগ করে 1-1 মাত্রা দিনে তিন বার পান করলে রোগীর প্রস্রাবে শর্করার মাত্রা অনেকটাই কমে আসে। নিয়মপূর্বক কিছু দিন পর্যন্ত সেবন করতে থাকলে রোগী একেবারে সুস্থ হয়ে ওঠেন।
- করলার সেবনও ডায়াবেটিজ রোগে লাভদায়ক হয়।
- জামের বিচিকে শুকিয়ে. পিষে সেটার চূর্ণ বানিয়ে নিন। 2 চামচ মাত্রায় সকালবেলা জলের সঙ্গে 21 দিন পর্যন্ত সেবন করুন। অবশ্যই লাভ হবে।
- 6 গ্রাম মেথী দানা নিয়ে সেটাকে একটু কুটে নিন আর রাতে জলে ভিজিয়ে রাখুন। পরের দিন সকালে সেটাকে ভালো করে রগড়ান আর মিস্টি না মিশিয়ে পান করে নিন। 2 মাস পর্যন্ত সেবন করলে ডায়াবেটিজ রোগ দূর হয়ে পড়ে।

ওজন কমাবার সুস্থ এবং প্রভাবশালী উপায়

- প্রতি দিন যত বেশী মাত্রায় পারেন, তাজা সব্জী খান।
- নিজের নিয়মিত ভোজনে পরিবর্তন নিয়ে আসুন অর্থাৎ চকোলেট, আইসক্রীম, পেস্ট্রী, সোফ্ট ড্রিংকস, মিস্টি, জ্যাম, স্যস্, কেক ইত্যাদি খাওয়া বন্ধ করে দিন।
- নিজের ভোজনে ফ্যাটের মাত্রা 2-3 চা চামচ পর্যন্ত সীমিত রাখুন... তার বেশী নয়।
- প্রতি দিন 2-3 টি ফল অবশ্যই খান।
- রিফাইণ্ড আটা অর্থাৎ ময়দা দিয়ে প্রস্তুত জিনিষ, যেমন – পাঁউরুটী, পেস্ট্রী. রুমালী রুটী, নান ইত্যাদি একেবারেই খাবেন না... কারণ এগুলোর সেবনে স্থূলতা বেড়ে ওঠে।
- রুটী বানানোর জন্য জোয়ার, বাজরা, যব ইত্যাদির আটার ব্যবহার করুন... এর ফলে স্থূলতা বড়ে না আর শরীরও ভরপুর পুস্টি প্রাপ্ত করে।
- সাদা চালের পরিবর্তে *'ব্রাউন রাইস'*-য়ের ব্যবহার করুন।
- সারা দিনে 6-8 গ্লাস জল অবশ্যই পান করুন।

- প্রতি দিন 35-40 মিনিট শারীরিক ব্যায়াম অবশ্যই করুন *(এতটাই সময় পর্যন্ত পায়চারী করা আর নৃত্য ইত্যাদি করাটাও ভালো লাভ প্রদান করে)।*
- মনে রাখবেন, ওজন কম করার চক্করে খাবার খাওয়াই যেন বন্ধ করে দেবেন না। প্রতি দিন তিন বার – সকালের জলখাবার এবং দুপুর আর রাতে খাবার অবশ্যই খান। শুধু এটা লক্ষ্য রাখবেন, আপনার ভোজন যেন ফ্যাটযুক্ত না হয়।

অর্শ

অর্শ দু প্রকারের হয় – ভেতরের আর বাইরের। ভেতরের অর্শে মাংসাঙ্কুর ভেতরের দিকে থাকে। গোল-চ্যাপ্টা, ফুলে ওঠা মাংসাঙ্কুর ছোলা-মসুর ডালের দানার আকারের সমানও হয়। কোষ্ঠকাঠিন্যের কারণে যখন ভেতরের মাংসাঙ্কুর শৌচের সময় জোর লাগালে বাইরের দিকে বেরিয়ে আসে, তখন রোগী যন্ত্রণায় ছটফট্ করে ওঠেন। মাংসাঙ্কুর ছিলে গেলে ক্ষতস্থানেরও সৃষ্টি হয়ে পড়ে। বাইরের অর্শে মাংসাঙ্কুর শাঁসযুক্ত স্থানে হয়... এতে ততটা যন্ত্রণা হয় না। কখনো-কখনো হাল্কা চুলকোনি হতে থাকে। কোষ্ঠকাঠিন্য হলে এর থেকে রক্ত এত বেশী মাত্রায় বেরোতে থাকে যে, রোগী রক্ত দেখে ঘাবড়ে ওঠেন আর তাঁর মুখ ফ্যাকাশে হয়ে পড়ে।

- 20 গ্রাম রসৌত আর 40 গ্রাম বেদানার খোসাকে কুটে-ছেঁকে কাপড়ে ছেঁকে নিন। তারপর তাতে 80 গ্রাম গুড় মিশিয়ে খল-নুড়িতে খরল করে এক সঙ্গে মিশিয়ে, ছায়ায় শুকিয়ে 15-15 গ্রাম মাত্রায় প্রতি দিন সকাল-সন্ধ্যে তাজা জলের সঙ্গে নিন। এটা সকল প্রকারের অর্শকে ঠিক করে তোলে।
- সত্ গিলোয়কে মাখনের সঙ্গে মিশিয়ে খেলে অর্শ রোগে লাভ হয়। সেবন মাত্রা হচ্ছে আধ গ্রাম থেকে 2 গ্রাম পর্যন্ত।
- 50 গ্রাম রীঠা নিয়ে চাটুর ওপরে রেখে কোন বাটি দিয়ে ঢেকে দিন আর চাটুকে আধ ঘন্টা পর্যন্ত আঁচের ওপরে রাখুন। রীঠা ভস্ম হয়ে পড়বে। ঠাণ্ডা হলে বাটি সরিয়ে রীঠার ভস্ম 20 গ্রাম, কুস্তা ফৌলাদ 3 গ্রাম নিয়ে মিহি করে চূর্ণ বানিয়ে এক সঙ্গে মিশিয়ে দিন। 1-1 গ্রাম মাত্রায় সকাল-সন্ধ্যে 20 গ্রাম মাখনে রেখে খান। তারপর 250 গ্রাম দুধ পান করুন। এমনটা 10-15 দিন পর্যন্ত সেবন করুন...

এটা অর্শ রোগের ভালো ঔষধি হয়। এই প্রয়োগ সকল প্রকারের অর্শকেই দূর করে।

বর্জন ঃ গুড়, মাংস, মদ, আম, আঙ্গুর খাবেন না আর নীচে উল্লেখিত মলম মাংসাঙ্কুরের ওপরে লাগান।

- **মলম অর্শ** – সাদা ভেসলীন 50 গ্রাম, কর্পূর 6 গ্রাম, সালফা ডায়জিনের 3 ট্যাবলেট, বোরিক এ্যাসিড 6 গ্রাম – সব কিছুকে মিহি করে ভেসলীনে মিশিয়ে রাতে ঘুমোবার সময় আর সকালে শৌচে যাবার আগে দিনে একবার প্রতি দিন আঙুলে করে ভেতর-বাইরে করে মাংসাঙ্কুরের ওপরে লাগান।
- **রক্তার্শ** – গ্যাঁদা ফুলের কচি পাতা 10 গ্রাম, গোলমরিচ 5 দানা, কুঞ্জা মিছরী 10 গ্রাম নিয়ে 60 গ্রাম জলে রগড়ে-ছেঁকে 4 দিন পর্যন্ত 1-1 বার পান করুন। গরম জিনিষ খাবেন না আর কোষ্ঠকাঠিন্য হতে দেবেন না।
- রীঠার খোসাকে পুড়িয়ে মিহি করে পিষে নিন। এক গ্রাম মাত্রায় সকাল-সন্ধ্যে মধুর সঙ্গে নিলে রক্ত পড়া বন্ধ হয়ে পড়ে।

মাংসাঙ্কুর নাশক প্রলেপ

- থুহরের দুধ মাংসাঙ্কুরের ওপরে লাগালে অর্শের মাংসাঙ্কুর নষ্ট হয়ে যায়।
- নিম আর কনেরের পাতার মিহি প্রলেপ অর্শের মাংসাঙ্কুরকে শেষ করে দেয়।
- সজনের পাতাকে মিহি করে পিষে মাংসাঙ্কুরের ওপরে প্রলেপ করলে মাংসাঙ্কুর নষ্ট হয়।
- ঘোড়ার লেজের চুল দিয়ে মাংসাঙ্কুরকে শক্ত করে বেঁধে দিন বা কাউকে দিয়ে বাঁধিয়ে নিন। কিছু দিনের ভেতরেই মাংসাঙ্কুর ভেঙে পড়ে যাবে।

আমরিপু

সামগ্রী – ছোট হরিতকী, মৌরী, ছোট কাঁচা বেল, আফিম বার করা পোস্তের ডাঁটা আর শুকনো আদা – এই পাঁচটা জিনিষের অত্যন্ত মিহি করে পেষা আর ছাঁকা চূর্ণ 50-50 গ্রাম।

বিধি – সব জিনিষকে খুব ভালো করে মিশিয়ে, মোটা চাটু বা কড়াইতে শুদ্ধ ঘি ঢেলে এই মিশ্রণকে মৃদু আঁচে ভালো করে সেঁকে নিন। তারপর আঁচ থেকে নামিয়ে এনে ঠাণ্ডা করে নিন। এবার এতে সমান মাত্রায় গুঁড়ো চিনি মিশিয়ে শিশিতে ভরে রেখে নিন।

সেবন বিধি আর লাভ ঃ

আধ চামচ *(প্রায় 3 গ্রাম)* মাত্রায় চূর্ণ নিয়ে, ফুটিয়ে ঠাণ্ডা করা জল নিয়ে, এই চূর্ণকে 3-3 ঘন্টা পরে-পরে দিনে 4 বার সেবন করুন। ফোটানো জলই পান করুন... কাঁচা জল পান করবেন না। এই প্রয়োগে নতুন বা পুরোন কোস্ঠকাঠিন্য, আমাশা, রক্ত পায়খানা, মন্দাগ্নি ইত্যাদি পেটের রোগে শীঘ্র লাভ হয়। পেট মোচড়ানির সঙ্গে বার-বার একটু-একটু করে মল বেরোন, দুর্গন্ধযুক্ত মল বেরোন আর গ্যাস বেরোন ইত্যাদি দূর হয়, পাচন শক্তি উন্নত হয়ে ওঠে আর মন্দাগ্নি ঠিক হয়ে জঠরাগ্নি তীব্র হয়ে ওঠে। যদি কোস্ঠকাঠিন্য 5-10 বছরের পুরোনও হয়, লাগাতার 5-6 মাস এই প্রয়োগ করতে থাকলে সেটাও ঠিক হয়ে পড়ে। শারীরিক দুর্বলতা, কৃশতা আর অসুস্থতা দূর হয়, শরীর সুডৌল, শক্তিশালী আর মাংসল হয়ে ওঠে।

আহার-বিহার ঃ

পেটের রোগের রোগীর ভাজাভুজি, ভারী, তীব্র ঝাল-মশলাযুক্ত খাবার, বেসনের তৈরী খাদ্য পদার্থ, বাসী আর দেরী করে হজম হওয়া খাদ্য পদার্থের সেবন করা উচিত নয়। রাতে দেরী করে খাবার খাওয়াও উচিত নয়। খাবার ভালো করে চিবিয়ে-চিবিয়ে খাওয়া উচিত। আহারে খিচুড়ি, তাজা দই আর ভাত, সুপাচ্য আর হাল্কা খাদ্য পদার্থ, তাজা রুটী, খোসাযুক্ত মুগ ডাল, লাউ, পটল, টিণ্ডার সব্জী খান। জল ফুটিয়ে আর ঠাণ্ডা করে পান করুন... কাঁচা জল পান করবেন না। জিরা 10 গ্রাম, চিত্রক 5 গ্রাম, গোলমরিচ 10 গ্রাম, শুকনো আদা 10 গ্রাম আর সন্ধক লবন 30 গ্রাম – এই সব কিছুর চূর্ণ বানিয়ে এক সঙ্গে মিশিয়ে নিন। সেটা তাজা লস্যিতে আধ চামচ মাত্রায় গুলে, ভোজনের সাথে-সাথে চুমুক মেরে-মেরে পান করুন। খুব শীঘ্র লাভ পাবেন।

□□

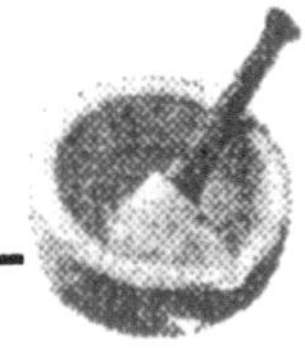

ত্বকের রোগ

মুখের সৌন্দর্য

মহিলাদের মুখের সৌন্দর্য বজায় রাখার আবশ্যকতা সেই সময় হয়, যখন তাঁদের মুখের ত্বক কুঁচকে আসে, মুখে দাগ-ছোপ অথবা ব্রণ হয়ে মুখকে কুৎসিত করে তোলে। এর জন্য দেশী উপায় হচ্ছে এই যে, গাজর 150 গ্রাম আর বীট 50 গ্রাম নিয়ে সেই দুটোর রস বার করে আধ গ্লাস মাত্রায় প্রতি দিন লাগাতার কম পক্ষে 20 দিন পর্যন্ত পান করা উচিত। এতে মুখ বেদাগ হয়ে আপেলের মত সুন্দর আর লাল হয়ে ওঠে। যদি পেট ফুলতে লাগে, তাহলে রস পান করা বন্ধ করে দিন।

মুখের বলিরেখা আর ফুসকুড়ির জন্য

- রীঠার খোসাকে জলে ঘযে লাগালে মুখের বলিরেখা আর দাগ-ছোপ দূর হয়ে পড়ে।
- এক চামচ মধু আর এক চামচ কাঁচা দুধ এক সঙ্গে মিশিয়ে প্রলেপ করুন এবং 5 মিনিট পরে জল দিয়ে মুখ ধুয়ে ফেলুন।
- মুখে লেবুর খোসার ভেতরের দিকটা দিয়ে মালিশ করুন। 5 মিনিট পরে কিছুটা ভেজা বেসনও মুখে মালিশ করুন। 15 মিনিট পরে মুখ তাজা জল দিয়ে ধুয়ে ফেলুন। এতে মুখের বলিরেখা আর ব্রণ শেষ হয়ে যায় আর রং-ও পরিস্কার হয়ে ওঠে।

নোট – কাঁচা ব্রণকে কখনো আঁচড়াবেন না... অন্যথা সেগুলো আপনার মুখে স্হায়ী দাগের সৃস্টি করবে।

ব্রণ

ব্রণ দু প্রকারের হয়। প্রথম, যেগুলো পেকে ওঠে আর চাপ দিলে যেগুলোর ভেতর থেকে সাদা-সাদা পদার্থ বেরিয়ে আসে।

মুখে এই প্রকারের ব্রণই সাধারণতঃ হতে দেখা যায়।

দ্বিতীয় প্রকারের ব্রণ পাকে না। এগুলো না পাকা সত্ত্বেও এগুলোর ভেতরে সাদা-সাদা পদার্থ হয়ে পড়ে। এগুলোর সঙ্গে প্রথম প্রকারের ব্রণের কোন প্রকারের সম্পর্ক থাকে না। এই প্রকারের ব্রণ ভুল আহার-বিহার, অপথ্য ভোজনের সেবন, উষ্ণ প্রকৃতির ভোজ্য পদার্থের সেবন দ্বারা বাত-পিত্ত-কফের কুপিত হয়ে ওঠা আর রক্ত-বিকার হয়ে পড়ার কারণে সৃষ্টি হয়। মুখের ত্বকের নীচে রক্তকোষগুলোয় ফ্যাট আর তৈলাক্ত গ্রন্থিগুলোর বৃদ্ধি হয়ে পড়ে... যার কারণে সেগুলো ব্রণের রূপ নিয়ে নেয়। এই প্রকারের ব্রণ মুখের ওপরে স্থায়ী প্রভাব বিস্তার করে মুখের সৌন্দর্যকে নষ্ট করে দেয়। এগুলোকে Acne Rosacea বলা হয়। এই প্রকারের ব্রণ বেশীর ভাগ মহিলাদের হয়।

ব্রণ হলে যদি কোষ্ঠকাঠিন্য আর অজীর্ণ থেকে থাকে, তাহলে ব্রণ ঠিক হওয়া তো দূরের কথা... সেগুলো আরও বেড়ে ওঠে। গর্ভাশয়ের কোন বিকার আর মাসিক ধর্মের অনিয়মিততাও ব্রণের কারণ হয়। ব্রণের চিকিৎসা সহজ হয় না। অনেক বার চিকিৎসা করানো সত্ত্বেও কোন-কোন যুবক-যুবতীর ব্রণ ঠিক হতে চায় না আর তাদের পুরো মুখ ব্রণের দাগ-ছোপে বরাবরের মত কুৎসিত হয়ে ওঠে। যে চিকিৎসা কোন যুবক-যুবতীদের মুখের ব্রণকে একেবারে পরিস্কার করে দেয়, সেই চিকিৎসাই আবার অন্য কোন যুবক-যুবতীর ব্রণকে ঠিক করতে পারে না... তবুও চিকিৎসা তো করাতেই হয় আর সেটা উচিতও বটে। এখানে ব্রণ ঠিক করার কিছু ঘরোয়া চিকিৎসার ব্যাপারে জানানো হচ্ছে।

- ছুয়ারার বিচি ভিনিগারের সঙ্গে পাথরের ওপরে ঘষে সেটার প্রলেপ ব্রণের ওপরে লাগান। এক ঘন্টা পরে মুখ ধুয়ে ফেলুন।
- জায়ফল আর গোলমরিচ দুধের সঙ্গে ঘষে সেটার প্রলেপ ব্রণের ওপরে লাগান।
- মসুর ডালকে মিহি করে পিষে তাতে দুধ মিশিয়ে গাঢ় প্রলেপ তৈরী করুন। এই প্রলেপকে ব্রণের ওপরে লাগান আর একটু পরে জল দিয়ে মুখ ধুয়ে নিন।
- একটা বাদাম সকালবেলা জলে ফেলে রাখুন। সন্ধ্যায় বাদামের খোসা ছাড়িয়ে পাথরের ওপরে ঘষে প্রলেপ বানান। এতে 10-15 ফোঁটা লেবুর রস ফেলে দিন আর সমান মাত্রায় গ্লিসারিন মিশিয়ে দিন। এটা মুখের ওপরে প্রলেপ করুন আর এক ঘন্টা পরে গুনগুনা গরম জল দিয়ে মুখ ধুয়ে নিন।
- পটিনকরের ক্বাথ এক চামচ, আধ কাপ জলে গুলে রাতে ঘুমোবার আগে পান করুন। কিংশুকাদি তৈল বা

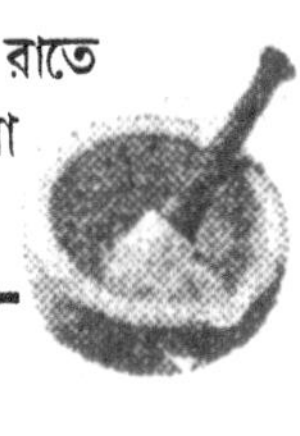

কুমকুমাদি তৈল আঙুলে লাগিয়ে হাল্কা-হাল্কা করে ব্রণের ওপরে ম্যাসাজ করুন। মুখে কোন সাবান লাগাবেন না। খুব জরুরী হলে DOVE বা HAMAM সাবান লাগাতে পারেন বা ক্ষেতের কালো মাটি জলে গুলে প্রলেপ করুন আর কিছুক্ষন পরে মুখ ধুয়ে ফেলুন।

ব্রণ হলে মুখ তো কুৎসিত লাগেই... কিন্তু ব্রণ ঠিক হয়ে পড়ার পরেও ব্রণের দাগ-ছোপ দীর্ঘ সময় পর্যন্ত মুখকে কুরূপ করে রাখে। যুবক-যুবতীরা নানান্ প্রকারের চেস্টা করে-করে শেষে হার মেনে নেন... তবুও তাঁদের মুখের ব্রণ ঠিক হয় না। মুখে লাগানো এক অত্যন্ত গুণকারী প্রলেপ তৈরী করার বিধি এখানে জানানো হচেছ ঃ-

সামগ্রী

হলুদ, আম হলুদ, লোহা, দারুহরিদ্রা, লাল চন্দন, মজীঠ, বায়বিডঙ্গ, খদির, জটামাসী, বাবচী – সব কিছু 10-10 গ্রাম, গেরু 50 গ্রাম, নিমের ছাল 25 গ্রাম আর বচ 2 গ্রাম।

নির্মাণ বিধি

সব কিছুকে আলাদা-আলাদা করে কুটে-পিযে এক সঙ্গে মিশিয়ে নিন আর ময়দা চালার চালনী দিয়ে তিন বার চেলে নিন, যাতে সব কিছু ভালো ভাবে মিশে যায়। এটাকে কাঁচের জারে ভরে রেখে নিন।

প্রয়োগ বিধি

এক চামচ চূর্ণ কিছুটা দুধের সঙ্গে মিশিয়ে গাঢ় প্রলেপ তৈরী করুন। কেশরের 3-4 পাপড়ি দুধে ঘুঁটে এই প্রলেপের সঙ্গে মিশিয়ে নিন। রাতে এই প্রলেপকে মুখ, গলা আর ঘাড়ে লাগান। আধ ঘন্টা পর্যন্ত লেগে থাকতে দিন আর তারপর গুনগুনা গরম জল দিয়ে ধুয়ে ফেলুন। লাগাতার এই প্রলেপ লাগালে ব্রণ তো ঠিক হয়ই... ব্রণের কারণে সৃস্টি হওয়া মুখের দাগ-ছোপও মিটে যায় আর মুখ চাঁদের মত কান্তিময়, পরিস্কার আর সুন্দর হয়ে ওঠে।

পথ্য-অপথ্য আহার

ভোজনে তাজা রুটী, খোসাযুক্ত মুগ ডাল, সবুজ শাক-সব্জী, স্যালাড, আর মরশুমী ফলের সেবন করা উচিত। ভারী, ভাজাভুজি, তীব্র ঝাল-মশলাযুক্ত আর গরম প্রকৃতির খাদ্য পদার্থের সেবন কখনোই করবেন না। সপ্তাহে এক দিন উপবাস রেখে সেদিন কেবলমাত্র

ফল আর ফলের রসের সেবন করুন। রাতে খাবার তাড়াতাড়ি খেয়ে নিন আর বিশেষ রূপে হাল্কা-সুপাচ্য আহারেরই সেবন করুন, যেমন – খিচুড়ি বা দুধ-দালিয়া। রাতে ঘুমোবার সময় দুধ অবশ্যই পান করুন।

আহার-বিহার

সকালে সূর্যোদয় হবার আগে শৌচ আর স্নান সেরে নিন। রাতে বেশীক্ষন পর্যন্ত জেগে থাকবেন না। দিনে ঘুমোবেন না। কোষ্ঠকাঠিন্য হতে দেবেন না। রাতে ঘুমোবার আগে অবশ্যই শৌচে যান। গরম আর রোদের থেকে দূরে থাকুন। মনে ক্রোধ, ঈর্ষা আর কামুক চিন্তা আসতে দেবেন না। ক্রোধ আর ঈর্ষা পিত্তকে কুপিত করে তোলে। বাত আর পিত্তের প্রকোপে ব্রণের সৃষ্টি হয়।

মুখের দাগ

মুখে ব্রণ-ফুসকুড়ি আর দাগ-ছোপের সৃষ্টি হলে মুখ কুৎসিত হয়ে পড়ে। এই কুরূপতাকে দূর করে মুখকে পরিস্কার আর তেজস্বী রাখার এই পরীক্ষিত প্রয়োগ হচ্ছে এই প্রকার ঃ

দুধের 1-2 চামচ মালাইতে 4-5 ফোঁটা মধু আর এক চামচ লেবুর রস মিশিয়ে প্রলেপ বানিয়ে নিন আর সেই প্রলেপ মুখে লাগিয়ে ভালো করে মালিশ করুন। আধ ঘন্টা লাগিয়ে রাখার পরে জল দিয়ে মুখ ধুয়ে নিন। এই প্রয়োগে এক মাসের ভেতরেই লাভ হতে থাকে। পরের দিকে প্রতি দিন এই প্রয়োগ না করলেও সপ্তাহে অন্ততঃ পক্ষে 1-2 দিন তো অবশ্যই করে চলুন। এতে মুখ কান্তিময় হয়ে থাকে। ক্রীম-পাউডার লাগানোর কোন প্রয়োজনই পড়বে না।

- মসুর ডাল আর তরমুজের বিচি সমান মাত্রায় নিয়ে গরুর দুধের সঙ্গে পিষে নিন। এটা মুখে লাগালে সকল প্রকারের দাগ-ছোপ দূর হয়।
- বাদামকে দুধে ঘষে মুখে লাগালেও মুখের দাগ-ছোপ দূর হয়।

রক্তের দোষ দূর করার জন্য

- রক্তের দোষ উৎপন্ন হয়ে পড়লে প্রায় 100 গ্রাম নিম গাছের কচি পাতাকে ঠিক ততটাই জলের সঙ্গে পিষে রস বার করুন। এই রস আধ কিলো গরুর দুধের ঘিয়ে মিশিয়ে ফোটান। রস পুড়ে গিয়ে যখন শুধু ঘি অবশিষ্ট থেকে যাবে, তখন আপনার ওষুধ তৈরী হয়ে পড়বে।

প্রয়োগ – 5 গ্রাম হলুদ 250 গ্রাম দুধে মিশিয়ে সকালবেলা পান করলে সকল প্রকারের রক্ত দোষ দূর হয়ে পড়ে।

- চিরতা আর কোড় কুট্টি 50-50 গ্রাম করে নিয়ে মোটা-মোটা করে কুটে রেখে নিন। 4 গ্রাম মিশ্রণ 600 গ্রাম জলে রাতের বেলা ভিজিয়ে রাখুন। এই ওযুধ 3-4 দিন পর্যন্ত সেবন করতে পারবেন। যখন ওযুধের তেঁতো ভাব কমে আসবে, তখন আবার নতুন ওযুধ তৈরী করুন। 40 দিনে সকল প্রকারের চর্ম রোগ দূর হয়ে পড়ে। ক্ষতস্হানকে জল দিয়ে প্রতি দিন ধুতে থাকুন। প্রতি দিন 1.5 গ্রাম ছেঁকে পান করুন।
- সকালে ঘুম থেকে উঠেই গোলমরিচের দুটো দানা খেয়ে এক গ্লাস জল পান করলে সকল প্রকারের চর্ম রোগে লাভ হয়।

পিত্তীর ওষুধ

- নাগকেশর 3 গ্রাম নিয়ে মিহি করে পিযে তার সঙ্গে 12 গ্রাম মধু মিশিয়ে 3-4 দিন চাটান।
- ওযুধের দোকান থেকে এ্যাভিল-25 ট্যাবলেট কিনে নিয়ে এসে দিনে দু বার *(সকালে আর রাতে)* একটা করে ট্যাবলেট 3-4 দিন জলের সঙ্গে নিন। এতে পিত্তী ঠিক হয়ে পড়ে।

চুলকোনি

- 3 গ্রাম কর্পূরে 10 গ্রাম খাবার সোডা মিশিয়ে সেটাকে 50 গ্রাম সর্যের তেলে মিশিয়ে নিন। এই তেল দিয়ে 3-4 দিন রাতে মালিশ করলে চুলকোনি ঠিক হয়।
- সজনে গাছের শেকড়কে কষা তেলে ফেলে আঁচের ওপরে রেখে ফোটান। তারপর সেই তেলকে ছেঁকে মালিশ করুন, চুলকোনি ঠিক হবে।
- ছাগলের নাদাকে সর্যের তেলে গরম করে নিন। তারপর সেই তেল ছেঁকে চুলকোনির জায়গায় লাগান। চুলকোনিতে লাভ হবে।
- মঙ্গরৈল 50 গ্রাম আর গরুর দুধ 10 গ্রাম নিন। গরুর দুধে মঙ্গরৈল ভিজিয়ে দিন। তৃতীয় দিন সকালে সেটাকে পিষে প্রলেপের মত লাগান। এতে চুলকোনি ঠিক হয়ে পড়ে।

বিদ্রধি ফোড়া রোগ

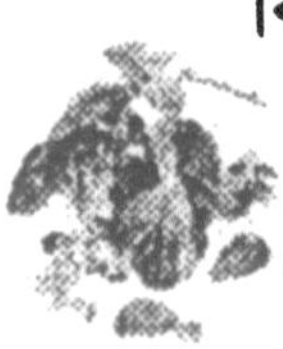

ফোড়াকেই বিদ্রধি বলা হয়। এতে জ্বলুনি আর যন্ত্রণা – দুটোই

হয়। ফোড়ার ওপরে চামড়া পেকে ফেটে যায়। ফোড়া শরীরের ভেতরে বা বাইরে – যে কোন জায়গায় হতে পারে। ফোড়াকে না পাকিয়ে শীঘ্র বসিয়ে দেবার জন্য নিম্নলিখিত ওষুধগুলোর সেবন করুন ঃ-

- সজনের শেকড়ের প্রলেপ করুন আর সেঁক দিন।
- যব, গম আর মুগকে ঘিয়ের সঙ্গে পিষে প্রলেপ করুন।
- খস, চন্দন আর মূলেঠীকে দুধের সঙ্গে পিষে প্রলেপ করুন।

চোট, মোচকানি আর ফোলা

- যে কোন চোটের জায়গায় ঘি আর কর্পূর সমান মাত্রায় মিশিয়ে বাঁধলে চোটের যন্ত্রণা দূর হয়ে পড়ে এবং রক্ত বেরোনও বন্ধ হয়।
- যে জায়গা থেকে রক্ত বেরোচেছ, সেখানে কেরোসিন তেলে ডোবানো সলতে রাখলে রক্ত বেরোন বন্ধ হয়।
- কেটে যাওয়া স্থানে পেষা হলুদ লাগালেও রক্ত বেরোন বন্ধ হয়।
- তেজপাতাকে পিষে লাগালে মোচকানি ঠিক হয়ে যায়।
- বেদানার পাতাকে পিষে বাঁধলে মোচকানির যন্ত্রণা শেষ হয়ে যায়।
- তিল আর মহুয়া বাঁধলে হাড়ের মোচকানি ঠিক হয়ে যায়।
- ঢাকের গঁদকে জলে গুলে প্রলেপ করলে চোটের ফোলা ভাব ঠিক হয়ে যায়।

পুড়ে যাওয়া

- কালো মসুর ডালকে চাটুতে পুড়িয়ে কয়লার মত করে নিন এবং সেটাকে কাপড়ে ছেঁকে শিশিতে ভরে রেখে নিন। আবশ্যকতা পড়লে নারকেল তেলের সঙ্গে মিশিয়ে পুড়ে যাওয়া স্থানে লাগান। এতে ফোস্কা পড়ে না আর পুড়ে যাওয়ার চিহ্নও থাকে না।
- পুড়ে যাওয়া জায়গায় গরুর গোবর লাগিয়ে দিলে তৎক্ষনাত আরাম পাওয়া যায় আর পোড়ার চিহ্নও থাকে না।
- কাঁচা আলুকে পিষে লাগালেও লাভ হয়।
- গমের আটাকে মেখে পুড়ে যাওয়া স্থানে 15-20 মিনিট চেপে রাখলেও লাভ প্রাপ্ত হয়।
- শরীরের যে কোন পুড়ে যাওয়া অংশে শিরীষ গাছের পাতা মালিশ করলে লাভ হয়।
- অমলতাসের পাতাকে জলে পিষে লাগালে পুড়ে যাওয়ায়

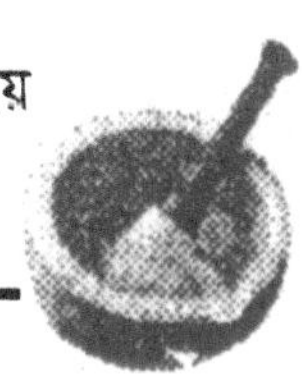

আরাম পাওয়া যায়।

- আগুন বা গরম জলে পুড়ে গেলে তিলকে পিষে প্রলেপ করলে ভালো আরাম পাওয়া যায়।
- পুড়ে যাওয়া জায়গায় অরণ্ডের পাতা লাগালেও লাভ হয়।
- বট গাছের কোপলকে গরুর দুধের দইতে পিষে আগুনে পুড়ে যাওয়া জায়গায় লাগালে আরাম হয়।
- বেসনকে ভিজিয়ে পুড়ে যাওয়া স্থানে লাগান।
- গ্যারপাঠাকে কেটে সেটার শাঁস পুড়ে যাওয়া জায়গায় লাগান। এতে ফোসকা পড়ে না আর পুড়ে যাওয়ার দাগও পড়ে না।
- পুড়ে যাওয়া অঙ্গকে তৎক্ষনাত ঠাণ্ডা জলে চুবিয়ে রাখুন আর আধ ঘন্টা এই ভাবে রাখুন।
- পুড়ে যাওয়া অঙ্গের ওপরে সর্ষের তেল লাগান।

দাদ

এই রোগে ছোট-ছোট লাল আভাযুক্ত দানা বেরিয়ে আসে। সেগুলোয় যথেস্ট জ্বলুনি আর চুলকোনি হতে থাকে। এই রোগ সাধারণতঃ গাল, কপাল, দাড়ি, উরু, অণ্ডকোষ, পেটের নীচের দিকের অংশ, গলা, কোমর, বুক, পিঠ আর নখে হয়। দাদ সর্বদা গোলাকার হয় আর ক্রমশঃ ছড়িয়ে পড়তে থাকে। এই রোগের একটা বিশেষত্ব হচেছ এটা যে, এই রোগে ত্বকে চুলকোনির সাথে-সাথে চাকা-চাকা দাগ পড়ে যায় আর সেগুলোর প্রান্ত অনিয়মিত হয়। এজন্য একে দাদ বলা হয়। সেই সব চাকা-চাকা দাগের ওপরে সাদা-সাদা পাপড়ি জমে যায়।

কারণ

এই রোগের কারণ এক প্রকারের ফাঙ্গাস হয়। এর সংক্রমণ মুখ্য রূপে খয়েরী রং-য়ের চাকা-চাকা দাগের রূপে ত্বকের ওপরে প্রকট হয়। রোগের সংক্রমণ অন্য কারো দূষিত বস্ত্র অথবা অন্য সামগ্রী, যেমন – ব্রাশ, চিরুণী, বালিশ, তোয়ালে ইত্যাদির প্রয়োগে এক স্থান থেকে অন্য স্থানে ছড়িয়ে পড়ে।

উপযোগী প্রয়োগ

- 1 গ্রাম কর্পূর আর 1 গ্রাম গন্ধককে কিছুটা কেরোসিন তেলের সঙ্গে মিশিয়ে মিহি করে পিষে মলমের মত বানিয়ে নিন।

এই মলমকে সকাল-সন্ধ্যে দাদকে কিছুটা আঁচড়ে লাগালে লাভ হয়।

- শরীরের যে অঙ্গে দাদ হয়েছে, সেখানে বড় হরিতকীকে ভিনিগারে ঘষে লাগান... তৎক্ষনাত লাভ হবে।
- আপনি যদি দাদের সাথে-সাথে চুলকোনিতেও অস্থির হয়ে উঠে থাকেন, তাহলে কালো ছোলাকে জলের সঙ্গে পিষে তাতে মধু মিশিয়ে দাদের ওপরে প্রলেপ করুন। কিছুদিনের ভেতরেই দাদ পরিস্কার হয়ে পড়বে। এই প্রয়োগে চুলকোনিও দূর হয়ে পড়বে।

এক্‌জিমা, দাদ, চুলকোনি আর লোমফোড়া

এক্‌জিমা হচেছ এক প্রকারের ত্বকের রোগ, যেটা দু প্রকারের হয় – (01) ভেজা এবং (02) শুকনো। এটা এক কঠিন রোগ হয় আর সহজে ঠিক হতে চায় না। এজন্য এই রোগ বহু বছর ধরে টিকে থাকে। এই রোগের সফল-প্রমাণিত প্রয়োগ হচেছ এই প্রকার ঃ

- গোলমরিচ, নৌসাদর আর গন্ধক 10-10 গ্রাম আর 10 ভালো লেবু নিন। প্রথমে গোলমরিচ, নৌসাদর আর গন্ধককে আলাদা-আলাদা করে পিষে মিশিয়ে নিন আর তারপর এই মিশ্রণকে মিহি করে পিষে নিন। এবার লেবুর রস মিশিয়ে সেটাকে মলমের মত খল-নুড়িতে খরল করতে থাকুন। লেবুর বিচি যেন না আসে। লেবুর রস ছেঁকে মেশান আর ততটাই মেশান, যাতে মলম গাঢ় থাকে। এই মলম এক মাস পর্যন্ত উপযোগী থাকে। 4-5 দিনের ভেতরে যদি মলম শুকিয়ে আসতে লাগে, তাহলে 1-2 লেবুর রস আরও মিশিয়ে খল-নুড়িতে খরল করে নিন। এক মাসের প্রয়োগে ভেজা এবং শুকনো – দু প্রকারের একজিমাই ঠিক হয়ে পড়ে। দাদের ওপরেও এই প্রয়োগ লাভদায়ক হয় আর 8-10 দিনের ভেতরেই দাদকে গায়েব করে দেয়।
- কোন লোহার কড়াতে 250 গ্রাম সর্ষের তেলে ঢেলে আঁচের ওপরে রাখুন। তেল যখন প্রচণ্ড গরম হয়ে উঠে ফুটতে লাগবে, তখন তাতে 50 গ্রাম নিমের কচি কোপল ঢেলে দিন। কোপলগুলো কালো হয়ে পড়তেই কড়া তৎক্ষনাত আঁচ থেকে নামিয়ে নিন। ঠাণ্ডা হলে সেই তেলকে ছেঁকে বোতলে পুরে নিন। এই তেল এক্‌জিমার ওপরে দিনে 3-4 বার লাগান। কিছুদিনের ভেতরেই এক্‌জিমা ঠিক হয়ে পড়বে।
- 10 গোলমরিচের চূর্ণ 10 গ্রাম গরুর দুধের ঘিয়ের সঙ্গে নিলে সকল প্রকারের চুলকোনি, দাদ আর অন্য চর্ম রোগ ঠিক হয়ে পড়ে।

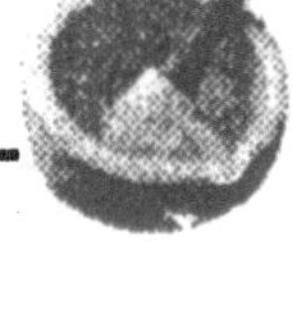

- 21 নিমের কোপলকে পরিস্কার করে নিন। সেগুলোকে 60 গ্রাম জলে ঘুঁটে দিনে দু বার 7 দিন পর্যন্ত সেবন করলে চুলকোনি ঠিক হয়ে পড়ে।
- 20 গ্রাম নারকেল তেলে 5 গ্রাম দেশী কর্পূর মিশিয়ে গুলে নিন। তেলে কর্পূর গুলে যাবার পরে সেই তেল লাগালে চুলকোনি ঠিক হয়ে পড়ে। এই তেল রাতে ঘুমোবার আগে দাদের ওপরেও লাগাতে পারেন।
- পিষে নেওয়া মেহেন্দীর গাঢ় প্রলেপ লোমফোড়ার ওপরে সকাল-সন্ধ্যে লাগান।

দাদের জন্য

- সকালে ঘুম থেকে উঠে সবার আগে নিজের মুখের বাসী থুথুকে হাতে নিয়ে সেটা দাদের ওপরে মালিশ করে নিন। এতে দাদ দু দিনের ভেতরে ঠিক হয়ে পড়বে। এটা হচ্ছে এক পরীক্ষিত বিনা পয়সার ওষুধ।
- তুলসীর পাতা পিষে লাগালেও দাদ ঠিক হয়ে পড়ে।
- লোহার খুন্তীকে আগুনের ওপরে রেখে লাল করে নিন আর ঠাণ্ডা চাটুর ওপরে 10 গ্রাম গমের দানা রেখে লাল হয়ে ওঠা খুন্তী গমের ওপরে জোরে চাপ দিলে গমের তেল বেরিয়ে আসবে। সেই তেল দিনে দু বার দাদের ওপরে লাগান। কিছুদিনের ভেতরেই দাদ ঠিক হয়ে যাবে।
- শীশম গাছের কাঠ পোড়ালে যে জল বেরোবে, সেটাকে দাদের ওপরে কিছুদিন পর্যন্ত লাগালেও দাদ ঠিক হয়ে পড়ে।
- 30 গ্রাম নিমের কোপলকে পিষে সেগুলোর রস বার করে নিন। তাজা জলের সঙ্গে মিশিয়ে প্রতি দিন সেবন করলে দাদ ঠিক হয়ে পড়ে অথবা নিম গাছের ভেজা কাঠ নিয়ে সেটাকে পোড়ান। পোড়ালে সেটার থেকে জলের মত বেরোতে থাকবে। এই জলকে দাদের ওপরে লাগালে দাদ ঠিক হয়ে পড়ে।
- নীল থোথা, কেরোসিন তেল আর লেবুর রস এক সঙ্গে মিশিয়ে লাগালেও দাদ ঠিক হয়ে পড়ে। এই ওষুধ দাদের ওপরে লাগালে কিছুক্ষন পর্যন্ত তীব্র জ্বলুনি হতে থাকে।
- দাদ যদি পুরোন হয়ে পড়ে আর সেটা যদি কোন ওষুধেই ঠিক না হয়, তাহলে দাদকে কাপড় দিয়ে রগড়ে তাতে আকের দুধ লাগান। এটা

লাগালে একটু কষ্ট হবে ঠিকই... কিন্তু দাদ বরাবরের মত ঠিক হয়ে যাবে।

চুলকোনি

নারকেল তেলে লেবু নিংড়ে নিন আর সেই তেল চুলকোনির জায়গায় লাগান। এই তেল গোটা শরীরে মালিশও করতে পারেন। মালিশ করার পরে চুলকোনির জায়গায় গমের আটার প্রলেপ লাগান। এই প্রয়োগে চুলকোনি ঠিক হয়ে পড়ে।

ব্রণ

শঙ্খকে সাফ করে নিয়ে পাথরের ওপরে জলের সঙ্গে ঘষে ব্রণের ওপরে লাগালে ব্রণ বসে যায়। ব্রণ হলে কোষ্ঠকাঠিন্য হতে দেবেন না আর গরম প্রকৃতির খাদ্য পদার্থ, ভাজাভুজি জিনিষ এবং তীব্র ঝাল-মশলাযুক্ত পদার্থের সেবন করবেন না। সকাল-সন্ধ্যে শৌচে অতি অবশ্যই যাওয়া উচিত।

ঠোঁঠ ফাটলে

খাঁটি ঘিয়ে কিছুটা নুন মিশিয়ে, দিনে 2-3 বার নাভির ওপরে লাগালে ঠোঁঠ ফাটা বন্ধ হয়। রাতে ঘুমোবার সময় ঠোঁঠে ঘি বা ভেসলীন লাগিয়ে শোওয়া উচিত।

ফোড়া-ফুসকুড়ি

যখন ত্বকের রোমছিদ্র আর আশপাশের কোশিকাগুলো নষ্ট হয়ে পড়ার কারণে পুঁজ তৈরী হতে থাকে, তখন সেটা ফোড়া-ফুসকুড়ির রূপ গ্রহণ করে নেয়।

ফোড়া-ফুসকুড়ি বেশীর ভাগ ক্ষেত্রে রক্ত বিকারের কারণেই উৎপন্ন হয়। টক-মিস্টি আর ঝাল-মশলাদার খাদ্য পদার্থের সেবন বেশী মাত্রায় করলে রক্ত দূষিত হয়ে পড়ে... পরিণামস্বরূপ ফোড়া-ফুসকুড়ি বেরোতে থাকে। ডায়াবেটিজ, কুপোষণ, দুর্বলতার কারণে শরীরের রোগ প্রতিরোধক ক্ষমতা কমে এলেও এই বিকার উৎপন্ন হয়ে পড়ে।

- ছোলার ক্ষার ফোড়া-ফুসকুড়ির ওপরে লাগালে সেগুলো পেকে ওঠে। এতে দূষিত রক্ত বেরিয়ে আসার কারণে ফোড়া-ফুসকুড়ি ঠিক হয়ে যায়।

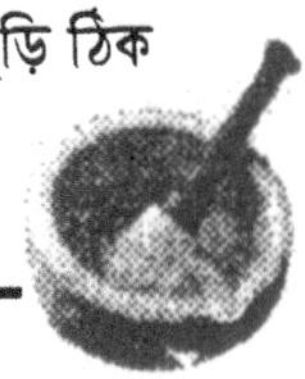

- করলার শেকড়কে পিয়ে ফুসুকুড়ির ওপরে লাগালে লাভ প্রাপ্ত হয়।
- কচুর পাতাকে পুড়িয়ে সেটার ছাই তেলের সঙ্গে মিশিয়ে লাগালে ফোড়া ঠিক হয়ে পড়ে।
- গাজরকে সেদ্ধ করে সেটার পুলটিশ বানিয়ে বাঁধলে ক্ষতস্হান ঠিক হয়ে পড়ে।
- নিমের কোপলকে লস্যির সঙ্গে পিয়ে ফুসকুড়ির ওপরে প্রলেপ করলে ফুসকুড়ি শীঘ্র ঠিক হয়ে পড়ে। এই প্রলেপ দিনে দু বার করা উচিত।
- পীপলের ছালকে পিয়ে লাগালে অথবা সেটার দুধে তুলোর সলতে ভিজিয়ে লাগালে ফোড়া-ফুসকুড়ির থেকে মুক্তি পাওয়া যায়।
- মেথীর পুলটিশ বাঁধলে ফোড়ার ফোলা ভাব কমে আসে আর যন্ত্রণাও কমে।

ফোড়া বা আধপাকা গাঁটি

শরীরে ফোড়া বা গাঁটের সৃষ্টি হয়ে পড়লে আর সেটা যদি না পাকে... তাহলে কয়লার টুকরো আর কিছুটা কাপড় কাচার যে কোন সাবান নিয়ে – দুটোর ওপরে জলের ছিঁটে দিয়ে এক সঙ্গে পিয়ে নিন আর ফোড়ার ওপরে প্রলেপ করুন। ফোড়া হয় বসে যাবে... নয়তো পেকে গিয়ে ফেটে যাবে। এবার সেটাকে পরিস্কার করে, ঘিয়ে তুলোর সলতে ফেলে গরম করে ঠাণ্ডা করে নিন আর সেটাকে ক্ষতস্হানের ওপরে রেখে পট্টি বেঁধে দিন। প্রতি দিন ক্ষতস্হান পরিস্কার করে এই প্রকার ঘিয়ের সলতে তৈরী করে বাঁধুন। ক্ষতস্হান শীঘ্রই ঠিক হয়ে পড়বে।

ত্বককে সুস্হ রাখার জন্য

- আপনার ত্বক যদি শুস্ক হয়ে পড়ে, তাহলে মুখ আর হাতে-পায়ে দুধ বা দুধের মালাই কিছুক্ষন মালিশ করুন। 15 বা 20 মিনিট মালিশ করার পরে তাজা জল দিয়ে মুখ আর হাত-পা ধুয়ে নিন। এমনটা প্রতি দিন করে চলুন। আপনার ত্বক মোলায়েম এবং সুস্হ থাকবে।
- রাতে ঘুমোবার সময়ও মুখ আর ঠোঁঠে মালাই লাগিয়ে ঘুমোন।
- এক চা চামচ শশার রস, এক চা চামচ গাজরের রস আর এক চামচ তাজা দুধ নিয়ে এক সঙ্গে মিশিয়ে সেই মিশ্রণকে মুখে লাগালে মুখের বলিরেখা দূর হয়ে পড়ে।

- লেবুর খোসা মুখে রগড়ালে সেটায় লেগে থাকা রসের কারণে মুখে কান্তি আসে। কোন রোগের কারণে যদি আপনার মুখের রং কালো হয়ে পড়ে. তাহলে সেটাও ধীরে-ধীরে ঠিক হয়ে পড়ে।
- কমলা লেবুর খোসা ছাড়িয়ে সেই খোসাকে শুকিয়ে নিন। তারপর সেটাকে কুটে চূর্ণ বানিয়ে নিন। একটা কাপে এক চা চামচ চূর্ণ নিয়ে তাতে দু চামচ কমলা লেবুর রস আর দু চামচ তাজা দুধ মিশিয়ে দিন। ভালো করে মিশিয়ে নিয়ে সেটা মুখ আর হাতে ধীরে-ধীরে মালিশ করুন। এই প্রক্রিয়া চালিয়ে যান। এতে মুখ আর হাতের দাগ-ছোপ শেষ হয়ে পড়বে।
- লেবুর রস লাগাতে থাকলে রোদে ঝলসে যাওয়া ত্বক শীতলতা প্রাপ্ত করে।
- এক চামচ মূলোর রস নিয়ে তাতে এক চামচ মাখন খুব ভালো করে মিশিয়ে নিন। এই মিশ্রণকে সপ্তাহে দু বার মুখে লাগাতে থাকুন। লাগানোর এক ঘন্টা পরে গুনগুনা গরম জল দিয়ে মুখ ধুয়ে নিন। এই প্রকার মুখের বলিরেখা শেষ হয়ে যাবে।
- শুধুমাত্র টম্যাটোর রস বা মূলোর রস লাগাতে থাকলেও মুখে কান্তি ফিরে আসে।
- পাকা কলার শাঁস মুখ আর ঘাড়ে লাগান। 15 বা 20 মিনিট পরে জল দিয়ে মুখ আর ঘাড় ধুয়ে ফেলুন। এতে মুখ আর ঘাড়ের সব দাগ-ছোপ দূর হয় আর সেগুলোয় তরোতাজা ভাব ফিরে আসবে।
- বয়স বেড়ে উঠলে হজমশক্তি নস্ট হয়ে পড়ে... যার ফলে ত্বকের ওপরে প্রতিকূল প্রভাব পড়ে। এমন পরিস্হিতিতে দুধ শীঘ্র হজম হতে চায় না আর এই জন্য দুধের বদলে দই-য়ের সেবন করা উচিত। দই শীঘ্র হজম হয়ে পড়বে আর আপনার ত্বকও সুস্হ হয়ে উঠবে।
- দই আর বেসন এক সঙ্গে মিশিয়ে প্রলেপ তৈরী করুন। এই প্রলেপকে স্নান করার আগে গোটা শরীরে লাগান। এতে ত্বক সুস্হ থাকবে আর ত্বকে কান্তিও ফিরে আসবে।
- রীঠার খোসা জলে ভিজিয়ে দিন। তারপর জলের সঙ্গে সেই খোসাকে পিষে প্রলেপ তৈরী করে নিন। এই প্রলেপ মুখে লাগাতে থাকলে বলিরেখা আর দাগ-ছোপ দূর হয়ে পড়বে।
- 4-5 ফোঁটা লেবুর রস এক চা চামচ মালাইতে মিশিয়ে রাতে ঘুমোবার আগে মুখে মালিশ করুন। পরের দিন সকালে মুখ ধুয়ে ফেলুন। মুখের শুস্কতা শেষ হয়ে যাবে।

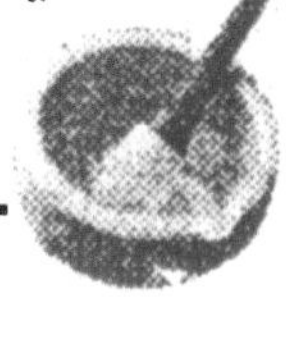

- বরফের টুকরো কাপড়ে জড়িয়ে প্রায় এক ঘন্টা মুখের ওপরে রগড়াতে থাকলে মুখের কর্কশ ভাব দূর হয়।
- পুরো শরীরে প্রতি দিন বা 2-3 দিনে একবার হাল্কা মালিশ আর মাসে একবার ভালো করে মালিশ করতে থাকলে শরীরের ত্বক কুঁচকে আসে না।
- সারা দিনে 4-5 বার ঠাণ্ডা জল দিয়ে মুখ ধুলে মুখের নমনীয়তা বজায় থাকে আর ত্বকে শুস্কতা আসতে পারে না।
- নিম পাতাকে জলে ফুটিয়ে ছেঁকে নিন। ঠাণ্ডা হয়ে এলে তাতে 3-4 ফোটা কাগজী লেবুর রস, কিছুটা চন্দনের চূর্ণ আর মুলতানী মাটি মিশিয়ে দিন। এই প্রলেপকে প্রায় এক ঘন্টা ধরে মুখে লাগান... তারপর ঠাণ্ডা জল দিয়ে মুখ ধুয়ে ফেলুন। মুখে তরোতাজা ভাব ফিরে আসবে।
- নিম পাতাকে পিযে সেটার প্রলেপ মুখে লাগালে রোদে ঝলসে যাওয়া ত্বক আরাম পায়। কম পক্ষে 4-5 দিন পর্যন্ত এই প্রক্রিয়া চালিয়ে যাওয়া উচিত।

□□

চুলের রোগ

চুল পাকা

- শুকনো আমলার চূর্ণকে জলের সঙ্গে পেস্ট বানিয়ে সেটা মাথায় লাগান আর 5-10 মিনিট পরে চুল জল দিয়ে ধুয়ে ফেলুন। এতে মাথার চুল পাকা আর ঝরে পড়া বন্ধ হয়ে পড়ে।
- এক চামচ আমলার চূর্ণ জলের সঙ্গে রাতে ঘুমোবার সময় নিন। সময়ের আগে চুল পাকা আর মুখের কান্তি নস্ট হয়ে পড়লে এই প্রয়োগ জাদুর মত কাজ করে।
- ভৃঙ্গরাজ তেল প্রতি দিন লাগাতার চুলে লাগালে চুল কালো হয়ে ওঠে।
- কালো মেহ্‌েদী জলে গুলে রাতে মাথার চুলে লাগান আর পরের দিন সকালে মাথা ধুয়ে ফেলুন। এই প্রকারে মাথার চুল গোড়া থেকে কালো হয়ে যাবে।

চুল ঝরে পড়া

- আমের আঁটি 10 গ্রাম নিয়ে সেটাকে আমলার রসে পিযে নিন। এটা লাগালে চুল ঘন-কালো আর কোঁকড়ানো হয়ে পড়ে।
- চুল ভেঙে ঝরে পড়লে লেবুর রসে দ্বিগুন মাত্রায় নারকেল তেল মিশিয়ে আঙুলের ডগা দিয়ে আস্তে-আস্তে মাথার চুলে মালিশ করলে চুল ঝরে পড়া বন্ধ হয়ে পড়বে। এর সাথে-সাথে চুল মোলায়েম হবে আর খুশকীও দূর হয়ে পড়বে। চুলের অন্য সব রোগের থেকেও আপনি মুক্তি পেয়ে যাবেন।

চুলের খুশকী

- যদি চুলে খুশকী হয়, তাহলে নারকেল তেলে লেবুর

রস মিশিয়ে রাতের বেলা মাথায় লাগান আর পরের দিন সকালে গুনগুনা গরম জল দিয়ে মাথা ধুয়ে ফেলুন। 2-4 বার এমনটা করলেই চুলের খুশকী নস্ট হয়ে পড়ে।

- রীঠার শ্যাম্পু চুলের খুশকীতে ঠিক ততটাই কার্যকরী হয়, যতটা কোন আধুনিক ফর্মূলায় প্রস্তুত শ্যাম্পু কার্যকরী হয়। চুল ভেঙে ঝরে পড়লে চুল সাবান দিয়ে ধোবেন না, রীঠা দিয়ে ধোওয়া উচিত। প্রতি চার দিন বাদে-বাদে এমনটা করা উচিত।
- রাতের বেলা রীঠাকে ছোট-ছোট টুকরো করে জলে ভিজিয়ে রাখুন। পরের দিন সকালে সেই জলে ভেজানো রীঠাগুলোকে ভালো করে রগড়ে সেই জল দিয়ে মাথার চুল ধুলে চুল লম্বা আর ঘন হয়ে ওঠে এবং খুশকীও দূর হয়ে পড়ে।
- 100 গ্রাম নারকেল তেল, 4 গ্রাম কর্পূর – এই দুটো জিনিষকে এক সঙ্গে মিশিয়ে শিশিতে ভরে রেখে নিন। দিনে 2 বার – স্নান করার পরে চুল শুকিয়ে গেলে আর রাতে ঘুমোতে যাবার আগে মাথায় ভালো করে মালিশ করুন। দ্বিতীয় দিন থেকেই খুশকীতে ভালো লাভ হয়। চুল ধোওয়ার কম পক্ষে আধ ঘন্টা আগে একটা লেবু কেটে মালিশ করলে আর তারপর হাল্কা গরম জল দিয়ে মাথা ধুলে মাথার চুলের খুশকী দূর হয়। অথবা 2-4 কিলো জলে কয়েকটা লেবুর রস নিংড়ে সেই জল দিয়ে এক সপ্তাহ পর্যন্ত প্রতি দিন চুল ভালো করে ধুলে চুলে উকুন থাকবে না।

চুলকে সুন্দর করে তুলুন

শুকনো আমলা আর শিকাকাই – এই দুটোকে 20-20 গ্রাম করে নিয়ে কুটে নিন আর আধ কিলো জলে রাতের বেলা ভিজিয়ে রাখুন। পরের দিন সকালে রগড়ে কোন কাপড়ে জল ছেঁকে নিন আর মাথায় মালিশ করুন। আধ ঘন্টা পরে স্নান করে নিন। চুল শুকিয়ে গেলে নারকেল তেল লাগান। এই ক্রিয়ায় চুল ঘন, লম্বা আর রেশমের মত চমকালো হয়ে ওঠে।

উকুন

উকুনের সংক্রমণ নিম্ন প্রকারে হতে পারে ঃ-

- চুল প্রতি দিন ধুয়ে-মুছে না রাখলে, চুল না আঁচড়ালে আর মাথায় কোন ভালো তেল না লাগালে উকুনের সৃষ্টি হয়। উকুনে প্রভাবিত

ব্যক্তির সংস্পর্শে এলে, তাঁর বিছানার চাদর-তোয়ালে ইত্যাদি প্রয়োগ করার কারণে অন্য ব্যক্তির চুলেও উকুন বা তার ডিম এসে যায়।

- পেঁয়াজকে পিষে সেটার রস বার করুন। এই রসকে চুলে লাগান। এটাকে চুলে 3-4 ঘন্টা লেগে থাকতে দিন। তারপর চুল সাবান দিয়ে ধুয়ে ফেলুন। 3 দিন পর্যন্ত লাগাতার এমনটা করলে উকুন মরে যায়।
- কাঁচা কুমড়োর চূর্ণ অথবা সেটার বিচির চূর্ণ রাতে ঘুমোবার সময় চুলে ভালো করে লাগিয়ে মাথায় কাপড় বেঁধে নিন। এর ফলে মাথার উকুন মরে যায়।
- রসুনকে পিষে লেবুর রসে মেশান আর সেটা রাতে ঘুমোবার সময় চুলে মালিশ করুন। পরের দিন সকালে ঘুম থেকে উঠে মাথা ধুয়ে ফেলুন। এমনটা 4-5 দিন করলে উকুন মরে যায়।
- নারকেল তেলে কর্পূরের চূর্ণ মিশিয়ে রাতে চুলে লাগান। পরের দিন সকালে কোন ভালো শ্যাম্পু দিয়ে মাথার চুল ধুয়ে নিন।
- কর্পূরের রসকে তেলে মিশিয়ে চুলে লাগান। এতেও মাথার উকুন মরে যায়।
- আপেলের রসে জল মিশিয়ে প্রায় 20-25 মিনিট পর্যন্ত আঙুল দিয়ে মাথার চুলে জোরে-জোরে মালিশ করুন। 3 দিনের মালিশে উকুনের নাম-গন্ধও থাকবে না।

চুলের রোগের থেকে সুরক্ষা

- শরীফার বিচিকে জলের সঙ্গে মিহি করে পিষে নিন। এই প্রলেপকে রাতে ঘুমোবার আগে চুলে লাগিয়ে মাথায় ভালো করে কাপড় বেঁধে নিন আর ঘুমিয়ে পড়ুন। পরের দিন সকাল হবার আগেই সব উকুন মারা যাবে। তারপর মাথা ধুয়ে নিন। শরীফার বিচির চূর্ণও উকুন মারতে সমান রূপে উপযোগী হয়।
- কান্দার খোসা জলের সঙ্গে পিষে মেহেন্দীর মত মাথার চুলে লাগালেও উকুন মারা যায়।
- রসুনের রসে লেবুর রস মিশিয়ে নিন। এটাকে রাতে ঘুমোবার সময় মাথার চুলে মালিশ করুন আর মাথায় কাপড় বেঁধে ঘুমিয়ে পড়ুন। পরের দিন সকালে বেসন, দই বা সাবান দিয়ে

মাথার চুল ধুয়ে স্নান করে নিন।

- লাগাতার নিয়মিত রূপে রসুনের সেবন করতে থাকলে মাথার চুল মজবুত হয়।
- বথুয়ার রস চুলে মালিশ করলেও উকুন শেষ হয়ে পড়ে।
- আমলা, হরিতকী, বহেড়ার চূর্ণ কুটে-পিষে-ছেঁকে তৈরী করে নিন। এটা সমান মাত্রায় নিয়ে গুড়ের সঙ্গে মিশিয়ে বড়-বড় গুলি বানিয়ে নিন। প্রতি দিন বাসী মুখে খালি পেটে একটা করে গুলি গিলে খান। পাকা চুল কালো হয়ে যাবে।
- শুকনো আমলাকে সারা রাত জলে ভিজিয়ে রাখুন। পরের দিন সকালে সেটার জল বার করে নিন। আমলার এই জল দিয়ে এক মাস পর্যন্ত মাথার চুল ধুতে থাকলে মাথায় খুশকী হওয়া বন্ধ হয়ে পড়ে। জলে না ভিজিয়ে আমলাকে লেবুর রসে ভেজালে আরও ভালো লাভ পাওয়া যায়।
- ফুলকপি আর বাঁধাকপির সব্জী নিয়মিত রূপে খেতে থাকলেও চুল ভেঙে ঝরে পড়া বন্ধ হয়ে পড়ে আর যে চুল ভেঙে পড়ার অবস্থায় চলে এসেছে, সেটাও মজবুত হয়। রসুনের মত এতে গন্ধক মজুদ থাকার কারণেই চুলে মজবুতী আসে।
- চোলাই শাকের স্যুপ *(ঝোল)* পান করলে বা চোলাই শাকের সব্জী খেলেও চুল ভেঙে ঝরে পড়া বন্ধ হয়।
- আধপাকা আমলাকে কোন লোহার পাত্রে রেখে লেবুর রসে 2-3 দিন পর্যন্ত ভিজিয়ে রাখুন। তারপর তাতে কিছুটা জল মিশিয়ে সেই জল দিয়ে মাথা ধুয়ে নিন। কিছুদিনের ভেতরেই চুল কালো হয়ে উঠবে।
- 100 গ্রাম আমলাকে 2 লিটার জলে ফেলে ফোটান। যখন জল ফুটে অর্ধেক হয়ে পড়বে, তখন পাত্র আঁচ থেকে নামিয়ে আনুন। আমলাকে সেই জলেই ভালো করে রগড়ে ছেঁকে নিন। এই জল দিয়ে কিছু দিন পর্যন্ত মাথা ধুলে চুল কালো হয়ে ওঠে।
- আমের পুরোন আচারের তেল ছেঁকে নিন। সেটা দিয়ে দিনে 3-4 বার মাথায় মালিশ করলে টাক মাথাতেও নতুন চুল গজায়।
- কাঁকড়ির রস 5-6 মাস পর্যন্ত মাথায় লাগালে টাক মাথাতেও চুল গজায়। তবে কাঁকড়ি যেন অত্যন্ত মোলায়েম হয়।
- কাঁকড়ির শাঁস মাথায় মালিশ করলেও টাক পড়া দূর হয়।
- কষা পটলের পাতাকে পিষে নিন। সেটা দিয়ে চুলের গোড়ায় মালিশ করলে চুল ভেঙে ঝরে পড়া বন্ধ হয়। এতে মাথায় টাক

পড়াও শেষ হয়।

- বীটের রসে ভিনিগার মিশিয়ে মাথায় লাগালে চুলের খুশকী শেষ হয়ে পড়ে।
- দই দিয়ে নিয়মিত রূপে মাথার চুল ধুলে চুল ঝরে পড়া থেমে যায়। যদি এতে লেবুর রসও মিশিয়ে দেওয়া যায়, তাহলে আরও ভালো ফলের প্রাপ্তি হয়।
- আমের বিচি 10-12 নগ নিয়ে রোদে রেখে শুকিয়ে নিন। তারপর সেটাকে কুটে-ছেঁকে নিন আর নারকেল তেলে ফেলে ফুটিয়ে নিন। প্রায় 25-30 দিন এটাকে মাথায় লাগাতে থাকুন। মাথায় টাক পড়া বন্ধ হয়ে পড়বে আর চুলও ঘন-কালো হয়ে উঠবে।
- জাম খেতে থাকলেও চুল ঝরে পড়া বন্ধ হয়।
- মোলায়েম কাঁকড়ির রসকে মাথায় মালিশ করে সেটাকে শুকোতে দিন। তারপর স্নান করে নেবার পরে চুলে নারকেল তেল লাগান। এই ক্রিয়া কিছুদিন পর্যন্ত চালিয়ে যান। চুল ঝরে পড়া বন্ধ হয়ে পড়বে।
- লেবুর রস আর বেসন এক সঙ্গে মেশান। এই মিশ্রণ মাথার চুলে ভালো করে মালিশ করুন আর তারপর মাথা ধুয়ে ফেলুন। মাথার চুলের খুশকী শেষ হয়ে পড়বে। সপ্তাহে অন্ততঃ পক্ষে 2 বার অবশ্যই লাগান।
- ভিনিগারে বেসন ভিজিয়ে নিন। তাতে কিছুটা মধু মেশান। এই মিশ্রণ চুলে ভালো করে মালিশ করার পরে চুল ধুয়ে ফেলুন। মাথার সব খুশকী এতে শেষ হয়ে পড়বে।
- টম্যাটোর রস দিয়ে চুল ধুলে চুল চমকালো আর মজবুত হয়ে ওঠে।
- জৈতুনের তেল দিয়ে চুলে হাল্কা-হাল্কা মালিশ করতে থাকলে চুল চমকালো হয়ে অঠে। সপ্তাহে অন্ততঃ 2 বার এমন মালিশ অবশ্যই করা উচিত।
- বাদাম রোগন দিয়ে চুলের মালিশ করলেও সমান রূপে লাভ পাওয়া যায়।
- আমলা, হরিতকী আর বহেড়া সারা রাত জলে ভিজিয়ে রাখুন। পরের দিন সকালে সেটাকে পিষে নিন। এই প্রলেপকে চুলে লাগিয়ে কিছুক্ষনের জন্য ছেড়ে দিন। কিছুক্ষন পরে চুল ধুয়ে ফেলুন। চুল চমকালো আর মজবুত হয়ে উঠবে।

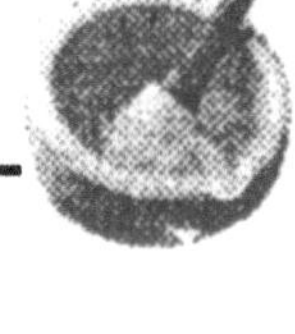

চুল ভেঙে ঝরে পড়া

- নিম আর কুলের পাতাকে জলে ফেলে ভালো করে ফোটান। এই জলকে ঠাণ্ডা করে সেটা দিয়ে চুল ধুয়ে নিন। আর নিমের তেল চুল আর চুলের গোড়ায় লাগান। কিছুদিনের ভেতরেই লাভ পাবেন। মাথা ধোওয়ার সময় চোখ বন্ধ রাখুন... যাতে জল চোখে না চলে যায়।
- অমর লতার 250 গ্রাম টুকরো নিয়ে 3 লিটার জলে ফেলে রাতের বেলা ফোটান। জল ফুটে অর্ধেক অবশিস্ট থেকে গেলে আঁচ থেকে নামিয়ে আনুন। পরের দিন সকালে স্নান করার সময় এই জল দিয়ে চুল রগড়ে-রগড়ে ধোওয়া উচিত। নিয়মিত রূপে প্রয়োগ করলে 4-5 মাসের ভেতরেই চুল ঘন-কালো আর মোলায়েম হয়ে উঠবে আর নতুন কালো চুলও গজাবে।
- হামদর্দের তৈরী খারিশ জালিনুমা 6 গ্রাম আর কুর্তা কুর্স খুবশূল হদীদ 2 গুলি – এই দুটোকে এক সঙ্গে মিশিয়ে সকালবেলা খালি পেটে সেবন করুন। প্রতি দিন রাতে ঘুমোবার আগে এক বড় চামচ *(প্রায় 8-10 গ্রাম)* ত্রিফলা চূর্ণ গরম-মিস্টি দুধের সঙ্গে নিন। স্নান করার সময় মাথার চুলে কোন শ্যাম্পু বা সাবান লাগাবেন না। আমলা, রীঠা আর শিকাকাইয়ের চূর্ণ 2-3 ঘন্টা জলে ভিজিয়ে রেখে ছেঁকে চুলে লাগান আর সেটা প্রায় এক ঘন্টা চুলে লেগে থাকতে দিন। তারপর স্নান করার সময় চুল ধুয়ে ফেলুন। রাতে ঘুমোবার সময় চুলের গোড়ায় ভৃঙ্গরাজ কেশ তেল লাগিয়ে 20-25 মিনিট পর্যন্ত মালিশ করুন। ভৃঙ্গর চূর্ণ 1-1 চামচ দিনে দু বার দুপুরে আর রাতে খাবার খাওয়ার এক ঘন্টা পরে জলের সঙ্গে গিলে নিন। বাজারেও এই চূর্ণ কিনতে পাওয়া যায়। বাড়ীতে এই চূর্ণ তৈরী করার বিধি এই প্রকার ঃ কালো ভাঙ্গরা 50 গ্রাম, শুকনো আমলা 25 গ্রাম এবং মিছরী 50 গ্রাম আর কালো তিল। তিল আলাদা করে তিনটে জিনিষকে কুটে-পিযে মিহি চূর্ণ বানিয়ে নিন। তারপর চারটে দ্রব্যকে এক সঙ্গে মিশিয়ে রেখে নিন। এটাই হচেছ ভৃঙ্গরাজ চূর্ণ। এটার সেবন কম পক্ষে 6 মাস পর্যন্ত নিয়মিত রূপে করুন। এটা এক অত্যন্ত গুণকারী প্রয়োগ।

মাথায় টাক পড়া

আয়ুর্বেদ অনুসারে চুলের গোড়ায় দূষিত বায়ু আর পিত্ত হামলা করার কারণেই চুল ঝরে পড়ে। এমন পরিস্থিতিতে আয়ুর্বেদের নারসিং চূর্ণ অত্যন্ত লাভদায়ক হয়।

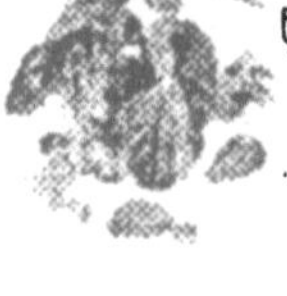

নারসিং চূর্ণ ঃ

সামগ্রী ঃ শতাবরী চূর্ণ 640 গ্রাম, গোখরু চূর্ণ 640 গ্রাম, বাদামী কন্দ 800 গ্রাম, গিলোয় 1 গ্রাম, শুদ্ধ ভিলাব 1 কিলো 280 গ্রাম এবং চিত্রকমল 400 গ্রাম, খোসা ছাড়ানো তিল 640 গ্রাম, শুকনো আদা 320 গ্রাম, গোলমরিচ 320 গ্রাম, পীপ্পলী 320 গ্রাম, মিছরী 1 কিলো 800 গ্রাম, বিদারী কন্দ 640 গ্রাম, মধু 1 কিলো 400 গ্রাম, গরুর দুধের ঘি 700 মিলি গ্রাম।

নির্মাণ বিধি ঃ সবার প্রথমে ভিলাব আর তিলকে এক সঙ্গে মিশিয়ে চূর্ণ করে নিন আর তারপর অন্য সব জিনিষের চূর্ণ এক সঙ্গে মিশিয়ে খল-নুড়িতে খরল করে মিহি করে নিন। সবার শেষে চিনি মেশান।

মাত্রা আর সেবন বিধি ঃ এটা 3 থেকে 4 গ্রাম মাত্রায় দিনে 2 বার ঘি আর মধুর সঙ্গে সেবন করুন। যদি চুলকোনি অথবা প্রস্রাবে জ্বলুনি অনুভূত হয়, তাহলে চূর্ণের সেবন করা বন্ধ করে দিন। এই প্রয়োগ বেশীর ভাগ ক্ষেত্রে শীতকালেই করুন।

- মাথায় মহাভৃঙ্গরাজ তেল মালিশ করুন।
- আমলার রসায়ন 1 চামচ নিয়ে তাতে 2 চামচ মিছরী মিশিয়ে দিনে দু বার সেবন করুন।
- কালো তিল, ত্রিফলা, ভাঙ্গরা চূর্ণ, জ্যোতিস্মতী – সব কিছু সমান মাত্রায় নিয়ে চূর্ণ তৈরী করে এবং এই মিশ্রিত চূর্ণের সমান মাত্রায় মিছরী মিশিয়ে আবার একবার চূর্ণ তৈরী করুন। এই চূর্ণকে সকাল-সন্ধ্যা 5 গ্রাম মাত্রায় জলের সঙ্গে সেবন করুন।
- চুল ধোওয়ার জন্য হার্বাল শ্যাম্পু বা শিকাকাই-য়ের প্রয়োগ করুন।
- চিন্তা আর ক্রোধ এড়িয়ে চলুন।
- চুল অস্হি ধাতু থেকে উৎপন্ন হয়। সুতরাং আহারে অস্হি ধাতুপোষক ক্যালশিয়াম আর আয়রণ যুক্ত ভোজ্য পদার্থকে শামিল করে নিন। সবুজ শাক-সব্জী, দুধ আর ফল ভোজনে প্রতি দিন নিন।
- রসুন আর আদার রস সমান মাত্রায় নিয়ে টাক মাথায় লাগান।
- পেঁয়াজ-লেবুর রস সমান মাত্রায় নিয়ে প্রতি দিন মাথার টাকে লাগান।

মেহেন্দীর গুণ

- গ্রীস্মকালে মেহেন্দী প্রচণ্ড উপযোগী হয়। যেসব লোকেদের পায়ে উষ্ণতার সৃষ্টি হয়, তাঁরা মেহেন্দীকে পিষে লাগালে লাভ পাবেন।
- মেহেন্দীর পাতা, আমলা, কিছুটা নীল নিয়ে দুধের সঙ্গে

পিয়ে চুলে লাগান। এক ঘন্টা পরে জল দিয়ে চুল ধুয়ে নিন। পাকা চুল কালো হয়ে উঠবে।

- গ্রীস্মকালে পিঠ, গলা আর শরীরের ত্বকে ছোট-ছোট ফুসকুড়ি বেরোতে থাকে, যেগুলো মেহেন্দীর প্রলেপ করলে চলে যায়।
- মেহেন্দীকে ফুটিয়ে সেটার জল দিয়ে ফোড়া-ফুসকুড়ি ধুলে লাভ হয়।
- মাড়ির এমন অসাধ্য রোগ, যেটা অন্য ওষুধে ঠিক হচ্ছে না... মেহেন্দী পাতা ফোটানো জল দিয়ে কুলকুচি করলে সেরে যায়।
- মেহেন্দী পাতার জল দিয়ে কুলকুচি করলে বা মেহেন্দী পাতা মুখে রেখে চিবোলে মুখের ছালা দূর হয়।
- রাতে মেহেন্দীকে পরিস্কার জলে ভিজিয়ে রেখে পরের দিন সকালে ছেঁকে সেই জল পান করলে এ্যালার্জী ঠিক হয়। এতে বিজাতীয় দ্রব্য শরীর থেকে বেরিয়ে আসে।
- উচ্চ রক্তচাপের রোগীদের পা আর হাতে মেহেন্দীর প্রলেপ করা উচিত। মেহেন্দী ফুলও বেড়ে ওঠা উষ্ণতাকে কম করে।

❑❑

প্রস্রাবের রোগ

বার-বার প্রস্রাব পাওয়া

- বার-বার প্রস্রাব পেলে 60 গ্রাম ভাজা ছোলা খেয়ে তারপর একটু গুড় খেয়ে নিন। 10 দিন পর্যন্ত লাগাতার এমনটা সেবন করতে থাকলে বহুমূত্রতা রোগ ঠিক হয়ে পড়বে। বৃদ্ধদের বেশী দিন পর্যন্ত এই প্রয়োগ করা উচিত। পাচন শক্তি খারাপ হয়ে পড়লেও এই প্রয়োগ করুন।
- সকাল-সন্ধ্যা গুড়ের তৈরী তিলের একটা লাড্‌ডু খেলে বার-বার প্রস্রাব পাওয়া বন্ধ হয়ে পড়ে। আবশ্যকতা অনুসারে 4-5 দিন পর্যন্ত খান। শীতকালে তো এই প্রয়োগ খুব ভালো কাজ দেয়।
- প্রতি দিন মেথী শাক খেলে বার-বার প্রস্রাব পাওয়া ঠিক হয়ে পড়ে।
- প্রস্রাব যদি বার-বার আর বেশী মাত্রায় আসতে থাকে, তাহলে 2 পাকা কলার সেবন দুপুরে খাবার খাওয়ার পরে কিছু দিন পর্যন্ত করা উচিত। আঙ্গুর খেলেও এই রোগ *(বহুমূত্রতা)* দূর হয়ে পড়ে।

মূত্রাশয় *(প্রস্রাব)*-য়ের জ্বলুনি

দানাদার ধনেকে মোটা-মোটা করে পিষে সেটার খোসা ছাড়িয়ে নিন। তারপর বিচি বার করে 300 গ্রাম ধনের বিচি *(প্রায় 450 গ্রাম ধনে থেকে 300 গ্রাম বিচি বেরিয়ে আসে)*, 300 গ্রাম মিছরী বা চিনি নিন। দুটোকে আলাদা-আলাদা করে পিষে পরস্পরের সঙ্গে মিশিয়ে নিন... ধরে নিন, আপনার ওযুধ তৈরী! মূত্রাশয়ের জ্বলুনি ছাড়াও বীর্যের উত্তেজনা দূর করার জন্যও এই ওযুধ অব্যর্থ ফল প্রদান করে। **মাত্রা ঃ** 5 গ্রাম ওযুধ এক গ্লাস ঠাণ্ডা জলের সঙ্গে দিনে 2 বার নিন। মাত্র 3 দিন পর্যন্ত এই ওযুধের সেবন করুন।

- কাটা তরমুজকে রাতের বেলা ঘরের বাইরে শিশিরে রেখে দিন। পরের দিন সকালে সেটার রস বার করে চিনি মিশিয়ে পান করলে প্রস্রাবের জ্বলুনি শান্ত হয়।

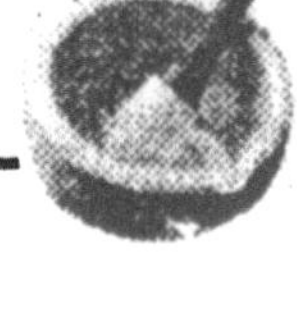

- বেদানার শরবত পান করলেও প্রস্রাবের জ্বলুনি শান্ত হয়।
- তাজা ভুট্টাকে জলে ফুটিয়ে সেই জলকে ছেঁকে তাতে মিছরী মিশিয়ে পান করলেও প্রস্রাবের জ্বলুনি ঠিক হয়ে পড়ে।

প্রস্রাবের সঙ্গে রক্ত আসা

- একটা ছোট করলা 30 গ্রাম *(এক আউন্স)* জলে রগড়ে দিনে একবার পান করুন। 5 দিন পর্যন্ত লাগাতার এমনটা করে চলুন। গরম জিনিষ, শুকনো লঙ্কার সেবন এড়িয়ে চলুন।

বাচ্চাদের বিছানায় প্রস্রাব করা

- বাচ্চা যদি ঘুমন্ত অবস্থায় বিছানায় প্রস্রাব করে ফেলে, তাহলে একটা আখরোট আর 5 গ্রাম কিশমিশ রাতে ঘুমোবার আগে বাচ্চাকে খাওয়ান। এক সপ্তাহে বাচ্চার ঘুমন্ত অবস্থায় প্রস্রাব করা বন্ধ হয়ে পড়বে।
- ঘুমের মধ্যে প্রস্রাব করে ফেলা বাচ্চাদের মূত্রাশয় দুর্বল হয়ে পড়ে। একটা ছুয়ারা নিয়ে কাপড়ে পরিস্কার করে 250 মিলি দুধে ফেলে ফোটান। দুধ ফুটে উঠলে আর ছুয়ারা ফুলে উঠলে দুধকে আঁচ থেকে নামিয়ে আনুন আর ঠাণ্ডা করে বাচ্চাকে পান করান। 4-5 দিনের প্রয়োগে ভালো ফল পাওয়া যাবে।
- ঘুমোবার আগে মধুর সেবন করালেও ঘুমের মধ্যে বাচ্চাদের প্রস্রাব করার রোগ ঠিক হয়ে পড়ে।
- 4-5 বছরের বাচ্চা যদি ঘুমের মধ্যে বিছানায় প্রস্রাব করে ফেলে, তাহলে 2 মুনক্কা বিচি বার করে প্রতি দিন রাতে খাওয়ান বা 1 ছুয়ারা প্রতি দিন 8 দিন পর্যন্ত খাওয়ালে বাচ্চা আর ঘুমের মধ্যে বিছানায় প্রস্রাব করবে না। বাচ্চাকে দই, লস্যি আর ভাত খাওয়াবেন না।

কম প্রস্রাব হওয়া

- এক কিলো জলে 50 গ্রাম পেঁয়াজের টুকরো ফেলে ফোটান। ফুটে উঠলে ছেঁকে মধু মিশিয়ে প্রতি দিন 3 বার পান করলে প্রস্রাব ভালোমতন আসে। যদি প্রস্রাব একেবারে বন্ধ হয়ে গিয়ে থাকে, তাহলে সেটাও আবার শুরু হয়ে পড়ে।
- দুটো ছোট এলাচকে পিষে, গিলে খেয়ে তারপর দুধ পান করলেও ভালোমতন প্রস্রাব আসতে লাগে।

প্রস্রাব বন্ধ হয়ে পড়া

- 5 নগ পেঁয়াজ নিয়ে, সেটার খোসা ছাড়িয়ে চাটনীর মত পিযে, ঠিক ততটাই মাত্রায় গমের আটা মিশিয়ে হালুয়ার মত বানিয়ে নিন আর সেটাকে হাল্কা গরম করে পেটের ওপরে সেটার প্রলেপ করে শুয়ে পড়ুন। প্রস্রাব আসতে লাগবে।
- ক্যাস্টর অয়েল 25 থেকে 50 গ্রাম পর্যন্ত নিয়ে গরম জলের সঙ্গে মিশিয়ে পান করলে 15-20 মিনিটের ভেতরে প্রস্রাব হতে লাগে।
- 2 গ্রাম জিরা আর 2 গ্রাম মিছরী – এই দুটো জিনিষকে পিযে গিলে খেলে বন্ধ হয়ে পড়া প্রস্রাব আবার হতে লাগে। দিনে 3 বার নিন।
- 3 গ্রাম কলমী শোরা, 250 গ্রাম দুধ আর এক কিলো জল – সব কিছুকে মিশিয়ে মিস্টি ছাড়াই দু বার পান করুন। প্রস্রাব ভালোমতন হতে লাগবে। এই প্রয়োগ প্রতিটা মরশুমের পক্ষেই উপযুক্ত হয়।

বহুমূত্র

প্রস্রাবের মাত্রা আর প্রস্রাব পাওয়ার চক্র বেড়ে ওঠা ইত্যাদি ব্যাধিকে 'বহুমূত্র' রোগ বলা হয়।

সামগ্রী ঃ খোসা সমেত কলাইয়ের ডাল, আমলা, অশ্বগন্ধ, বিদারীকন্দ আর কালো তিল।

বিধি ঃ কালো তিলকে আলাদা রেখে বাকী চারটে জিনিষকে কুটে-পিযে মিহি চূর্ণ তৈরী করে নিন। সব কিছুকে সমান মাত্রায় নিয়ে মিশিয়ে নিন আর শিশিতে ভরে রেখে নিন। তিল গোটাই নেওয়া উচিত।

সেবন বিধি আর লাভ ঃ

এই চূর্ণ 1-1 চামচ, 1-1 ঘন্টা পরে-পরে দিনে দু বার সকালে আর রাতে তাজা ঠাণ্ডা জলের সঙ্গে নিন। সকালে দু মাত্রা ওযুধের সেবন করার পরে প্রায় 50 গ্রাম কালো তিল খুব চিবিয়ে-চিবিয়ে খান। রাতে তিল খাওয়ার কোন প্রয়োজন নেই। এই প্রয়োগের সেবন করতে থাকলে প্রস্রাবের অধিক মাত্রা আর চক্র কমে আসে। লাভ না হওয়া পর্যন্ত এই প্রয়োগ চালিয়ে যান।

আহার-বিহার ঃ

প্রস্রাবের মাত্রা বাড়িয়ে তোলা পানীয়ের সেবন বন্ধ করে দিন। বর্ষা আর শীতকালে ঠাণ্ডা লাগতে দেবেন না আর ঠাণ্ডা হাওয়া এড়িয়ে চলুন।

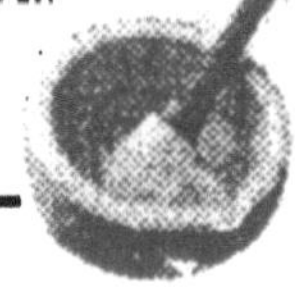

কিড্নীর পাথর

- 6 গ্রাম পেঁপের শেকড়কে পিযে তার সঙ্গে 50 গ্রাম জল মিশিয়ে 21 দিন পর্যন্ত দিনে দু বার পান করলে কিড্নীর পাথর গলে যায়।
- 2 মাশা নিম পাতার ক্ষার খেলেও কিড্নীর পাথর গলে বেরিয়ে যায়।
- জাম খাওয়াটাও কিড্নীতে পাথর হয়ে পড়া রোগে লাভ প্রদান করে।
- 1 গ্রাম হলুদ আর 2 গ্রাম গুড় গাজরের শরবতের সঙ্গে খেলে কিড্নীর পাথর গলে যায়।
- 20 গ্রাম কুলথীকে 250 গ্রাম জলে ফেলে ফোটান। যখন জল এক-চতুর্থাংশ অবশিস্ট থেকে যাবে, তখন আঁচ থেকে নামিয়ে এনে ছেঁকে নিন আর গুনগুনা গরম অবস্হায় রোগীকে পান করান। 20-25 দিন পর্যন্ত এই প্রয়োগ চালিয়ে যান। কিড্নীর পাথর গলে বেরিয়ে আসবে।

কিড্নীর যন্ত্রণায়

- 3 মাশা সিরাবলীর বীজকে পিযে জলের সঙ্গে দিন।
- 50 গ্রাম আঙ্গুরের পাতাকে জলের সঙ্গে পিযে-ছেঁকে তাতে কিছুটা লাহোরী লবন মেশান। কিড্নীর যন্ত্রণায় ছট্ফট্ করতে থাকা রোগীকে সেবন করালে তাঁর কিড্নীর যন্ত্রণা ঠিক হয়ে পড়বে।

❑❑

হৃদয়ের রোগ

উচ্চ রক্তচাপ *(হাই ব্লাড প্রেশার)*

- সর্পগন্ধা, আমলা, গিলোয়, অর্জুন গাছের ছাল, পুনর্নবা আর অশ্বগন্ধ – সব কিছু সমান মাত্রায় নিয়ে চূর্ণ বানিয়ে জলের সঙ্গে দিনে দু বার খেলে উচ্চ রক্তচাপ *(হাই ব্লাড প্রেশার)* স্বাভাবিক হয়ে আসে।
- তরমুজ খেলেও হাই ব্লাড প্রেশার ঠিক হয়ে পড়ে।
- উচ্চ রক্তচাপে লিচু খাওয়াটাও লাভ প্রদান করে।
- হৃদয়ের দুর্বলতা দূর করার জন্য 25 গ্রাম শহতুতের শরবত দিনে দু বার পান করাটা লাভদায়ক হয়।
- গাজরের মোরব্বাও উচ্চ রক্তচাপকে স্বাভাবিক করে তুলতে সহায়ক হয়।
- সর্পগন্ধাকে কুটে রেখে নিন। সকাল-সন্ধ্যা 2-2 গ্রাম মাত্রায় সেবন করলে হাই ব্লাড প্রেশার স্বাভাবিক হয়ে ওঠে।
- গমের আটা দিয়ে তৈরী বাসী রুটী সকালবেলা দুধে ভিজিয়ে খেলে হাই ব্লাড প্রেশার স্বাভাবিক হয়ে আসে।
- 1 গ্রাম শুকনো ধনে, 1 গ্রাম সর্পগন্ধা নিয়ে 2 গ্রাম মিছরীর সঙ্গে পিষে তাজা জলের সঙ্গে খেলে উচ্চ রক্তচাপ কমে আসে।

নিম্ন রক্তচাপ *(লো ব্লাড প্রেশার)*

- 150 গ্রাম জলে 32 কিশমিশ রাতে ভিজিয়ে দিন। 12 ঘন্টা ভেজার পরে সকালবেলা 1-1 কিশমিশকে আধ মিনিট পর্যন্ত ভালো করে চিবিয়ে-চিবিয়ে খান। লো ব্লাড প্রেশার *(নিম্ন রক্তচাপ)*-তে এই প্রয়োগে পূর্ণ লাভ হয়।

- গাজরের রসে মধু মিশিয়ে পান করলেও নিম্ন রক্তচাপ ঠিক হয়ে পড়ে।

হৃদয়ের দুর্বলতা

- আপেলের মোরব্বা প্রতি দিন সেবন করলে হৃদয়ের দুর্বলতা দূর হয়।
- নাগরবেলের পানের শরবত পান করলেও হৃদয়ের দুর্বলতা দূর হয়।
- 4 রত্তি জদবার শিকঞ্জবিনের সঙ্গে প্রতি দিন সেবন করলে হৃদয়ের দুর্বলতা মিটে যায়।
- অলসীর শুকনো ফুলকে পিযে মধুর সঙ্গে খেলে হৃদয়ের দুর্বলতা মিটে যায়।
- হারসিঙ্গারের সাদা ফুলের ডাঁটা আলাদা করে ফুলের থেকে দ্বিগুণ মাত্রায় পেযা চিনি মিশিয়ে শিশিতে ভরে রোদে রেখে দিন। সওয়া মাস পরে এই গুলকন্দকে 20 গ্রাম মাত্রায় প্রতি দিন সকালবেলা খেলে হৃদয় শক্তিশালী হয়ে ওঠে।
- অলসীর পাতা আর শুকনো ধনের ক্বাথ তৈরী করে পান করলে হৃদয়ের দুর্বলতা দূর হয়।
- অগরের চূর্ণ মধু মিশিয়ে খেলে হৃদয় শক্তি প্রাপ্ত করে।
- বায়বিডঙ্গ, গোলমরিচ, কুট, মেনাসিল, সন্ধক লবন এবং ভাজা হিং – সব কিছু 10-10 গ্রাম করে নিয়ে, পিযে কাপড়ে ছেঁকে নিন। আধ গ্রাম ওযুধ প্রতি দিন মধুর সঙ্গে মিশিয়ে খেলে হৃদয়ের স্পন্দন স্বাভাবিক হয় এবং শক্তিশালী হয়ে ওঠে।

হৃদয়ের স্পন্দন

- বেদানার তাজা পাতা 250 গ্রাম জলে ঘুঁটে ছেঁকে নিন। এই রস দিনে দু বার নিয়মিত রূপে সেবন করতে থাকলে হৃদয়ের স্পন্দন শান্ত হয়ে আসে।
- 10 গ্রাম রেহার বীজ রাতে কোন মাটির পাত্রে আধ কিলো জলে ভিজিয়ে দিন। পরের দিন সকালে বীজগুলোকে রগড়ে, ছেঁকে তাতে কিছুটা মিছরী মিশিয়ে সেবন করুন। এক সপ্তাহের ভেতরেই হৃদয়ের দুর্বলতা আর স্পন্দন ঠিক হয়ে পড়বে।

- সেবতীর অর্ক আর গুলকন্দের সেবনও লাভদায়ক হয়।
- গাজরের মোরব্বাও লাভ প্রদান করে।
- রাতের বেলা গাজরকে ভেজে খোসা ছাড়িয়ে নিন এবং খোলা জায়গায় রেখে দিন। পরের দিন সকালে এতে চিনি আর গোলাপ জল মিশিয়ে খেলে হৃদয়ের স্পন্দনে লাভ হয়।
- বীলের শেকড়ের ছালের ক্বাথ তৈরী করে পান করলেও হৃদয়ের স্পন্দন স্বাভাবিক হয়ে আসে।
- নাগফনী আর থুহরের পঞ্চাঙ্গের ছাইয়ের সেবন করলে অথবা এই দুটোর রসকে এক সঙ্গে মিশিয়ে পান করলে *(স্বাভাবিক মাত্রায়)* হৃদয়ের স্পন্দন স্বাভাবিক হয়ে আসে।
- শুকনো আমলা আর মিছরী *(50-50 গ্রাম)* এক সঙ্গে মিশিয়ে কুটে-পিষে নিন। 16 গ্রাম ঔষধি একবারে জলের সঙ্গে নিলে কিছুদিনের ভেতরেই হৃদয়ের স্পন্দন এবং অন্যান্য বিকার স্বাভাবিক হয়ে আসে।

হৃদয়ের যন্ত্রণা, জ্বলুনি এবং অস্থিরতা

- অশ্বগন্ধা এবং বহেড়ার চূর্ণকে গুড়ের সঙ্গে মিশিয়ে গুলির মত তৈরী করুন। সকাল-সন্ধ্যা 2-2 গুলি গরম জলের সঙ্গে খেলে হৃদয়ের যন্ত্রণার থেকে মুক্তি পাওয়া যায়।
- পারস পীপ্পলীর ছালের মাঝের অংশকে জলে ঘষে বুকের ওপরে লাগালে হৃদয়ের যন্ত্রণা দূর হয়।
- 10 গ্রাম অর্জুন গাছের ছাল, 10 গ্রাম গুড় আর 50 গ্রাম দুধ নিন। অর্জুন গাছের ছালের চূর্ণকে দুধে ফোটান আর গুড় মিশিয়ে পান করুন। এতে হৃদয়ের সমস্ত প্রকারের রোগ-বিকার দূর হয়ে পড়ে।
- 6 গ্রাম মেথীর দানা নিয়ে সেটার ক্বাথ তৈরী করুন... তাতে মধু মিশিয়ে সেবন করলে হৃদয়ের যন্ত্রণা, জ্বলুনি আর অস্থিরতা দূর হয়।
- গুড় আর দেশী ঘি এক সঙ্গে মিশিয়ে সেবন করলে হৃদয়ের শক্তি বৃদ্ধি পায়।
- গমের সত্ আর অর্জুন গাছের ছালের চূর্ণ সমান মাত্রায় নিয়ে ভেজে নিন। এই চূর্ণের তিন গুণ বেশী মধু মেশান। সেটার 6 গ্রাম থেকে 10 গ্রাম পর্যন্ত মাত্রা প্রতি দিন সেবন করলেও সকল

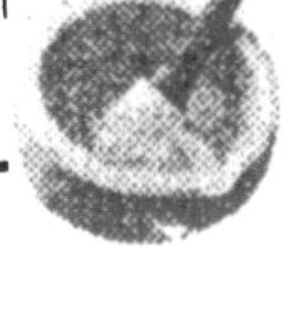

প্রকারের হৃদয় রোগ দূর হয়।

- বংশলোচন আর গাবজবার ফুল এবং ছোট এলাচের দানা – সব কিছু সমান ওজনে নিয়ে পিষে নিন। 3 গ্রাম ঔষধি আপেলের মোরব্বার সঙ্গে সেবন করলে অস্থিরতা, হৃদয়ের জ্বলুনি এবং দুর্বলতা দূর হয়।
- অশ্বথ গাছের কচি পাতার রস 6 থেকে 10 গ্রাম বার করে নিন। তার সঙ্গে মধু মিশিয়ে পান করলে হৃদয়ের যন্ত্রণা মিটে যায়।
- 2 গ্রাম কুটকী আর 3 গ্রাম মূলেঠীকে পিষে মিছরী মিশিয়ে শরবত তৈরী করে পান করলে হৃদয়ের স্পন্দন স্বাভাবিক হয়ে হৃদয়ের দুর্বলতা দূর হয়।

□□

যন্ত্রণা / চোটের চিকিৎসা

পায়ের যন্ত্রণা *(সাইটিকা)*

- পায়ের যন্ত্রণা *(সাইটিকা)*-তে শিবা গুগ্গুল 1-2 গ্রাম মাত্রায় খাবার খাওয়ার পরে নিলে লাভ হয়।
- পথ্যাদি গুগ্গুল 2 থেকে 3 গ্রাম মাত্রায় সেবন করলেও লাভ হয়।
- রসুন, হিং, জিরা, ত্রিকটু, আজওয়াইন আর সন্ধক লবন 10-10 গ্রাম করে নিয়ে মিশ্রণ তৈরী করুন আর সেই মিশ্রণ সকাল-সন্ধ্যা 1-1 গ্রাম মাত্রায় নিলে সাইটিকায় আরাম পাওয়া যায়।
- বাতনাশিনী বটী 1-1 গুলি দিনে তিন বার নিলেও সাইটিকায় আরাম হয়।
- মহামাষ তেল *(নিরামিষ)*-য়ের মালিশ করলেও ভালো লাভ হয়।
- দুধে অরণ্ডীর বীজ *(খোসা ছাড়ানো)*-কে পিষে পান করলে পায়ের যন্ত্রণায় আরাম হয়।
- ত্রয়োদশাঙ্গ গুগ্গুলের 2-4 গুলি গরম দুধের সঙ্গে চিবিয়ে সকাল-সন্ধ্যা খান... এতে সাইটিকা রোগের যন্ত্রণা শান্ত হয়।

চোট এবং মোচকানির কারণে যন্ত্রণা হলে

এক লিটার গরম জলে 250 গ্রাম সাবানের টুকরো গুলে নেবার পরে তাতে 500 মিলি তারপিনের তেল মিশিয়ে নিন আর কোন পরিস্কার শিশিতে ভরে রেখে নিন। চোট লাগলে বা মুচকে গেলে তুলোর সলতে করে এই তেল লাগালে আরাম পাওয়া যায়।

নোট ঃ এই প্রয়োগ কেবলমাত্র বাহ্যিক চোট বা মোচকানির জন্য হয়... শরীরের অভ্যন্তরীণ চোট বা মোচকানির জন্য নয়।

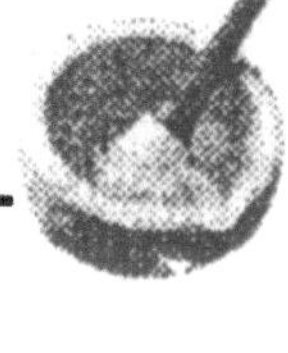

ক্ষতস্হান

কচি দুব্বো ঘাসের রস 40 গ্রাম আর ঘি 100 গ্রাম নিয়ে 400 গ্রাম জলের সঙ্গে মিশিয়ে মৃদু আঁচের ওপরে রেখে ফোটান। যখন শুধুমাত্র ঘি অবশিস্ট থেকে যাবে, তখন আঁচ থেকে নামিয়ে এনে ছেঁকে কোন পরিস্কার শিশিতে ভরে রেখে নিন। এই ওষুধ দিনে 3-4 বার ক্ষতস্হানের ওপরে লাগান।

গেঁটে বাত

- অশ্বগন্ধ বুটীর শেকড় আর দেশী চিনি সমান মাত্রায় নিন আর কুটে-পিযে চূর্ণ তৈরী করে নিন। প্রতি দিন দু বার 5 গ্রাম থেকে 10 গ্রাম পর্যন্ত দুধের সঙ্গে সেবন করুন। এটা হচেছ গেঁটে বাত রোগের এক অব্যর্থ চিকিৎসা।
- আজওয়াইন, গুগ্গুল, মালকাঙ্গনী, কালো দানা – এই চারটে জিনিষকে সমান মাত্রায় নিয়ে কুটে-পিযে নিন আর জল মিশিয়ে ছোলার আকারের গুলি বানিয়ে নিন। 4 গুলি দুধের সঙ্গে নিন। কিছু দিনের ভেতরেই গেঁটে বাত রোগের থেকে মুক্তি পাবেন।
- মুণ্ডী আর শুকনো আদা সমান মাত্রায় নিয়ে মিশিয়ে খান।

হাঁটুর যন্ত্রণা

- সকালবেলা মেথী দানার মিহি চূর্ণের এক চামচ মাত্রা জলের সঙ্গে গিলে খেলে হাঁটুর যন্ত্রণা শেষ হয়ে পড়ে। বার্ধক্যের কারণে হওয়া হাঁটুর যন্ত্রণায় এটা বিশেষ রূপে উপযোগী হয়। যন্ত্রণা ছাড়াও এই ওষুধ স্নায়ু রোগ, বহুমূত্র, রিকেট রোগ এবং রক্তাল্পতা ইত্যাদি রোগেও উপকারে আসে।
- সকালবেলা খালি পেটে 3-4 টি আখরোট খেলেও হাঁটুর যন্ত্রণা দূর হয়।
- নারকেলের টুকরো খেতে থাকলেও হাঁটুর যন্ত্রণা ঠিক হয়।
- অরণ্ডের পাতা আর মেহেন্দী পিযে প্রলেপ করলেও হাঁটুর যন্ত্রণা দূর হয়।
- 6 গ্রাম কৌঞ্চের বীজ দুধের সঙ্গে 14 দিন পর্যন্ত খেলে হাঁটুর যন্ত্রণা মিটে যায়।
- শুকনো আমলাকে কুটে-পিযে দ্বিগুণ মাত্রায় গুড় মিশিয়ে বড়-বড় মটরের আকারের গুলি বানিয়ে প্রতি দিন 3 গুলি জলের সঙ্গে নিলে হাঁটুর যন্ত্রণা ঠিক হয়ে পড়ে।

জয়েন্টের যন্ত্রণা দূর করার উপায়

- কনেরের পাতাকে ফুটিয়ে পিষে নিন আর মিস্টি তেলের সঙ্গে মিশিয়ে প্রলেপ করুন। এতে যন্ত্রণা দূর হবে।
- কযা তেলে আজওয়াইন আর রসুন পুড়িয়ে সেই তেলের মালিশ করলে শরীরের সকল প্রকারের যন্ত্রণা দূর হয়।

হাতে-পায়ে টান ধরা

- অড়ুসার ফুল আর ফলকে তেলে পুড়িয়ে ছেঁকে নিন। এই তেলের মালিশ করলে হাতে-পায়ে টান ধরা দূর হয়।
- আখরোটের তেলের মালিশ করলেও হাতে-পায়ে টান ধরার সমস্যা শেষ হয়ে পড়ে।

অনুভূতিশূণ্যতা

শরীরে যদি কোথাও রক্তের ক্লট জমে গিয়ে থাকে, তাহলে সেই জায়গায় কুসুম্বের বীজকে জলে পিষে প্রলেপ করলে রক্তের সঞ্চালন আবার একবার চালু হয়ে পড়ে।

বুকের জ্বলুনি

250 গ্রাম ঠাণ্ডা জলে লেবুর রস নিংড়ে পান করলে বুকের জ্বলুনি আর হৃদয়ের অস্থিরতায় আরাম পাওয়া যায়।

□□

পুরুষদের রোগ

স্বপ্নদোষ

রাতে ঘুমোবার সময় অনৈচ্ছিক বীর্যপাতকে স্বপ্নদোষ বলা হয়। স্বপ্নদোষ হয়ে পড়লে সঠিক আহার-বিহারের পালন করে এই ব্যাধির হাত থেকে মুক্তি পাওয়া যেতে পারে আর তার সাথে-সাথেই নিম্নলিখিত উপায়গুলোরও পালন করা উচিত।

স্বপ্নদোষ নামক ব্যাধি মুখ্য রূপে দুটি কারণে হয়। প্রথম কারণ, কোষ্ঠকাঠিন্য থাকা আর পেট ভালোমতন পরিস্কার না হওয়া... যার ফলে শরীরের ভেতরে উষ্ণতার প্রভাবে *'স্বপ্নদোষ'* অর্থাৎ ঘুমন্ত অবস্থায় বীর্যপাত হওয়ার মত পরিস্থিতির সৃষ্টি হয়ে পড়ে। দ্বিতীয় কারণ হচ্ছে স্বপ্নে কামুক দশ্য দেখা বা কাম-ক্রীড়া করার স্বপ্ন দেখা। এই কারণে, অন্তর্মনের আদেশে ঘুমন্ত অবস্থাতেও যৌনাঙ্গ সক্রিয় হয়ে ওঠে আর বীর্যপাত হয়ে পড়ে। যেসব ব্যক্তি দিনের বেলায় কামুক চিন্তা করেন, কামুক কার্যকলাপ করেন... তাঁরা স্বপ্নেও কামুক দৃশ্য দেখতে থাকেন আর এই কারণে হওয়া অনৈচ্ছিক বীর্যপাতকে *'স্বপ্নদোষ'* বলা হয়। এই রোগের থেকে বাঁচার জন্য এটা অত্যন্ত জরুরী হয় যে, এই ধরণের পরিস্থিতিকেই তৈরী না হতে দেওয়া হোক্... অন্যথা ঔষধির সেবনেও কোন প্রকারের লাভ হবে না। কিছু-কিছু জিনিষের বর্জন করে নিম্নলিখিত উপায়গুলোর পালন করলে *'স্বপ্নদোষ'* হওয়াটা অতি অবশ্যই বন্ধ হয়ে পড়বে।

- এক সপ্তাহ পর্যন্ত শীতলচিনি *(কাবাব চিনি)*-র চূর্ণ সকালে, দুপুরে আর রাতে 3-3 গ্রাম মাত্রায় *(ছোট চামচের প্রায় অর্ধেক চামচ)* ঠাণ্ডা জলের সঙ্গে সেবন করুন। দ্বিতীয় সপ্তাহে, দিনে দু বার – সকালে আর রাতে আর তৃতীয় সপ্তাহে সাত দিন পর্যন্ত দিনে মাত্র একবার – সকালে বা রাতে, যে কোন সময় 3 গ্রাম চূর্ণ ঠাণ্ডা জলের সঙ্গে সেবন করুন। এই প্রয়োগ শরীরে অতিরিক্ত রূপে বেড়ে ওঠা উষ্ণতাকে কম করতে উপযোগী হয়।

- চায়ের সেবন হয় একেবারে বন্ধ করে দিন... নয়তো শুধুমাত্র সকাল-সন্ধ্যায় দু কাপ চা কিছুটা ঠাণ্ডা করে পান করুন। সকালে চা পান করার আগে 1 কাপ দুধ আর 1 কাপ ঠাণ্ডা জল মিশিয়ে কিছুটা চিনি ঢেলে গুলে নিন। এই লস্যিকে সকালবেলা খালি পেটে আবশ্যকতা অনুসারে 10-12 দিন পর্যন্ত পান করুন। এর আধ ঘন্টা পরে, যদি অভ্যাস থাকে, তাহলে চা পান করতে পারেন।
- দুপুরের খাবার খাওয়ার 2-3 ঘন্টা পরে 1 চামচ অর্থাৎ প্রায় 10-15 গ্রাম গুলকন্দ খান।
- খাবারে শুকনো লঙ্কা, ভাজাভুজি, ঝাল-মশলাদার আর টক পদার্থের সেবন করা একেবারে বন্ধ করে দিন। ডিম, মাংস আর মদ খাবার অভ্যাস থাকলে সেটাও বন্ধ করে দিন। সবুজ শাক-সব্জী, খোসা সমেত মুগ ডাল আর তাজা রুটীর সেবন করুন। খাবার খাওয়ার পরে এক টুকরো গুড় বা একটা কলা খান। খাবার খাওয়ার সময় ধীরে-ধীরে চুমুক মেরে-মেরে এক গ্লাস লস্যি পান করতে পারলে অবশ্যই পান করুন। লস্যিতে পেষা জিরা আর লবন মিশিয়ে নিন।
- রাতে ঘুমোবার সময় 1 চামচ ইসব গোলের ভুষি আর 1-2 চামচ চিনি কিছুটা জলে গুলে সেবন করুন। এই প্রয়োগ এক মাস পর্যন্ত করুন বা ইচেছ করলে তার থেকে বেশী দিন পর্যন্তও করতে পারেন।
- মূলেঠী নিয়ে খুব ভালো করে পিষে ছেঁকে নিন। 1 চামচ চূর্ণ পর্যাপ্ত পরিমাণে খাঁটি ঘিয়ের সঙ্গে মিশিয়ে চেটে নিন আর তারপর মিছরী মেশানো দুধ ধীরে-ধীরে চুমুক মেরে-মেরে পান করুন। এই প্রয়োগ আপনি হয় সকালবেলা লস্যি পান করার পরে আর খাবার খাওয়ার 2 ঘন্টা আগে করতে পারেন অথবা রাতে খাবার খাওয়ার 2 ঘন্টা পরে এবং ঘুমোনোর আর ইসব গোল সেবন করার 1 ঘন্টা আগেও করতে পারেন। এই প্রয়োগ দু মাস পর্যন্ত করুন।
- রাতে ঘুমোবার আগে ঠাণ্ডা জল দিয়ে হাত-পা ধুয়ে নিন। দাঁত মেজে মুখ পরিস্কার করে ধুয়ে নিন আর ঘুমোবার আগে মল-মূত্র ইত্যাদির বিসর্জন অতি অবশ্যই করুন। স্নান করার সময় এবং শৌচাদি থেকে নিবৃত্ত হওয়ার সময় প্রতি দিন নিজের লিঙ্গকে জল দিয়ে ধুয়ে পরিস্কার করুন। সন্ধ্যা 7-টার পরে গরম চা বা খুব বেশী গরম দুধ পান করবেন না।
- এত কিছু করার পরেও যদি সকাল-সন্ধ্যায় শৌচ পরিস্কার না হয়, তাহলে রাতে ইসব গোলের প্রয়োগ 4-5 দিন বন্ধ রেখে তার জায়গায় ছোট হরিতকীর পেষা চূর্ণ 1-2 চামচ বা

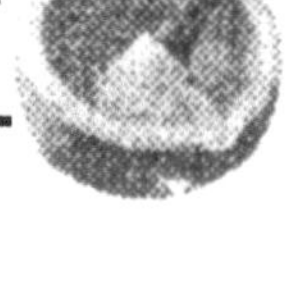

ততটা মাত্রায় সেবন করুন, যাতে শৌচ ভালোমতন হয় আর আপনার পেট পরিস্কার হয়ে পড়ে। এর পরে এই প্রয়োগ বন্ধ রেখে আবার একবার ইসব গোলের সেবন শুরু করে দিন।

উপরোক্ত উপায় নিয়মিত রূপে করতে থাকলে এবং কামুক চিন্তা না করলে স্বপ্নদোষ হওয়া বন্ধ হয়ে পড়ে।

একটা জিনিষের প্রতি অবশ্যই দৃষ্টি রাখা আবশ্যক যে, স্বপ্নদোষ হতে থাকলে সেই নিয়ে চিন্তা করা উচিত নয় আর সেটা নিয়ে আফসোসও করা উচিত নয়। এমনটা করলে স্বপ্নদোষের চিন্তা মস্তিস্কের ভেতরে বজায় থাকে আর সেটাও স্বপ্নদোষ হওয়ার কারণ হয়ে ওঠে।

অন্য কিছু কার্যকরী প্রয়োগ

এই রোগে ঘুমোবার সময় স্বপ্নে কামোত্তেজক দৃশ্য দেখতে পাওয়া যায়... যার ফলস্বরূপ অজান্তেই বীর্য স্খলিত হয়ে পড়ে। বেশীর ভাগ যুবকদের মধ্যেই এই অভিযোগের কথা শুনতে পাওয়া যায়। যদি এমনটা মাসের মধ্যে একাধ বার হয়, তাহলে ভয় পাওয়ার কোন কারণ নেই... কিন্তু যদি এমনটা মাসের মধ্যে 5-7 বার হতে থাকে, তাহলে সেটাকে রোগ মনে করে তার চিকিৎসা করানো উচিত। গরম খাদ্য পদার্থ, ঝাল-মশলাদার আহারের সেবন একেবারেই করবেন না আর সংযমিত হয়ে থাকার চেস্টা করুন। এই রোগে নিম্নলিখিত চিকিৎসাগুলোও লাভদায়ক প্রমাণিত হয় ঃ-

- তুখ্মে কাহু, তুখ্মে কাসনী, ধনে, খুরাসানী আজওয়াইন, তুখ্মে হীরা, নীলোফর, ইসব গোলের ভুষি, কুঞ্জা মিছরী – সব কিছু সমান ওজনের নিয়ে মিহি চূর্ণ তৈরী করে 6-6 গ্রাম মাত্রায় সকাল-সন্ধ্যা তাজা জলের সঙ্গে 30 দিন পর্যন্ত খান। এতে রোজ হওয়া স্বপ্নদোষ বন্ধ হয়ে পড়ে। ওষুধ খাবার সময় গুড়, ভাত, টক, ডিম, মদ আর দুধ খাবেন না।
- তুলসীর বীজ 4-4 গ্রাম জলের সঙ্গে কিছু দিন পর্যন্ত সন্ধ্যার সময় খান।
- 3 গ্রাম বীজবন্দ জলের সঙ্গে খেলে স্বপ্নদোষ হওয়া বন্ধ হয়ে পড়ে।
- সালম মিছরী, সাদা মুসলী, সাদা চন্দন, ছোট এলাচ, সাদা জিরা, শতাবর, ইসব গোলের ভুষি – সব কিছু 10-10 গ্রাম করে নিয়ে মিহি করে কুটে-ছেঁকে নিন আর 6-6 গ্রাম সকাল-সন্ধ্যায় দুধের সঙ্গে সেবন করুন। ধাতুরোগের জন্য কুঞ্জা মিছরী 40 গ্রাম এর সঙ্গে মেশান।
- তেঁতুলের বিচি 125 গ্রাম, 400 গ্রাম দুধে ভিজিয়ে রাখুন। দু

দিন পরে খোসা ছাড়িয়ে পরিস্কার করে পিষে নিন। 6-6 গ্রাম মাত্রায় সকাল-সন্ধ্যায় জলের সঙ্গে সেবন করুন। এই প্রয়োগ ধাতু রোগকে ঠিক করে।

- মূলেঠী চূর্ণ 3 গ্রাম, মধুর সঙ্গে চাটলে স্বপ্নদোষ রোগ ঠিক হয়ে পড়ে।
- আধ রত্তি থেকে 2 রত্তি মাত্রায় মুক্তা ভস্ম, শরবত গোলাপ বা শরবত খসের সঙ্গে মিশিয়ে চাটলে শরীরের ভেতরের উষ্ণতা শান্ত হয়ে স্বপ্নদোষ দূর হয়।
- বাবলা গাছের পাতা, ফুল, ফল আর ছাল – সব কিছু সমান মাত্রায় নিয়ে কুটে-পিষে চূর্ণ বানিয়ে নিন। এতে সমান মাত্রায় মিছরী মিশিয়ে 6 গ্রাম মাত্রায় সকাল-সন্ধ্যায় জলের সঙ্গে নিন।
- জামের বিচির চূর্ণ 4 গ্রাম মাত্রায় সকাল-সন্ধ্যায় জলের সঙ্গে নিন।
- আমলার মোরব্বাকে জলে ধুয়ে এক নগ মাত্রায় প্রতি দিন চিবিয়ে-চিবিয়ে খান বা 60 গ্রাম জল একটা গ্লাসে নিয়ে তাতে 20 গ্রাম পেষা আমলা 12 ঘন্টা পর্যন্ত ভিজতে দিন। তারপর ছেঁকে এক গ্রামের আন্দাজে পেষা হলুদ মিশিয়ে পান করুন।

স্বপ্নদোষ হচ্ছে এক মানসিক রোগ। সুতরাং নিজের মনকে পবিত্র রাখুন। ঠাণ্ডা জল দিয়ে স্নান করুন। রাতে গরম দুধ পান করবেন না আর রাতে ঘুমোবার আগে অবশ্যই নিজের পা ঠাণ্ডা জল দিয়ে ধুয়ে নিন। এতে ভালো ঘুম আসবে এবং স্বপ্নদোষও হবে না।

নোট ঃ স্বপ্নদোষের রোগ বিয়ের পরে সমূলে নস্ট হয়ে পড়ে। মাসের মধ্যে 2-3 বার স্বপ্নদোষ হলে চিন্তা করার কিছু নেই। কিন্তু তার থেকে বেশী হতে থাকলে চিকিৎসা অবশ্যই করানো উচিত।

রোগের থেকে মুক্তি পাবার উপায়

- কোস্ঠকাঠিন্য হতে দেবেন না। রাতে গুলকন্দ বা হরিতকীর মোরব্বা খান।
- রাতে দুধ পান করবেন না।
- রাতে ঘুমোবার সময় হাত-পা ঠাণ্ডা জল দিয়ে ভালো করে ধুয়ে নিন।
- গুপ্তাঙ্গের লোমকে বেশী বাড়তে দেবেন না।
- পাশ ফিরে ঘুমোবার অভ্যাস করুন।
- রাতে খাবার কম করে খান আর রাতে তাড়াতাড়ি ঘুমোবার অভ্যাস তৈরী করুন।
- গুড়, আখ, ভাত, গরম মশলা, ডিম আর মদ্যপান

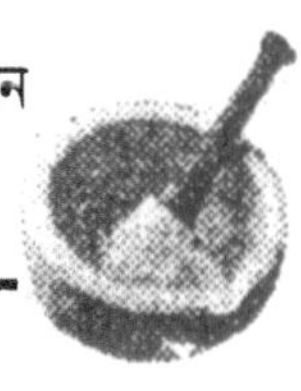

ত্যাগ করুন।

- সকালবেলা খালি পায়ে সবুজ ঘাসের ওপরে পায়চারী করুন।
- শৌচে যাবার আগে আগের দিন রাতে কোন তামার পাত্রে রাখা বাসী জল, প্রতি দিন এক গ্লাস করে পান করুন।
- খাবার খাওয়ার পরে প্রস্রাব অতি অবশ্যই করা উচিত।
- ঘুমোবার আগে অশ্লীল ফিল্ম এবং মেয়েদের নগ্ন ফোটো দেখবেন না আর অশ্লীল কাহিনীও পড়বেন না।
- অসৎ সঙ্গ এড়িয়ে চলুন আর আপনার যদি কোন নোংরা অভ্যাস থেকে থাকে, তাহলে সেটা আজ থেকেই ছেড়ে দেবার শপথ নিন।
- গুপ্তাঙ্গের চামড়াকে পেছনের দিকে সরিয়ে প্রতি দিন পরিস্কার করুন।
- কখনো ল্যাঙ্গট পরবেন না। যদি এই রোগ অল্প সময়ের হয়, তাহলে তুখমে হীরা 4-4 গ্রাম মাত্রায় সকাল-সন্ধ্যায় জলের সঙ্গে এক সপ্তাহ পর্যন্ত খেলে রোগ দূর হয়ে পড়ে।

আপনি যদি উপরোক্ত জিনিযগুলোর পালন করেন, তাহলে আপনার স্বাস্থ্য ঠিক হবে।

শীঘ্রপতন

বিবেক আর ধৈর্য সহকারে কাজ না করে অজ্ঞানতা এবং উতলা ভাবের সঙ্গে কাজ করতে থাকা পুরুষেরা এই *'শীঘ্রপতন' (Premature Ejaculation)* নামক রোগে গ্রস্ত হয়ে পড়েন। এখানে আমরা এই রোগের কিছু লাভদায়ক প্রয়োগের উল্লেখ করছি ঃ-

- যেসব ব্যক্তিদের পাচন শক্তি অত্যন্ত ভালো, তাঁরা ধোওয়া কলাইয়ের ডাল আর পুরোন চালের খিচুড়ি তৈরী করে তাতে খাঁটি ঘি ঢেলে প্রতি দিন রাতের খাবার হিসেবে অন্ততঃ পক্ষে 40 দিন খান। প্রতিটা গ্রাস ততক্ষন পর্যন্ত চিবিয়ে-চিবিয়ে খান, যতক্ষন না সেটা আপনা থেকে গলা দিয়ে নেমে পেটের ভেতরে চলে যাচ্ছে... কোন গ্রাসই যেন গিলতে না হয়। এর সঙ্গে ধীরে-ধীরে চুমুক মেরে-মেরে মিষ্টি দুধ পান করতে থাকুন বা খাবার খাওয়ার পরে মিষ্টি দুধ পান করুন। এটার মাত্রা শুরুর দিকে নিজের পাচন শক্তির থেকে কিছুটা কমই রাখুন... তারপর ধীরে-ধীরে মাত্রা বাড়িয়ে চলুন। ভালো করে চিবোলে ঠিক মত হজমও হয়ে পড়বে। অনেকে খিচুড়ি, দালিয়া, ডাল-ভাত বা চালের পায়েসকে পুরোপুরি চিবোন না। 2-4 বার মুখ চালিয়েই গিলে নেন। উল্টে বলতে থাকেন যে, এসব জিনিয আবার চিবিয়ে খাওয়ার কি

দরকার ? কিন্তু চিবোনটা অত্যন্ত জরুরী হয়। শুধু এজন্য নয় যে, খাবার চিবিয়ে মিহি করতে হয়... চিবোন এজন্য জরুরী হয় যে, আমাদের মুখ থেকে বেরোন লালা *(লার)* যাতে পর্যাপ্ত মাত্রায় খাবারের সঙ্গে মিশতে পারে, যেটা খাবার হজম করাতে অত্যন্ত সহায়ক হয়।

- এই প্রয়োগ সবার জন্যই সমান রূপে উপযোগী হয়। এটা বিবাহিত এবং অবিবাহিত যুবক – সবাই সেবন করতে পারেন... কারণ এটা উত্তেজনা নয়, পুষ্টি প্রদান করা প্রয়োগ। দুর্বল পাচন শক্তির ব্যক্তিরাও এর সেবন করতে পারেন। প্রয়োগ হচ্ছে এই প্রকার – সকালবেলা সূর্যোদয়ের আগে বায়ু সেবন করার জন্য ঘর থেকে বেরিয়ে পড়ুন আর যাবার সময় হাতে 2-3 বাতাশা নিয়ে যান। রাস্তায় যেখানে বট গাছ দেখতে পাবেন, সেখানে পৌঁছে যান। বট গাছের শাখা নীচের দিকে ঝুলে মাটি পর্যন্ত পৌঁছে যায় আর সেটাকে বট গাছের ঝুড়ি বলা হয়। এই প্রকার একটা বট গাছের বেশ কয়েকটা ঝুড়ি থাকে।

  বট গাছের একটা পাতা ভেঙে নিন। সেটার ডাঁটা থেকে এক প্রকারের দুধ বেরোবে। সেই দুধ একটা বাতাশার ওপরে রাখুন। একটা বাতাশায় 5-7 ফোঁটা দুধ রাখাটাই যথেষ্ট হয়। এই প্রকার 2-3 বাতাশা দিয়ে শুরু করুন আর 7-8 বাতাশা পর্যন্ত বাড়িয়ে চলুন। এই দুধ অত্যন্ত শক্তিবর্ধক এবং শরীর আর ধাতুগুলোকে পুষ্টি প্রদানকারী হয়। এই দুধ 1 তোলা থেকে 3 তোলা পর্যন্ত প্রয়োগ করা যেতে পারে। এতটা মাত্রায় প্রয়োগ করার জন্য বাতাশার প্রয়োগ করাটা জরুরী নয়। কোন বাটিতে এই দুধ একত্রিত করে পান করে নিন আর তারপর মুখ পরিস্কার করার জন্য 2-3 বাতাশা খেয়ে নিন। এটা এক অত্যন্ত উত্তম এবং গুণকারী প্রয়োগ... যেটা বিনা পয়সায় প্রয়োগ করা যায়। এমনটা কম পক্ষে 2 মাস পর্যন্ত সেবন করুন।

- যেসব ব্যক্তিদের পাচন শক্তি দুর্বল, যাঁদের কোষ্ঠকাঠিন্য থাকে আর যাঁদের ক্ষিধে ঠিক মত লাগে না, তাঁরা সঠিক আর হাল্কা আহারের সেবন করে প্রথমে নিজেদের পাচন শক্তিকে ঠিক করে তুলুন। রাতে 5-7 দিন পর্যন্ত ছোট হরিতকীর চূর্ণ ঠাণ্ডা জলের সঙ্গে সঠিক মাত্রায় গিলে খেয়ে পেট পরিস্কার করে নিন। যতটা চূর্ণ খেলে সকালবেলা ভালোমতন শৌচ হবে, ততটা মাত্রাতেই চূর্ণের সেবন করা উচিত। মাত্রা বেশী হয়ে পড়লে পাতলা পায়খানা হয়ে পড়তে পারে। খাবার খাওয়ার পরে ঝণ্ডু পঞ্চারিস্ট 2-2 চামচ আধ কাপ জলে মিশিয়ে পান করুন। পেট পরিস্কার হয়ে পড়ার পরে নিম্নলিখিত প্রয়োগ

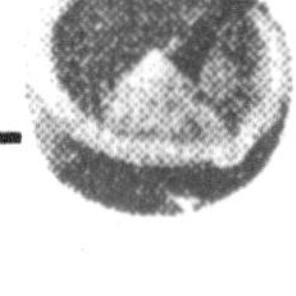

করুন ঃ বাজার থেকে কৌঞ্চের বীজ 100 গ্রাম এনে এক লিটার দুধে ফেলে ফোটান। দুধ গাঢ় হয়ে উঠলে আঁচ থেকে নামিয়ে এনে বীজের খোসা ছাড়িয়ে বীজ আলাদা করে নিন আর দুধ ফেলে দিন... কারণ এই দুধ বিষাক্ত হয়ে পড়ে। বীজের খোসা ছাড়িয়ে শুধু ভেতরের খোসারহিত বীজ নিয়ে শিল-নোড়াতে মিহি করে পিষে পীঠী বানিয়ে নিন। এতে দ্বিগুণ ওজনের ময়দা নিয়ে মেখে দুটোকে ভালো করে মিশিয়ে নিন। এবার জামের আকারের গোলা বানিয়ে খাঁটি ঘিয়ে ভেজে নিন আর চিনির রস মাখিয়ে কোন পাত্রে রেখে তার ওপরে খাঁটি মধু এতটা মাত্রায় ঢালুন, যাতে সব গোলাগুলো মধুতে ডুবে থাকে। 1-1 গোলা সকাল-সন্ধ্যা খালি পেটে ভালো করে চিবিয়ে-চিবিয়ে খান আর তারপর এক গ্লাস মিষ্টি দুধ পান করে নিন। এর অন্ততঃ এক ঘন্টা পরে খাবার খাওয়া উচিত। যখন এই গোলা শেষ হয়ে পড়বে, তখন আবশ্যকতা অনুসারে আবার গোলা বানিয়ে নিন আর সারাটা শীতকাল ধরে সেবন করে চলুন।

এই প্রয়োগ নববিবাহিত যুবক এবং প্রৌঢ় পুরুষদের পক্ষে এত বেশী গুণকারী আর পুরুষত্ব শক্তিবর্ধক হয় যে, সেটা লিখে প্রকাশ করা সম্ভব নয়। ভালো পাচন শক্তির ব্যক্তিরা এই প্রয়োগকে, ভালো শীত থাকা পর্যন্ত নিয়মিত রূপে সেবন করতে থাকলে শরীরের শক্তি আর ধাতুর বৃদ্ধি হয় আর শরীর এতটা শক্তি প্রাপ্ত করে যে, সেই ব্যক্তি পরের শীতকাল পর্যন্ত শারীরিক দিক থেকে শক্তিশালী হয়ে থাকেন।

বাজীকারক প্রয়োগ

যতদিন পর্যন্ত না প্রচণ্ড গরম পড়ছে, ততদিন পর্যন্ত শারীরিক দুর্বলতা আর যৌনশক্তির অভাবকে দূর করার জন্য পুষ্টিকর এবং বাজীকারক পদার্থ এবং প্রয়োগের সেবন, নিজের পাচন শক্তির অনুকূল মাত্রায় করা যেতে পারে। অবিবাহিত, বিপত্নীক এবং বৃদ্ধদের পুষ্টিকর এবং বিবাহিতদের পুষ্টিকর পদার্থের সঙ্গে-সঙ্গে বাজীকারক পদার্থ এবং নীচে উল্লেখিত যে কোন একটা প্রয়োগের সেবন করা উচিত।

চিকিৎসা

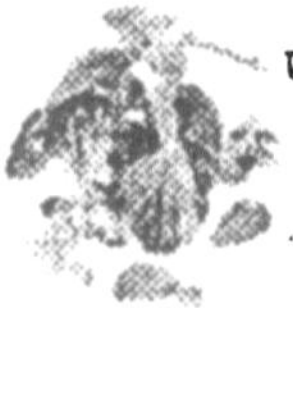

শুকনো আদা, পীপল, গোলমরিচ, হরিতকী, বহেড়া, আমলা, দারচিনি, শীতল চিনি, তেজপাতা, চন্দন, পানিফলের আটা,

কালো জিরা আর আজওয়াইন – সব কিছু 50-50 গ্রাম... জয়েত্রী, লবঙ্গ আর বঙ্গ ভস্ম – সব কিছু 25-25 গ্রাম নিন। সব কিছুকে কুটে-পিষে মিহি চূর্ণ বানিয়ে নিন। এই চূর্ণ 1-1 চামচ মাত্রায় সকাল-সন্ধ্যা দুধের সঙ্গে সেবন করুন। এটা হচ্ছে এক উত্তম বাজীকারক যোগ এবং এই যোগ সকল প্রকারের যৌন রোগকে নস্ট করে।

অশ্বগন্ধ, শুকনো আদা, হরিতকী, তেজপাতা, এলাচ, গোলমরিচ – সব কিছু 100-100 গ্রাম... লবঙ্গ 50 গ্রাম, কেশর 5 গ্রাম আর বঙ্গ ভস্ম 10 গ্রাম নিন। সব কিছুকে কুটে-পিষে মিশিয়ে নিন। এই চূর্ণ আধ চামচ মাত্রায় মিছরী মেশানো দুধের সঙ্গে সকাল-সন্ধ্যা সেবন করলে ধাতু পুস্ট হয় আর যৌন দুর্বলতা দূর হয়। এটা এক উত্তম বাজীকারক যোগ।

পানিফল আর রাঙালুর আটা সমান মাত্রায় নিন আর সেটার ওজনের দশ ভাগের এক ভাগ ওজনের অশ্বগন্ধ চূর্ণ মিশিয়ে নিন। হালুয়া বানাবার বিধিতে ঘিয়ে ভেজে স্বাদ অনুসারে চিনি মিশিয়ে এটার হালুয়া তৈরী করুন। প্রতি দিন সকালবেলা রুচি এবং পাচন শক্তি অনুসারে জলখাবারে ভালো করে চিবিয়ে-চিবিয়ে খান। তারপর দুধ বা চা পান করে নিন। এর পরে 2 ঘন্টা পর্যন্ত কিছু খাবেন না। এই পুস্টিকর প্রয়োগ অবিবাহিত, বিপত্নীক আর বৃদ্ধ পুরুষদের জন্য উত্তম গুণকারী প্রয়োগ হয়।

পথ্য-অপথ্য ঃ পাচন শক্তিকে ঠিক রাখুন। পেট আর মস্তিস্ক পরিস্কার রাখুন। কামুক চিন্তা আর শোক করবেন না। টক আর ঝাল-মশলাদার পদার্থের সেবন করবেন না।

স্তম্ভনকারক আহার-বিহার

আবশ্যক আহার

পাচন শক্তিকে ঠিক রেখে শীতকালে পুস্টিকর আহারের যথাশক্তি সেবন করা উচিত। বাদাম ঘষে দুধের সঙ্গে মিশিয়ে রাতে ঘুমোবার সময় পান করা, কেশর মিশ্রিত দুধ, মালাই, মাখন, চালের পায়েস, কলাই ডালের পায়েস, কলাই ডাল, দারচিনি, এলাচ, জয়েত্রী, গোলমরিচ, আমলা, পেঁয়াজের রস আর মধু, পেঁয়াজের রস আর ঘি, খাঁটি ঘিয়ে ভাজা জিলিপি আর দুধ, মুগ ডালের হালুয়া, মেওয়া, কলা, নারকেল, গাজর, টম্যাটো, পালং শাক, আপেল, গুড় আর ছোলা, মিস্টি বেদানা, নাশপাতি, পানিফল, ফালসা, চিরৌঞ্জী, কিশমিশ ইত্যাদি পদার্থকে দৈনিক আহারে শামিল করে নেওয়া উচিত।

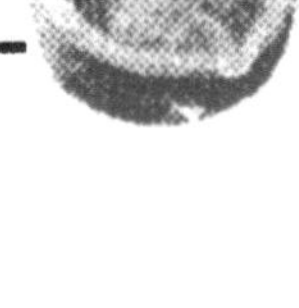

আবশ্যক বিহার

গাঢ় নিদ্রা, সর্বদা প্রসন্ন চিত্ত হয়ে থাকা, সঙ্গীত শোনা, আতর লাগানো, ফুলের মালা পরা, ঘরে সুগন্ধিত ধূপ জ্বালানো, সন্ধ্যায় তাড়াতাড়ি এবং সুপাচ্য আহারের সেবন করা, সংযমিত জীবন কাটানো, চিন্তা-ভাবনা শুদ্ধ রাখা, টক না খাওয়া, ক্রোধ-চিন্তা-শোক আর ভয়ের থেকে নিজেকে দূরে রাখা, ঘর-বাড়ী পরিস্কার-পরিচ্ছন্ন এবং সুসজ্জিত রাখা, বিছানা সুখকর আর ভালো হওয়া, বিশ্রাম গ্রহণ করা শরীরের অধিকারী হওয়া ইত্যাদি।

শীঘ্রপতন

সহবাসের সময় পুরুষের বীর্য শীঘ্র স্খলন হয়ে পড়াকে শীঘ্রপতন বলা হয়।

- তেঁতুলের বিচিকে জলে ভিজিয়ে সেটার খোসা ছাড়িয়ে নিন আর তারপর ছায়ায় রেখে শুকিয়ে নিন। তেঁতুলের খোসা ছাড়ানো বিচিগুলোকে কুটে-ছেঁকে চূর্ণ বানিয়ে নিন আর তাতে সমান মাত্রায় মিছরী মিশিয়ে এক-চতুর্থাংশ চামচ চূর্ণ দিনে দু বার দুধের সঙ্গে গিলে খান। 50 দিন সেবন করলে বীর্য গাঢ় হয়ে উঠবে আর শীঘ্রপতন রোগ দূর হয়ে পড়বে।
- আসল বংশ লোচন আর সত্ গিলোয় সমান মাত্রায় নিয়ে কুটে কাপড়ে ছেঁকে নিন। এই চূর্ণ প্রতি দিন 2 গ্রাম মাত্রায় মধুর সঙ্গে নিন।
- তেঁতুলের বিচিকে কুটে কাপড়ে ছেঁকে নিন এবং সেটার দ্বিগুণ মাত্রায় পুরোন গুড় মিশিয়ে পিষে এক সমান করে নিন। তারপর ছোলার আকারের গুলি বানিয়ে নিন। সহবাসে লিপ্ত হওয়ার 2 ঘন্টা আগে 2 গুলি খেয়ে নিন। বীর্য স্খলিত না হলে লেবুর রস পান করুন।
- তুলসীর বীজ অথবা শেকড়ের চূর্ণ 2 গ্রাম মাত্রায় পানের মধ্যে রেখে খেলে শীঘ্রপতন রোগ দূর হয়।
- পুরুষেরা জায়ফলের চূর্ণ 3 রত্তি নিজেদের মূত্রেন্দ্রিয়ের ওপরে রেখে সহবাস করুন। এর ফলে স্ত্রীর বীর্য শীঘ্রই স্খলিত হয়ে পড়বে।

নপুংসকতা

হস্তমৈথুন, অপ্রাকৃতিক মৈথুন, অতি মৈথুন এবং ভুল আহার-বিহারের কারণে নপুংসকতার সৃষ্টি হয়। এতে পুরুষের মূত্রেন্দ্রিয় শিথিল হয়ে পড়ে... যার ফলে মৈথুনের ইচ্ছা কমে আসে বা কখনো-কখনো একেবারে শেষ হয়ে পড়ে। লিঙ্গ ছোট, পাতলা, বেঁকা এবং নিস্তেজ হয়ে পড়ে। স্তম্ভন শক্তির অভাব পরিলক্ষিত হয়। কামেচ্ছার অভাব অথবা

সেটা একেবারে শেষ হয়ে পড়াকেই নপুংসকতা বলা হয়। এই রোগে নীচে উল্লেখিত চিকিৎসা লাভদায়ক হয় ঃ-

- শুকনো আমলা নিয়ে বিচি বার করে সেটাকে কুটে-ছেঁকে রেখে নিন। তারপর কচি আমলার রস বার করে সেই রসে আমলার চূর্ণ ডুবিয়ে দিন আর শুকোতে দিন। এই প্রকার সাত বার আমলার চূর্ণকে আমলার রসে ভাবনা দিন। তারপর সেই প্রস্তুত আমলা চূর্ণ থেকে 15 গ্রাম চূর্ণ নিয়ে তাতে 8 গ্রাম ঘি আর 15 গ্রাম মধু মিশিয়ে চাটুন। তারপর 250 গ্রাম দুধ পান করে নিন। এর প্রয়োগে ধাতুরোগ দূর হয়ে বল এবং বীর্যের বৃদ্ধি হয়।
- সনায়ের চূর্ণ 1 গ্রাম গরুর দুধের ঘিয়ের সঙ্গে মিশিয়ে দিনে দু বার খেলেও নপুংসকতা দূর হয়।
- বেল পাতার রস আর মধু মিশিয়ে লিঙ্গের ওপরে লাগালে লিঙ্গ পুষ্ট আর শক্তিশালী হয়ে ওঠে।
- পেঁয়াজের রস 6 গ্রাম, আদার রস 6 গ্রাম, মধু 6 গ্রাম এবং ঘি 3 গ্রাম – এই চারটে জিনিষকে এক সঙ্গে মিশিয়ে লাগাতার 30 দিন পর্যন্ত প্রয়োগ করলে নপুংসক ব্যক্তিও সত্যিকারের পুরুষ হয়ে ওঠেন অথবা পেঁয়াজের রস আর মধু সমান মাত্রায় মিশিয়ে পান করুন।
- শুকনো পানিফল আর মখানা – দুটোকে সমান মাত্রায় নিয়ে কুটে-ছেঁকে রেখে নিন। 6 গ্রাম মাত্রায় নিয়ে আর তার সমান মাত্রায় মিছরী মিশিয়ে 250 গ্রাম ঈষদোষ্ণ দুধের সঙ্গে গিলে খান। এতে ধাতু বৃদ্ধি পায় এবং বীর্য গাঢ় হয়ে ওঠে। লাগাতার 10-15 দিন পর্যন্ত প্রয়োগ করলে নপুংসকতা দূর হয়।
- বংশলোচন এবং সত্ গিলোয় – দুটোকে সমান মাত্রায় নিয়ে কুটে নিন আর কাপড়ে ছেঁকে রেখে নিন। প্রতি দিন 2 গ্রাম মাত্রায় মধুর সঙ্গে সেবন করুন। এতে বীর্য গাঢ় হয়ে ওঠে আর আপনা থেকে স্খলিত হয়ে পড়ে না।
- কৌঞ্চের ছিলে নেওয়া বীজের চূর্ণ 6 গ্রাম, তালমাখানার বীজের চূর্ণ 6 গ্রাম এবং মিছরী 12 গ্রাম – এই তিনটে জিনিষকে এক সঙ্গে মিশিয়ে রেখে নিন। 6 গ্রাম মাত্রায় নিয়ে ঈষদোষ্ণ গরুর দুধের সঙ্গে পান করুন।

ইন্দ্রিয় বৃদ্ধির প্রলেপ ঃ কাসনী তেল

- রেগমাহী, লবঙ্গ, জায়ফল, জয়েত্রী, হিং, কুচলা, মালকাঙ্গনী, খরাতীন, পেস্তা, অকরকরা, সাদা লঙ্কা, ঘুংঘলী,

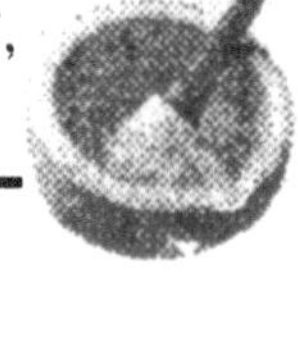

জৌঙ্ক – কিছু 6-6 গ্রাম নিয়ে মিহি চূর্ণ তৈরী করে 250 গ্রাম তিলের তেলে ফেলে আঁচের ওপরে রেখে গরম করুন। যখন সব ঔষধি পুড়ে যাবে, তখন আঁচ থেকে নামিয়ে আনুন আর ঠাণ্ডা হলে ছেঁকে কোন শিশিতে ভরে রেখে নিন।

- 100 গ্রাম চামেলীর তেলে 50 লবঙ্গ ফেলে ভালো করে ফোটান। ঠাণ্ডা হলে সেই তেল ইন্দ্রিয়ের ওপরে প্রলেপ করুন।

পদ্ধতি ঃ 4 ফোঁটা তেল প্রতি দিন রাতে ইন্দ্রিয়ের সামনের আর নীচের অংশকে বাদ দিয়ে বাকী সব অংশে 2 মিনিট মালিশ করে পান বা অরণ্ডের পাতা গরম করে ইন্দ্রিয়ের ওপরে বাঁধুন। রাতে উত্তেজনা এসে চোখ খুলে গেলে পাতা খুলে ফেলে দিন। 20 দিনের প্রয়োগে শিরাগুলোর দুর্বলতা দূর হয়ে পূর্ণ শক্তি এসে যাবে।

নোট ঃ এই তেল এবং অন্যান্য ধাতু আর শক্তিবর্ধক ওষুধ আপনারা আমাদের প্রতিস্ঠান থেকে চেয়ে পাঠাতে পারেন। 3 থেকে 4 মাসের প্রয়োগে সকল প্রকারের পুরুষত্ব দুর্বলতা দূর করার গ্যারান্টী আমরা দিচ্ছি।

দুধ-বাদামের ওপরে খরচা তো প্রত্যেকেই করে থাকেন। একবার আমাদের পৌষ্টিক প্রয়োগগুলোর ওপরে কিছু টাকা খরচ করেই দেখুন আর বরাবরের জন্য পুরুষত্ব শক্তি আর সেক্স পাওয়ারে পরিপূর্ণ হয়ে উঠুন।

ডাঃ রাজীব শর্মা
আরোগ্য জ্যোতি ®
320-322, টীচার্স কলোনী
বুলন্দশহর - 203 001 (উ. প্র.)
ফোন ঃ (05732) - 21793, 25398

বল-বীর্য বর্ধক যোগ

- সালব মিছরী পাঞ্জাওয়ালা, সাদা মুসলী এবং শতাবর – এই তিনটে জিনিষকে সমান মাত্রায় নিয়ে কুটে-পিষে মিহি চূর্ণ বানিয়ে ছেঁকে নিন। 400 গ্রাম দুধ নিয়ে আঁচের ওপরে রেখে ফোটান আর উপরোক্ত ওষুধের থেকে 10 গ্রাম ওষুধ নিয়ে দুধে ফেলে চামচ দিয়ে নাড়তে থাকুন। গাঢ় হয়ে এলে তাতে কিছুটা দেশী চিনি মিশিয়ে খান। এই প্রকার সকাল-সন্ধ্যা 20-25 দিন প্রয়োগ করলে ক্লান্তি এবং দুর্বলতা দূর হয়ে শরীরের শক্তি বৃদ্ধি পায়।
- বিদারী কন্দ, সাদা মুসলী, সালমপাঞ্জা, অশ্বগন্ধ, গোখরু এবং আকরকরা – সব কিছু সমান মাত্রায় নিন আর কুটে-পিষে কাপড়ে ছেঁকে শিশিতে ভরে রেখে নিন। 3-3 গ্রাম মাত্রায় চূর্ণ দিনে দু বার খাবার খাওয়ার 3 ঘন্টা আগে গরুর গরম দুধের সঙ্গে নিন। এটা অত্যন্ত শক্তিবর্ধক যোগ *(এই চূর্ণ বাজারে বির্দয়াদি চূর্ণ নামে কিনতে পাওয়া যায়)*।
- 4 নগ খোসা ছাড়ানো বাদাম নিয়ে সেগুলোকে পাথরের ওপরে ঘষে একটা বাটিতে রেখে নিন আর তাতে আন্দাজ মত 1 গ্রাম মিছরী আর 1 গ্রাম মধু মিশিয়ে চেটে নিন। দিনে দু বার সেবন করলে বল-বীর্য বৃদ্ধি পায়।
- তরমুজের বিচি 6 গ্রামকে 6 গ্রাম মিছরীর সঙ্গে মিশিয়ে-পিষে খেলে সম্ভোগ শক্তি বাড়ে।
- কলাইয়ের ডাল *(ধোওয়া)* 30 গ্রাম নিয়ে শিল-নোড়ায় মিহি করে পিষে 12 গ্রাম ঘি আর 6 গ্রাম মধু মিশিয়ে চাটুন। তারপর মিছরী মেশানো দুধ পান করুন *(যেসব ব্যক্তির কোষ্ঠকাঠিন্য আছে, তাঁরা এই প্রয়োগ করতে যাবেন না)*।
- অশ্বগন্ধ নাগৌরী 250 গ্রাম আর কালো তিল 250 গ্রাম নিয়ে কুটে-ছেঁকে আধ কিলো দেশী চিনির রস বানিয়ে তার সঙ্গে মিশিয়ে 10-10 গ্রামের লাড্ডু বানিয়ে নিন। একটা করে লাড্ডু দিনে দু বার গরুর দুধের সঙ্গে খান। 40 দিনের লাগাতার প্রয়োগে বল-বীর্য বৃদ্ধি পায় আর শরীর সুস্থ এবং কান্তিবান হয়ে ওঠে।
- অশ্বত্থ গাছের ছাল, ফল আর কচি পাতা 12-12 গ্রাম করে নিয়ে মোটা-মোটা করে কুটে নিন আর গরুর দুধে ভিজিয়ে দিন। তারপর সেটাকে ভালো করে ফোটান। গাঢ় হয়ে উঠলে ছেঁকে নিন আর 25 গ্রাম মধু মিশিয়ে পান করুন। এমনটা 3-4 মাস পর্যন্ত করুন। এটা এক অত্যন্ত শক্তিবর্ধক যোগ।

- দেশী ঘিয়ে পানিফলের হালুয়া বানিয়ে শীতকালে প্রতি দিন 50 গ্রাম করে খান। বীর্য গাঢ় হবে আর পুরুষত্ব শক্তি বৃদ্ধি পাবে।
- খাঁটি সিদ্ধি, কৌঞ্চের বীজ, গোরখমুণ্ডী, শতাবর, শুকনো আদা, বিদারীকন্দ এবং নেগদ্ধ বীজ – সব কিছু 25-25 গ্রাম নিয়ে কুটে-কাপড়ে ছেঁকে নিন এবং তাতে 250 গ্রাম মিছরী পিষে মিশিয়ে দিন। তারপর কাঁচের শিশিতে ভরে রেখে নিন। 6 গ্রাম *(এক চামচ)* চূর্ণ নিয়ে ঘিয়ের সঙ্গে মিশিয়ে চাটুন। তারপর এক গ্লাস মিস্টি গুনগুনা গরম দুধ পান করুন। এই প্রয়োগ বল, বীর্য আর স্তম্ভন শক্তি বৃদ্ধি করে।
- কৌঞ্চের বীজ, শাঁঠী চাল আর মূলেঠী – সব কিছু সমান মাত্রায় নিয়ে চূর্ণ তৈরী করুন। তাতে কিছুটা ঘি আর মধু মিশিয়ে চাটুন *(ঘি আর মধুর মাত্রা যেন এক সমান না হয়)*। **মাত্রা ঃ** 6 গ্রাম।
- মূলেঠীর চূর্ণ 10 গ্রাম, ঘি 3 গ্রাম, মধু 6 গ্রাম – সব কিছুকে মিশিয়ে চাটলে আর তারপর 250 গ্রাম মিস্টি গুনগুনা গরম দুধ পান করলে বীর্য গাঢ় হয় এবং পুরুষত্ব শক্তি বৃদ্ধি পায়।

ধাতু রোগ

সামগ্রী ঃ অশ্বগন্ধ নাগৌরী, শুকনো আদা, চিনি – সব কিছু সমান মাত্রায়।

বিধি ঃ অশ্বগন্ধ নাগৌরী আর শুকনো আদাকে কুটে কাপড়ে ছেঁকে নিন আর সেটার সমান মাত্রায় ঘি কড়ায় রেখে ভাজুন আর ঘিয়ের দ্বিগুণ মাত্রায় চিনি মিশিয়ে নাড়তে থাকুন। জল পুড়ে গেলে আঁচ থেকে নামিয়ে এনে ঠাণ্ডা করে 1-1 তোলার লাড্ডু বানিয়ে নিন।

প্রয়োগ ঃ একটা করে লাড্ডু সকাল-সন্ধ্যায় গরুর দুধের সঙ্গে খান।

গুণ ঃ এর প্রয়োগে কোমর আর হাত-পায়ের যন্ত্রণা আর ধাতু দৌর্বল্য ঠিক হয়ে শরীরে পর্যাপ্ত মাত্রায় বল-বীর্য বৃদ্ধি পায়।

বীর্য স্তম্ভক যোগ

সামগ্রী ঃ অকরকরা, কাবাব চিনি, জায়ফল, বীজকন্দ এবং আফিম – সব কিছু সমান মাত্রায়।

বিধি ঃ অকরকরা, কাবাব চিনি, জায়ফল আর বীজকন্দকে কুটে কাপড়ে ছেঁকে নিন আর আফিমকে ফুটিয়ে কিমাম তৈরী করে নিন আর ঔষধির সঙ্গে মিশিয়ে 1 গ্রামের গুলি বানিয়ে নিন।

প্রয়োগ ঃ সম্ভোগে লিপ্ত হবার আধ ঘন্টা আগে পানের মধ্যে

একটা গুলি রেখে খান।

গুণ ঃ আপনি যতক্ষন না টক কিছু খাচ্ছেন, ততক্ষন পর্যন্ত আপনার বীর্য স্খলিত হবে না।

পুরুষত্ব শক্তির জন্য ফঁকী পুষ্টাবর

সালব মিছরী পাঞ্জাওয়ালা, সাদা মুসলী, কালো মুসলী, শতাবর, সালবগট্ঠা, লাল বাহমন, সাদা বাহমন, শকাকল মিছরী, দারচিনি, তবাশীর, মস্তগী রুমী, কমরকস, তালমাখানা, অকরকরা, খুলঞ্জা, গঁদ, কীকর, পানিফল, বীজবন্দ, অশ্বগন্ধ, বিদারীকন্দ, ছোট এলাচ – সব কিছু 25 গ্রাম... তরুমেরিহা, খুরাসানী আজওয়াইন 10-10 গ্রাম আর কুঞ্জা মিছরী 300 গ্রাম – সব কিছুকে মিহি করে পিষে 6-6 গ্রাম সকাল-সন্ধ্যায় দুধের সঙ্গে নিন। আচার, আখ আর ভাত খাবেন না।

শক্তিবর্ধক পায়েস

সামগ্রী ঃ সালব মিছরী পাঞ্জাওয়ালা 3 গ্রাম, সাদা মুসলী 3 গ্রাম আর শতাবর 3 গ্রাম নিয়ে সব কিছুকে মিহি করে পিষে ছেঁকে নিন।

বিধি ঃ 400 গ্রাম দুধ আঁচের ওপরে রেখে ফোটান আর তাতে 9 গ্রাম ওষুধ ঢেলে চামচ দিয়ে নাড়তে থাকুন। যখন দুধ গাঢ় হয়ে আসবে, তখন কিছুটা দেশী চিনি মিশিয়ে দিনে দু বার – সকালে আর রাতে ঘুমোবার সময় 20 দিন পর্যন্ত খান। টক খাবেন না। এটা হল এক মাত্রা।

লাভ ঃ কোমর যন্ত্রণা, ক্লান্তি; দুর্বলতাকে দূর করে শক্তি বৃদ্ধি করে। একবার অতি অবশ্যই পরীক্ষা করে দেখুন।

শক্তিবর্ধক লাড্ডু

সামগ্রী ঃ গমের আটা 1 কিলো, দেশী ঘি 1 কিলো, মেওয়া আধ কিলো, চিনি 1.5 কিলো, কীকরের ভালো গঁদ 150 গ্রাম, সালব মিছরী পাঞ্জাওয়ালা, সাদা মুসলী, পেস্তা, বাদাম, চিলগোজা – সব কিছু 100-100 গ্রাম, ভালো কেশর 3 গ্রাম *(কেশর আর মেওয়াকে বাদ দিয়ে বাকী সব কিছুকে কুটে-ছেঁকে মিহি চূর্ণ বানিয়ে নিন)*।

বিধি ঃ প্রথমে আটাকে ঘি দিয়ে মেখে নিন। তারপর তাতে ভাজা মেওয়া মিশিয়ে আঁচ থেকে নামিয়ে আনুন আর বাকী সব তৈরী ওষুধ মিশিয়ে একটু-একটু নাড়াতে থাকুন। মেওয়া মিশিয়ে দিন। এক কাপ দুধ নিয়ে কেশরকে তাতে ভিজিয়ে ঘষতে থাকুন... যাতে সব কিছু গুলে যায় আর কোন দানা না থাকে। মিশ্রণ তৈরী হলে সেটাও মিশিয়ে দিন আর এবার

চিনি মিশিয়ে দিন। হাল্কা-হাল্কা নাড়তে থাকুন। এবার আন্দাজ মত 60-60 গ্রামের লাড্ডু বানিয়ে নিন। 1-1 লাড্ডু সকাল-সন্ধ্যায় দুধের সঙ্গে নিন *(এই প্রয়োগ শুধুমাত্র শীতকালেই পরীক্ষা করে দেখুন। যদি পেটে কোষ্ঠকাঠিন্য থাকে, তাহলে প্রথমে কোষ্ঠকাঠিন্য দূর করুন)*।

পুরুষদের জন্য শক্তিবর্ধক যোগ

- বাবলা গাছ সব জায়গাতেই দেখতে পাওয়া যায়। এই গাছের ডাল, পাতা আর গঁদ – এই তিনটে জিনিষকে শুকিয়ে আলাদা-আলাদা করে কুটে-পিষে নিন আর সমান ওজনে নিয়ে এক সঙ্গে মিশিয়ে শিশিতে ভরে রেখে নিন। 1-1 চামচ *(প্রায় 5 গ্রাম)* চূর্ণ সকাল-সন্ধ্যা মিছরী মেশানো এক গ্লাস দুধের সঙ্গে নিয়মিত রূপে 2 মাস পর্যন্ত সেবন করলে শরীর পুষ্ট আর বলবান হয়ে ওঠে, বীর্য শুদ্ধ আর গাঢ় হয়, স্বপ্নদোষ আর শীঘ্রপতন রোগ দূর হয়।
- অশ্বগন্ধ নাগৌরী আর বিধারা – এই দুটো জিনিষকে আলাদা-আলাদা কুটে-পিষে মিহি চূর্ণ করে নিন আর সমান মাত্রায় মিশিয়ে নিন। এই চূর্ণ 1-1 চামচ সকাল-সন্ধ্যা মিছরী মেশানো এক গ্লাস দুধের সঙ্গে নিয়মিত রূপে 2 মাস পর্যন্ত সেবন করলে শরীরে বল-বীর্য যথেস্ট মাত্রায় বেড়ে ওঠে, যৌন শক্তি বৃদ্ধি পায় এবং সকল প্রকারের দুর্বলতাও দূর হয়। বিদ্যার্থীদের জন্যও এই প্রয়োগ উপযোগী প্রমাণিত হয়।
- যেসব ব্যক্তিদের গরু আছে আর প্রথম বার বাছুরের জন্ম দিয়েছে বা সেই বাছুর 2-3 মাসের হয়ে পড়েছে... এমন গরুর চারায় প্রতি দিন 200 গ্রাম কলাইয়ের আটা ভালো করে মিশিয়ে খাওয়ানো উচিত। এই প্রকার গরুর এক গ্লাস দুধে মিছরী মিশিয়ে প্রতি দিন রাতে ঘুমোবার আগে পান করা উচিত। এই দুধ অত্যন্ত শক্তিবর্ধক, পৌষ্টিক এবং যৌন শক্তিবর্ধক হয়।
- 2 চামচ কলাই প্রতি দিন রাতে জলে ভিজিয়ে রাখুন। পরের দিন সকালে সেটার খোসা ছাড়িয়ে পিষে নিন আর একটু ঘিয়ে সেঁকে নিয়ে 2 কাপ দুধে ফেলে ভালো করে ফোটান। এই ভাবে পায়েস বানিয়ে সকালবেলা দু মাস পর্যন্ত সেবন করুন। এতে চিনি মেশানোর প্রয়োজন হয় না... এজন্য ডায়াবেটিজের রোগীও এই পায়েসের সেবন করতে পারেন। যাঁরা চিনি মেশাতে চাইবেন, তাঁরা মেশাতে পারেন। এই প্রয়োগ অত্যন্ত শক্তিবর্ধক হয় এবং সকল প্রকারের দুর্বলতা আর যৌন বিকারকে দূর করে।

- শতাবর আর মূলেঠী – এই দুটোকে সমান মাত্রায় মিশিয়ে নিন। এক চামচ চূর্ণ মধুর সঙ্গে মিশিয়ে চেটে নিন আর তারপর মিছরী মেশানো 1 গ্লাস ঠাণ্ডা দুধ পান করুন। এই প্রয়োগ বাচ্চাকে স্তন্যপান করাতে থাকা মাতা, দুর্বল শরীরের মহিলা, মূত্র বিকার আর সোম-রোগে গ্রস্ত মহিলাদের জন্য অত্যন্ত গুণকারী হয়। এই প্রয়োগের সেবন লাগাতার করতে থাকলে শরীর সুস্থ, পুষ্ট এবং সুডৌল হয়ে ওঠে। এই প্রয়োগ যে কোন রোগা-পাতলা বা দুর্বল স্ত্রী করতে পারেন আর নিজের শরীরকে পুষ্ট করে তুলতে পারেন।

মহিলাদের জন্য ঘরোয়া যোগ

মহিলাদের শরীর, স্বাস্থ্য আর সৌন্দর্যের যদি কোন শত্রু রোগ থাকে, তাহলে সেটা হচ্ছে প্রদর... তা সেই প্রদর যে প্রকারেরই হোক্ না কেন। প্রদরের মধ্যেও আবার রক্ত প্রদর হচ্ছে পরম শত্রু রোগ। ঈশ্বর মহিলাদের শরীরের রচনাই এমন ভাবে করেছেন যে, যদি কোন রোগ, চিন্তা বা শোক কোন মহিলার না থাকে... তাহলে তাঁর শরীর স্বাভাবিক রূপে সুস্থ, শক্তিশালী আর সুডৌল হয়ে থাকে। সেই মহিলার পুরুষের মত পৌষ্টিক আর শক্তিবর্ধক প্রয়োগের সেবন করার কোন প্রয়োজনই পড়ে না। প্রদর হচ্ছে এমন এক রোগ, যেটা মহিলাদের শরীরকে নিংড়ে রেখে দেয়। গ্রামীণ মহিলাদের জন্য, উপযোগে সরল আর প্রভাবে অত্যন্ত গুণকারী, কিছু প্রদর রোগনাশক পরীক্ষিত প্রয়োগ এখানে উল্লেখ করা হল।

- কলা গাছ সব জায়গাতেই দেখতে পাওয়া যায়। সুতরাং এই গাছের পাতাও সহজেই পাওয়া যায়। একটা কলা পাতা পরিস্কার জল দিয়ে ধুয়ে সাফ করে নিন আর টুকরো করে মোটা-মোটা করে পিষে দুধে ফেলে ভালো করে ফোটান... যেমন করে পায়েস রান্না করা হয়। এই পায়েস 3-4 দিন খেলে প্রদর রোগে লাভ হয়।
- কথীরিয়া গঁদ বাজার থেকে কিনে নিয়ে আসুন আর 10 গ্রাম গঁদ রাতে 1 কাপ জলে ভিজিয়ে রেখে দিন। পরের দিন সকালে তাতে 10 গ্রাম পেষা মিছরী মিশিয়ে পান করুন। এতে পিত্ত আর গরমের কারণে উৎপন্ন প্রদর রোগে অবশ্যই আরাম হয়।
- তুলো সব ক্ষেতেই উৎপন্ন হয়। এর শেকড়ের টুকরো নিয়ে এসে ভাতের মাড়ের সঙ্গে পিষে ছেঁকে নিন। এক কাপ মাত্রায় প্রতি দিন পান করলে কফজনিত *(কফের প্রকোপের কারণে উৎপন্ন)* প্রদর রোগে লাভ পাওয়া যায়।
- মূলেঠী আর পাঠানী লোধ – এই দুটো জিনিষের চূর্ণ

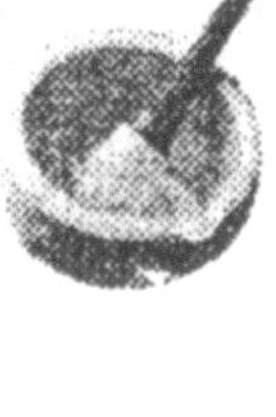

সমান মাত্রায় মিশিয়ে নিন। এই চূর্ণ 1 চামচ আর 1 চামচ পেষা মিছরী মিশিয়ে গিলে নিন আর তারপর এক কাপ ভাতের মাড় পান করুন। এই প্রয়োগে রক্ত প্রদর রোগে লাভ প্রাপ্ত হয়।

মহিলাদের জন্য ঘরোয়া যোগ

মেথী পাক

বাত প্রকোপের কারণে হওয়া বিভিন্ন ব্যাধিকে নষ্ট করতে মেথী অত্যন্ত গুণকারী হয়। বৈজ্ঞানিকরা মেথীর ওপরে প্রচুর অনুসন্ধান করে একে হৃদয় রোগীদের পক্ষেও গুণকারী দেখতে পেয়েছেন। এর পাকে যেহেতু ঘি আর দুধের উপযোগ বিশেষ মাত্রায় করা হয় না... সেহেতু কফ প্রকৃতির আর স্থূলকায় *(মোটা)* স্ত্রী-পুরুষেরাও নিঃশঙ্ক হয়ে এই পাকের প্রয়োগ করতে পারেন। মেথী আর অশ্বগন্ধ স্বাদে কষা হয়। যদি এগুলোকে কিছুটা ঘিয়ে ভেজে নেওয়া হয়, তাহলে এগুলোর কষা ভাব অনেকটাই কমে আসে।

সামগ্রী ঃ মেথী দানা 250 গ্রাম, খোপরা 125 গ্রাম, অশ্বগন্ধ 125 গ্রাম, পানিফল 125 গ্রাম, বাবলা গাছের আঠা 125 গ্রাম, কালো জিরা 10 গ্রাম, জায়ফল 5 গ্রাম, জয়েত্রী 5 গ্রাম এবং শুকনো আদা, গোলমরিচ, পীপল, তেজপাতা, লবঙ্গ, কাঁচা এলাচ আর দারচিনি – সব কিছু 10-10 গ্রাম, চিনি 1 কিলো।

বিধি ঃ খোপরাকে পিষে নিন। পানিফল, অশ্বগন্ধ আর বাবলা গাছের আঠাকে আলাদা-আলাদা খুব মিহি করে পিষে নিন আর মৃদু আঁচে কিছুটা ঘিয়ে ভালো করে ভেজে রেখে নিন। বাকী সব জিনিষকেও ভালো করে কুটে-পিষে মিহি চূর্ণ বানিয়ে নিন। আবশ্যকতা অনুসারে চিনির রস তৈরী করে মেথী ইত্যাদির চূর্ণ চিনির রসে ফেলে আঁচ থেকে নামিয়ে নিন আর বাকী ঔষধির পেষা চূর্ণ তাতে ফেলে থালায় ছড়িয়ে দিন। জমে গেলে বরফীর মত কেটে নিন। এটা 50 গ্রাম মাত্রায় সকালবেলা ভালো করে চিবিয়ে-চিবিয়ে খান। যাঁরা এর পরে দুধ পান করতে চাইবেন, তাঁরা দুধও পান করতে পারেন।

পানিফল পাক

সামগ্রী ঃ পানিফল 500 গ্রাম, খৈরের আঠা 125 গ্রাম,

খোপরা 250 গ্রাম, ঘি 250 গ্রাম এবং লবঙ্গ, জায়ফল, জয়েত্রী, শুকনো আদা, সতুয়া, নাগকেশর, কাঁচা এলাচ – সব কিছু 10-10 গ্রাম, ভীমসেনী কর্পূর 2 গ্রাম, চিনি 1 কিলো।

বিধি ঃ পানিফল, খৈরের আট্টা আর খোপরাকে মিহি করে পিষে মিশিয়ে নিন এবং মৃদু আঁচে কিছুটা ঘিয়ে ভালো করে সেঁকে নিন। বাকী সব জিনিষ – লবঙ্গ ইত্যাদিকেও মিহি করে পিষে নিন। চিনির রস তৈরী করে তাতে সেঁকে নেওয়া চূর্ণ মিশিয়ে আঁচ থেকে নামিয়ে নিন আর বাকী ঔষধির পেষা চূর্ণ তাতে ফেলে থালায় ছড়িয়ে দিন। ঠাণ্ডা হয়ে এলে বরফীর মত কেটে নিন। এটা 25 থেকে 40 গ্রাম মাত্রায় বা নিজের পাচন শক্তি অনুসারে অনুকূল মাত্রায় সকালবেলা ভালো চিবিয়ে-চিবিয়ে খান। যাঁরা এর পরে দুধ পান করতে চাইবেন, তাঁরা দুধও পান করতে পারেন।

ওপরের দুটো প্রয়োগ শরীরকে বল-পুষ্টি প্রদান করা ছাড়াও বিভিন্ন ব্যাধি এবং খুশকী, প্রমেহ আর স্নায়বিক দুর্বলতাকে নস্ট করার এক উত্তম এবং নিরাপদ যোগ।

পৌষ্টিক পায়েস

এই যোগ ডায়াবেটিজের রোগীরাও প্রয়োগ করতে পারেন... কারণ এই যোগে চিনির উপযোগ করা হয় না। যদি কেউ মিস্টত্বের জন্য চিনি উপযোগ করতে চান, তাহলে করতে পারেন। এটা এক অত্যন্ত সরল আর সস্তা প্রয়োগ... কিন্তু এর লাভ অত্যন্ত বেশী হয়। নিজে একবার পরীক্ষা করে দেখে নিন।

20 গ্রাম খোসা ছাড়ানো কলাইয়ের ডাল রাতের বেলা জলে ভিজিয়ে দিন। পরের দিন সকালে সেই ডালকে শিল-নোড়ায় অথবা মিক্সীতে পিষে নিন আর খাঁটি ঘিয়ে ভালোমতন গোলাপী হয়ে ওঠা পর্যন্ত ভাজুন। শরীরকে সুস্হ আর শক্তিশালী করে তোলার জন্য এবং শরীরে রোগ প্রতিরোধক শক্তি বাড়িয়ে তোলার জন্য শীতকালে পৌষ্টিক এবং শক্তিবর্ধক যোগের প্রয়োগ অতি অবশ্যই করা উচিত।

□□

মহিলাদের রোগ

মাসিক ধর্ম চালু করার জন্য

- কলিহারীর শেকড়কে জলের সঙ্গে পিষে কপালে প্রলেপ করলে বন্ধ হয়ে পড়া মাসিক ধর্ম আবার একবার শুরু হয়ে পড়ে।
- লাল গুড়হলের ফলকে শরবতের সঙ্গে পিষে পান করলে বন্ধ হয়ে পড়া মাসিক ধর্ম শুরু হয়ে পড়ে।
- মূলো, গাজর আর মেথী দানা 1-1 ছটাক করে নিয়ে কুটে-পিষে-ছেঁকে রেখে নিন। এই চূর্ণ 25-30 গ্রাম মাত্রায় 4 চামচ অশোকারিস্টের সঙ্গে প্রতি দিন 2 মাস পান করান।

মাসিক ধর্মের অধিকতা

- 20 গ্রাম ধনেকে 200 গ্রাম জলে ফেলে ফোটান। জল 50 গ্রাম অবশিস্ট থেকে গেলে ছেঁকে পান করান। মাসিক ধর্মের অত্যধিক রক্তস্রাব বন্ধ হয়ে পড়বে।
- অশ্বগন্ধের চূর্ণ বানিয়ে রেখে নিন। 6 গ্রাম মাত্রায় চূর্ণ নিয়ে তার সঙ্গে সমান মাত্রায় মিছরী বা চিনি মিশিয়ে ঠাণ্ডা জলের সঙ্গে খান।
- রালের মিহি চূর্ণ বানিয়ে তাতে সমান মাত্রায় চিনি মিশিয়ে খান। এতে মাসিক ধর্মের অত্যধিক রক্তস্রাব বন্ধ হয়ে পড়ে।
- 10 গ্রাম সাদা কাশগরী আর 1 গ্রাম লাল গেরুকে ভালো করে মিশিয়ে শিশিতে ভরে রেখে নিন। আবশ্যকতা পড়লে স্ত্রীকে এই ঔষধি বাতাশার সঙ্গে খাওয়ান আর তারপর কিছুটা দুধ বা জল পান করতে দিন। এটা এক অব্যর্থ ঔষধি। তিন মাত্রার সেবনে অবশ্যই লাভ হবে।

প্রদর রোগ

ঝাল-মশলাদার, দাহকারক, অত্যধিক চর্বিযুক্ত ব্যঞ্জনের খুব বেশী

সেবন অথবা অতি মৈথুন, অতি কামুকতা, গর্ভপাত, শোক, ক্রোধ-ঈর্যা, চিন্তা ইত্যাদি থেকে উৎপন্ন মানসিক চাপের কারণে প্রদর রোগের সৃষ্টি হয়ে পড়ে। এই রোগ দু প্রকারের হয় – শ্বেত প্রদর এবং রক্ত প্রদর। এই রোগে নীচে উল্লেখিত চিকিৎসা লাভদায়ক প্রমাণিত হয় ঃ-

- আমলা চূর্ণ 3 গ্রাম নিয়ে 6 গ্রাম মধুর সঙ্গে মিশিয়ে প্রতি দিন একবার 30 দিন পর্যন্ত লাগাতার সেবন করলে শ্বেত প্রদরে লাভ হয় অথবা 20 গ্রাম আমলার রস মধুর সঙ্গে মিশিয়ে 30 দিন পর্যন্ত পান করলেও শ্বেত প্রদরে লাভ হয়।
- ছোলাকে পিষে তার সঙ্গে দেশী চিনি মিশিয়ে খান... তারপর দুধে দেশী ঘি মিশিয়ে পান করুন। শ্বেত প্রদর রোগে লাভ পাবেন।
- গরুর দুধে 25 গ্রাম অশোক গাছের ছালকে ফুটিয়ে তার সঙ্গে মিছরী মিশিয়ে সকাল-সন্ধ্যা কিছু দিন পর্যন্ত পান করলে রক্ত প্রদরে লাভ হয়।
- শুকনো পাকা গুলরের ফলকে পিষে-ছেঁকে চূর্ণ তৈরী করে নিন। এই চূর্ণে সমান মাত্রায় মিছরী মিশিয়ে সকাল-সন্ধ্যা জল বা দুধের সঙ্গে সেবন করলে সেটা রক্ত প্রদরকে নস্ট করে।
- ইঁদুরের মলকে নিয়ে মিহি করে পিষে নিন। তাতে সমান মাত্রায় পেষা মিছরী মিশিয়ে 6 গ্রাম মাত্রায় গরুর ঈষদোষ্ণ দুধের সঙ্গে নিলে প্রদর রোগ নস্ট হয়।
- জাম গাছের কচি তাজা ছাল ছায়ায় রেখে শুকিয়ে নিয়ে 4-4 গ্রাম সকাল-সন্ধ্যা ছাগলের দুধের সঙ্গে অথবা গরুর দুধের সঙ্গে নিলে প্রদর রোগে লাভ হয়।
- অশ্বত্থের পাকা ফলকে মিহি করে পিষে সমান মাত্রায় চিনি মিশিয়ে গরুর দুধের সঙ্গে স্ত্রীকে পান করান। এই প্রকার সেবন করলে প্রায় 10-15 দিনে প্রদর রোগ শেষ হয়ে পড়ে।

বন্ধ্যাত্ব

- মাসিক ধর্মের সময় তুলসীর বীজ চেবান বা ক্বাথ বানিয়ে পান করুন। নিশ্চিত রূপে গর্ভধারণ হবে।
- জায়ফলকে কুটে-ছেঁকে তাতে সমান মাত্রায় মিছরী মিশিয়ে নিন। মাসিক ধর্মের পরে তিন দিন পর্যন্ত লাগাতার হাতের পাতায় যতটা চূর্ণ ধরে, খান। পথ্যে শুধুমাত্র দুধ-ভাত নিন।
- সুপারী আর নাগকেশর – দুটোকে সমান মাত্রায় নিয়ে চূর্ণ বানিয়ে নিন। 3 থেকে 5 গ্রাম মাত্রায় জলের সঙ্গে নিন। গর্ভধারণ

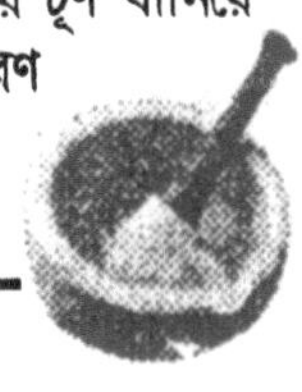

নিশ্চিত রূপে হবে।

- অশ্বত্থের জটাকে শুকিয়ে মিহি করে পিষে কাপড়ে ছেঁকে রেখে নিন আর তাতে সমান মাত্রায় কাঁচা দেশী চিনি মিশিয়ে ঋতুস্নান করার দিন থেকে 25 গ্রাম স্ত্রীকে আর 25 গ্রাম পুরুষকে 10 দিন পর্যন্ত খাওয়ান। 10 দিন ব্রহ্মচর্যের পালন করে একাদশ দিনে সহবাস করুন। অবশ্যই গর্ভধারণ হবে।
- পুত্রজীবক গাছের শেকড়কে দুধের সঙ্গে পিষে পান করলেও গর্ভধারণ হয়।

শিথিল স্তনের জন্য

কাঁচা বয়সেই মৈথুন ইত্যাদি ক্রিয়ায় অংশ নিতে লাগলে স্তন শিথিল হয়ে পড়ে শরীরকে বেডৌল করে তোলে। স্তন শিথিল হয়ে ঝুলে পড়তে লাগে। এর জন্য কাঁচা আমের আঁটিকে পিষে স্তনে কিছু দিন পর্যন্ত প্রলেপ করলে স্তন আবার একবার আগের মত সুডৌল হয়ে ওঠে। এর সাথে-সাথে কিছু দিন পর্যন্ত সুপারী পাকেরও সেবন করুন। কিছু দিনের ভেতরেই স্তন আগের মত সুদৃঢ় হয়ে উঠবে।

যোনি-সংকোচক যোগ

পতির সঙ্গে অতি সহবাসে লিপ্ত হলে, অপ্রাকৃতিক এবং অসুবিধাপূর্ণ আসনে অত্যন্ত জোরে-জোরে সহবাস করলে, খুব বেশী সন্তানের জন্ম দিলে এবং শরীর দুর্বল আর শিথিল হয়ে পড়ার কারণে স্ত্রীদের যোনি পথ শিথিল আর বিস্তীর্ণ হয়ে পড়ে... যার ফলে সহবাস করার সময় সুখ আর আনন্দের অনুভূতি হয় না। এমন পরিস্থিতিতে প্রায় ক্ষেত্রেই পতিরা সহবাসে আগ্রহ দেখান না আর কোন-কোন পতি পরস্ত্রী গমনও করেন। বিলাসী এবং রসিক স্বভাবের পতি বাড়ীর সুন্দরী চাকরাণীদের সঙ্গেই যৌন সম্পর্ক কায়েম করে নেন। এই ব্যাধিকে দূর করার জন্য নিম্নলিখিত উপায় উপযোগী এবং কার্যকরী প্রমাণিত হয় ঃ-

- সিদ্ধিকে কুটে-পিষে মিহি চূর্ণ করে নিন। এই চূর্ণকে 5-6 গ্রাম *(এক ছোট চামচ)* মাত্রায় কোন মিহি মলমলের পরিস্কার সাদা কাপড়ের ওপরে রেখে একটা ছোট্ট পুঁটলী তৈরী করে মজবুত সুতো দিয়ে বেঁধে দিন। সুতো লম্বা রাখবেন। রাতের বেলা সুতো ধরে টেনে পুঁটলীকে জলে ডুবিয়ে ভিজিয়ে নিন এবং যোনি পথে ভেতর পর্যন্ত ঢুকিয়ে রেখে দিন আর পরের দিন সকালে পুঁটলী বাইরে বার করে এনে ফেলে দিন। লাভ না হওয়া পর্যন্ত এই প্রয়োগ চালিয়ে যান।

- মাজুফলের চূর্ণ 30 গ্রাম এবং ফিটকিরী আর কর্পূর 3-3 গ্রাম নিয়ে পিষে সব কিছুকে এক সঙ্গে মিশিয়ে নিন। এটাকে ওপরে উল্লেখিত পুঁটলী বিধিতে রাতের বেলা যোনির ভেতরে ঢুকিয়ে রাখুন আর পরের দিন সকালে বার করে ফেলে দিন। এই দুটো প্রয়োগের মধ্যে যে কোন একটা প্রয়োগ কিছু দিন পর্যন্ত করে চললে যোনি সংকুচিত আর সুদৃঢ় হয়ে পড়ে।

গর্ভপাত থেকে সুরক্ষার জন্য

যেসব মহিলাদের বার-বার গর্ভপাত হয়ে পড়ে, সেই সব গর্ভবতী মহিলাদের এই জিনিষটার প্রতি পূর্ণ মনোযোগ দেওয়া উচিত যে, তাঁর এবং গর্ভস্থ শিশুর স্বাস্থ্য যেন ভালো থাকে। এর সাথে-সাথেই এই সতর্কতাও নেওয়া উচিত যে, এমন কোন কাজ যেন না করা হয়, যাতে গর্ভে ঝটকা লাগে, ধাক্কা লাগে বা গর্ভের কোন প্রকারের ক্ষতি হয়... যাতে গর্ভপাত হয়ে পড়ার মত পরিস্থিতির সৃষ্টি না হয়। গর্ভবতী মহিলাদের গর্ভধারণ করার সময় থেকেই *'নবমাস চিকিৎসা'*-র পালন করা শুরু করে দেওয়া উচিত। এর পালন করে নিম্নলিখিত সুরক্ষা উপায়গুলোর পালন প্রতি মাসে পুরো গর্ভকাল ধরে অত্যন্ত সাবধানতার সঙ্গে করা উচিত... যাতে গর্ভপাত হয়ে পড়ার মত পরিস্থিতিরই সৃষ্টি না হয়।

এমন মহিলাদের 4-5 মাস পর্যন্ত নিয়মিত রূপে নিম্নলিখিত ওষধিগুলোর সেবন করে গর্ভাশয়কে শক্তিশালী আর দোষমুক্ত করে তবেই গর্ভধারণ করা উচিত।

প্রাতঃকালে আরোগ্যবর্দ্ধিনী বিশেষ সংখ্যা 1 আর অশোক বটীর 2-2 গুলি জলের সঙ্গে খালি পেটে নিন। খাবার খাওয়ার এক ঘন্টা আগে 2 বড় চামচ টনিক এফ-22 আধ কাপ জলে ঢেলে সেবন করুন। খাবার খেয়ে উঠে আধ কাপ জলে অশোকারিস্ট, দশমূলারিস্ট আর সুন্দরী সঞ্জীবনী – এই তিনটে 2-2 চামচ পান করুন। এই চারটে ওষুধ রাতেও এই ভাবে সেবন করুন। রাতে ঘুমোবার সময় এক গ্লাস গুনগুনা গরম আর মিস্টি দুধের সঙ্গে সকালে সেবন করা 2-2 গুলি নিন। এমন মহিলাদের মাসিক ঋতুস্রাব হওয়ার দিনগুলোয় পূর্ণ বিশ্রাম নেওয়া উচিত। ওনাদের শারীরিক পরিশ্রম এড়িয়ে চলা উচিত আর তীব্র ঝাল-মশলাদার আর গরম প্রকৃতির খাদ্য পদার্থের সেবন করা উচিত নয়।

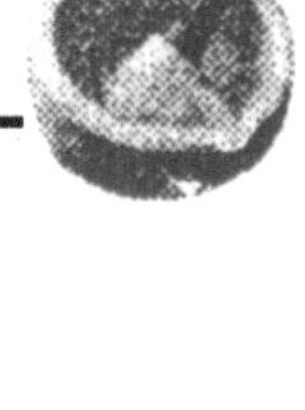

গর্ভধারণ করামাত্র প্রথম মাসে যদি পেটে যন্ত্রণা হতে থাকে, তাহলে পদমাখ, খস, লাল চন্দন – খুব মিহি করে পিষে, আধ চামচ চূর্ণ গরুর দুধের সঙ্গে সকাল-সন্ধ্যা সেবন করুন।

অথবা মূলেঠী, দেবদারু আর ক্ষীরকাকোলী – এই তিনটেকে সমান মাত্রায় নিয়ে কুটে-পিষে মিহি চূর্ণ করে নিন আর সকাল-সন্ধ্যা 2-2 রত্তি মাত্রায় এই চূর্ণ দুধের সঙ্গে নিন। এই দুটোর মধ্যে যে কোন একটা উপায় গর্ভের প্রথম মাসে করুন।

দ্বিতীয় মাস শুরু হতেই নীল কমলের শেকড়, মূলেঠী, কাঁকড়াসিঙ্গী – এই তিনটেকে সমান মাত্রায় নিয়ে পিষে নিন আর মিহি চূর্ণ করে নিন। এই চূর্ণ 2-2 রত্তি মাত্রায় দুধের সঙ্গে নিলে যন্ত্রণা শান্ত হয়ে গর্ভাশয় শক্তিশালী হয়ে ওঠে... যার ফলে গর্ভপাত হয়ে পড়ার ভয় থাকে না।

অথবা কালো তিল, শতাবর, মজীঠ, অশ্বত্থ গাছের ছাল – সব কিছু সমান মাত্রায় নিয়ে কুটে-পিষে মিহি চূর্ণ করে নিন আর তাতে চূর্ণের সমান মাত্রায় পেষা মিছরী মিশিয়ে দিন। এবার এই চূর্ণ সকাল-সন্ধ্যা দুধের সঙ্গে পুরো মাস নিন। এতে গর্ভপাত হওয়ার আশংকা শেষ হয়ে পড়ে।

তৃতীয় মাস শুরু হতেই কমলের শেকড়, কমল কেশর, চন্দন, কুঠ, তগর – সব কিছুকে 10-10 গ্রাম করে নিয়ে কুটে-পিষে মিহি চূর্ণ করে নিন। এই চূর্ণ আধ চামচ মাত্রায় নিয়ে এক কাপ জলে গুলে পান করুন।

অথবা ক্ষীর কাকোলী এবং সুগন্ধ বালা – এই দুটোকে পিষে, আধ চামচ মাত্রায় নিয়ে এক কাপ জলে গুলে পান করুন।

চতুর্থ মাস শুরু হতেই নীল কমলের শেকড়, সবুজ গোখরু, কসেরুর ছাল – এই সব কিছুকে সমান মাত্রায় নিয়ে পিষে, কাপড়ে ছেঁকে মিহি চূর্ণ করে নিন। দুধের সঙ্গে এক চামচ চূর্ণ সকাল-সন্ধ্যা নিন।

অথবা মূলেঠী, শ্যামল, ব্রহ্মদণ্ডী, অনন্ত মূল – সব কিছু সমান মাত্রায় নিয়ে কুটে-পিষে চূর্ণ করে নিন এবং উপরোক্ত বিধিতে সকাল-সন্ধ্যা সেবন করুন।

পঞ্চম আর ষষ্ঠ মাসে যদি যন্ত্রণা হতে থাকে আর গর্ভপাত হওয়ার আশংকা থাকে, তাহলে মিছরীর সঙ্গে পাকা ক্যাথ *(কবীট)*-য়ের শাঁস জলে গুলে পান করুন।

অথবা গোখরু, মূলেঠী, খরেন্টী, সহিজন – সব কিছু সমান মাত্রায় নিয়ে কুটে-পিষে 1-1 চামচ চূর্ণ দুধের সঙ্গে নিন।

গর্ভের সপ্তম মাসে যদি যন্ত্রণা হতে থাকে, তাহলে কসেরু, পুস্কর মূল, পানিফল, নীলোফর – সব কিছু সমান মাত্রায় নিয়ে কুটে-পিষে, আধ চামচ চূর্ণ সকাল-সন্ধ্যা দুধের সঙ্গে নিন।

অথবা দুটো মুনক্কা, মূলেঠী, কসেরু, কমলের শেকড় – সব কিছুর মিহি চূর্ণ করে উপরোক্ত বিধিতে দুধের সঙ্গে সকাল-সন্ধ্যা সেবন করুন।

অস্টম মাসে কস্ট হলে মূলেঠী, পদ্মাখ, নাগরমোথা, কেশর, গজপীপল, নীলোৎপল – সব কিছু সমান মাত্রায় নিয়ে পিষে উপরোক্ত বিধি এবং মাত্রা অনুসারে দুধের সঙ্গে নিন।

অথবা বেলের শেকড়কে দুধের সঙ্গে শিল-নোড়ায় পিষে 1-2 চামচ প্রলেপ তৈরী করে 2 চামচ দুধ মিশিয়ে সকাল-সন্ধ্যা সেবন করুন।

গর্ভের নবম মাসে ক্ষীর কাকোলীর চূর্ণ আধ চামচ মধুর সঙ্গে সকাল-সন্ধ্যা চেটে সেবন করুন।

নোট ঃ যদি গর্ভবতী মহিলা গর্ভের তৃতীয় মাস শুরু হওয়ার পরে সোমকল্যাণ ঘৃতের সেবন শুরু করে অস্টম মাস পূর্ণ হওয়া পর্যন্ত সেবন করে চলেন, তাহলে তিনি গর্ভস্রাব বা গর্ভপাতের থেকে সুরক্ষা প্রাপ্ত করে নেন।

স্তনের রোগ

01. বট গাছের জটা আর লাল প্রান্তকে শুকিয়ে জলের সঙ্গে পিষে প্রলেপ করুন। স্তন সুদৃঢ় হয়ে উঠবে।
02. শতাবরকে মিহি করে পিষে সেবন করলে স্তনে দুধের বৃদ্ধি হয়।
03. সর্ষের খলিকে জলে পিষে প্রলেপ করলে স্তনের রোগ দূর হয়।
04. স্তন পেকে ওঠা রোগ হয়ে পড়লে নিমের নিম্বোলীর তেল মালিশ করলে সেই রোগ ঠিক হয়ে পড়ে।
05. হলুদ আর ঘিগব্যারের শেকড়কে পিষে স্তনে লাগালে স্তনের রোগ দূর হয়।
06. ইন্দ্রায়নের শেকড়কে ষাঁড়ের প্রস্রাব অথবা জলে ঘষে প্রলেপ করলে স্তনের ফোলা এবং স্তনের যন্ত্রণা দূর হয়।
05. কাঁচা আমের আঁটিকে ঘষে স্তনে প্রলেপ করলে স্তন সুদৃঢ় হয়ে ওঠে।

স্তনের দুধ বৃদ্ধির জন্য

01. সাদা জিরার চূর্ণ বানিয়ে, 6 গ্রাম মাত্রায় দুধের সঙ্গে মিশিয়ে পান করলে স্তনে দুধের মাত্রা বাড়ে।
02. কমলগট্টার আঁটির চূর্ণ দুধ-দইয়ের সঙ্গে খেলে স্তনে দুধের মাত্রা বেড়ে ওঠে।
03. কাঁচা পেঁপের সব্জী খেলে এবং পাকা পেঁপে খেলেও স্তনে দুধের মাত্রা বাড়ে।
04. সাদা জিরাকে ঘিয়ে সেঁকে তাতে সমান মাত্রায় মিছরী

মিশিয়ে নিন। এক চামচ মাত্রায় সকাল-সন্ধ্যা দুধের সঙ্গে সেবন করুন। যেসব মায়েদের বাচ্চাদের দুধ পান করাবার সময় নিজেদের স্তনে দুধের অভাব পরিলক্ষিত হয়, এই প্রয়োগে তাঁদের স্তনের দুধ বেড়ে ওঠে।

গর্ভ নিরোধ

- মাসিক ধর্ম নিবৃত্তির পরে তিন দিন পর্যন্ত এক কাপ তুলসীর ক্বাথ পান করলে গর্ভধারণ হয় না আর কোন প্রকারের ক্ষতিকারক প্রভাবও হয় না। তুলসীর 10-15 পাতা নিয়ে সেগুলোকে 2 কাপ জলে ফোটান। জল এক কাপ অবশিষ্ট থেকে গেলে আঁচ থেকে নামিয়ে আনুন।
- হলুদের গাঁটকে পিষে কাপড়ে ছেঁকে রেখে নিন। মাসিক ধর্মের পঞ্চম দিন 3 গ্রাম *(আধ চামচ)* মাত্রায় সকাল-সন্ধ্যা তাজা জলের সঙ্গে নিন। তিন দিন পর্যন্ত লাগাতার প্রতি মাসে নিতে থাকলে গর্ভধারণ হওয়ার ভয় থাকে না *(এক সপ্তাহ বিছানায় ঘুমোবেন না)*।
- অরণ্ডের বীজকে ছিলে মাসিক ধর্মের পঞ্চম দিন একটা বীজ সকালবেলা বাসী মুখে তাজা জলের সঙ্গে নিন। এক বছর পর্যন্ত গর্ভধারণ হবে না।
- 2 গ্রাম ফিটকিরীকে ময়দার মত মিহি করে পিষে নিন আর তাতে 12 গ্রাম সাদা ভেসলীন মিশিয়ে ভালো করে মিশিয়ে নিন। সম্ভোগে লিপ্ত হওয়ার আগে সেটাকে গুপ্তাঙ্গে লাগিয়ে নিন। এই প্রয়োগে 80 শতাংশ পর্যন্ত সফলতা পাওয়া যায়।
- সম্ভোগে লিপ্ত হওয়ার আগে তুলোর সলতে বানিয়ে সেটা ক্যাস্টর অয়েলে ভিজিয়ে যোনিতে ভালো করে বুলিয়ে দিন। গর্ভধারণ হবে না। এটা 100 শতাংশ সফল প্রয়োগ।
- বাবলা গাছের ফুল ঋতুকালে গরুর দুধের সঙ্গে পান করলে গর্ভধারণ হয়ে পড়ার ভয় থাকে না।

❑❑

বাচ্চাদের রোগ

শিশুদের রোগাপণ

সামগ্রী ঃ খাবার চুন 250 গ্রাম, পরিস্কার তাজা জল 3 লিটার, মাটির একটা হাঁড়ি... যাতে 4 লিটার জল ধরতে পারে।

বিধি ঃ হাঁড়িতে 3 লিটার জল ঢেলে তাতে 250 গ্রাম চুন ফেলে দিন। তিন দিন পর্যন্ত হাঁড়ি ঢাকনা দিয়ে ঢেকে রাখুন আর প্রতি দিন 4-6 বার কাঠের হাতা দিয়ে ভালো করে নাড়তে থাকুন। চতুর্থ দিন হাঁড়ির ওপরের দিকের পরিস্কার জল, না নেড়ে থিতিয়ে নিন আর মলমলের কোন পরিস্কার-সাদা কাপড়কে চার ভাঁজে মুড়ে সেই কাপড় দিয়ে জল ছেঁকে কোন কাঁচের জারে ভরে রেখে নিন। এই জল এক মাস পর্যন্ত খারাপ হবে না। এক মাস পরে নতুন করে জল তৈরী করে নিন।

সেবন বিধি আর লাভ ঃ

এক বছরের শিশুদের আধ চামচ, দু বছরের শিশুদের দু চামচ আর এই ভাবে বয়স অনুসারে উপযুক্ত মাত্রায়, ফুটিয়ে ঠাণ্ডা করে নেওয়া মিস্টি দুধ তিন গুণ মাত্রায় নিয়ে চুনের জলের সঙ্গে মিশিয়ে দিনে তিন বার পান করানো উচিত। এটা বাচ্চাদের রিকেট *(Ricket)* রোগেও ভালো কাজ দেয়। বাচ্চাদের দাঁত বেরোবার সময় এর সেবন অত্যন্ত উপযোগী হয়। এই চুনের জল আর দুধের সেবন বড়রাও করতে পারেন।

তোতলানো

- বাচ্চা যদি প্রতি দিন একটা করে তাজা কচি আমলা কিছু দিন পর্যন্ত চিবোয়, তাহলে তার তোতলানো দূর হয়ে পড়ে। জিভ পাতলা আর কণ্ঠস্বরও পরিস্কার হয়ে পড়ে। মুখের ভেতরের উষ্ণতাও দূর হয়।

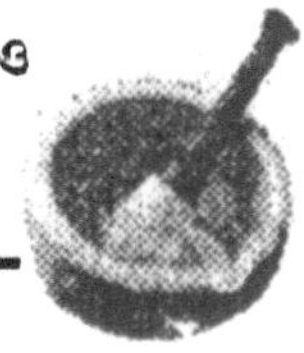

- বাদাম 7 আর গোলমরিচ 7 – এই দুটোকে কয়েক ফোটা জলে ঘষে চাটনীর মত বানিয়ে নিন আর তাতে কিছুটা মিছরী মিশিয়ে চাটান। প্রাতঃকালে খালি পেটে এমনটা 15 দিন পর্যন্ত করুন। বাচ্চাদের তোতলানো দূর হয়ে পড়বে।
- প্রাতঃকালে মাখনে গোলমরিচের চূর্ণ মিশিয়ে খেলে কিছু দিনের ভেতরেই তোতলানো দূর হয়ে পড়ে।
- তেজপাতাকে জিভের নীচে রাখলে কথা বলার সময় আটকে যাওয়া আর তোতলানো ঠিক হয়ে পড়ে।
- ফোলানো সুহাগাকে মধুর সঙ্গে মিশিয়ে জিভের ওপরে রগড়ালে তোতলানো ঠিক হয়ে পড়ে।
- মিস্টি বচ, মিস্টি কুট, অশ্বগন্ধ আর ছোট পীপলকে সমান মাত্রায় মিশিয়ে চূর্ণ বানিয়ে নিন। প্রতি দিন 1 গ্রাম চূর্ণ মধুর সঙ্গে মিশিয়ে চাটলে কণ্ঠস্বর পরিস্কার হয় আর তোতলানোও দূর হয়।
- কচি ধনেপাতা আর অমলতাসের শাঁসকে জলে পিযে সেই জল দিয়ে 21 দিন পর্যন্ত লাগাতার কুলকুচি করলে জিভ পাতলা হয়ে তোতলানো দূর হয়।

বাচ্চাদের কাশির ওষুধ

ছোট পীপলের মিহি চূর্ণ মধুর সঙ্গে মিশিয়ে চাটালে বাচ্চাদের জ্বর, তিল্লী, পেট ফাঁপা, হেঁচকি ওঠা বন্ধ হয়ে পড়ে অথবা ঝণ্ডুর তৈরী শৃঙ্গ্যাদি চূর্ণ মধুর সঙ্গে চাটান।

হাজার ওষুধ

সলকে তিল তেলে পিযে লাগালে হাত-পায়ের হাজা ঠিক হয় অথবা ভেসলীনও মালিশ করতে পারেন।

নহরবার ওষুধ

বাবলার বীজ গরুর দুধের সঙ্গে পিযে লাগান।

কামলার ওষুধ

ছোট দুধী আর গোলমরিচ গরুর দুধের সঙ্গে পান করুন।

নিম পাতার রস 1 তোলা নিয়ে 1 তোলা মধুর সঙ্গে মিশিয়ে দিনে দু বার সেবন করুন।

প্রস্রাব বন্ধ হয়ে পড়ার ওষুধ

বাঁসা আর অরণ্ডকে ঘিয়ের সঙ্গে মিশিয়ে সেবন করলে বন্ধ হয়ে পড়া প্রস্রাব আবার হতে লাগবে।

বহুমূত্রের ওষুধ

3 তোলা মিছরী, 4 তোলা শুকনো আদা, 3-4 গোলমরিচ নিয়ে 4 তোলা ঘিয়ের সঙ্গে মিশিয়ে খান।

❑❑

বিষ চিকিৎসা

ধতুরা বিষ চিকিৎসা

- 12 গ্রাম বনফশা গরুর দুধ অথবা জলে পিষে-ছেঁকে 1-2 ঘন্টা পরে-পরে দিন।
- বেগুনকে টুকরো-টুকরো করে কেটে গরুর দুধে ফুটিয়ে পান করলেও ধতুরার বিষ নেমে যায়।

শংখিয়া বিষ

- 25 থেকে 35 গ্রাম পাপড়ি খয়েরকে জলে গুলে পান করালে বিষ নেমে যায়। পাপড়ি খয়ের পেটে পৌঁছনো মাত্রই শংখিয়া বিষের প্রভাবকে নস্ট করে বমি নিয়ে আসে আর বমির সাথে-সাথে বিষও বেরিয়ে যায়।
- নিম পাতার রস পান করালেও শংখিয়া বিষের প্রভাব নস্ট হয়ে পড়ে।
- গোলমরিচের চূর্ণ 6 গ্রাম আর গরুর দুধের ঘি 25 গ্রাম নিন। প্রথমে ঘি গরম করে তাতে গোলমরিচের চূর্ণ মিশিয়ে 1-1 ঘন্টা পরে-পরে পান করান। বিষ নেমে যাবে।

সাপের বিষের চিকিৎসা

সাপের বিষের চিকিৎসার ওপরে আধুনিক বিজ্ঞান নিজের অনুসন্ধান দ্বারা এর যথেস্ট প্রভাবশালী চিকিৎসা আবিস্কার করেছে। সুতরাং সাপে কামড়ালে তৎক্ষনাত ডাক্তারী সহায়তা প্রাপ্ত করা উচিত। কিন্তু যদি সেটা সময় মত পাওয়া না যায়, তাহলে নীচে উল্লেখিত চিকিৎসা করা উচিত।

- সাপে কামড়ানো স্হানকে কোন ধারালো জিনিষ দিয়ে ছিলে দিন। যখন রক্ত বেরোতে থাকবে, তখন মিহি করে পেষা নীল থোথা ছিটিয়ে দিন। ভিজে উঠলে ছেটানো বন্ধ করে দিন। এমনটা 3-

4 বার করার পরে যখন রক্তের ক্লট জমতে লাগবে, তখন এটা ধরে নিতে পারেন যে, বিষ নেমে গেছে। 3-4 দিন পর্যন্ত গোলমরিচ মেশানো ঘিয়ের প্রয়োগ বেশী করে করতে থাকুন। এটা এক পরীক্ষিত যোগ।

- নীল থোথাকে মিহি করে পিষে জলে গুলে পান করালেও সাপের বিষ নেমে যায়।
- ইলাজুলগুর্বা অনুসারে একটা ছারপোকাকে গিলে খেলেও সাপের বিষ নেমে যায়।
- সাদা পুনর্নবার শেকড়ের প্রলেপ করলে সাপের বিষ নিষ্ক্রিয় হয়ে পড়ে।
- মাদারের তিনটে কোপল গুড়ের সঙ্গে খাওয়ান আর তারপর ঘি পান করান। অথবা মাদারের দুধ সেই জায়গায় ফোটা-ফোটা করে ফেলতে থাকুন, যে জায়গাটায় সাপে কামড়েছে আর যতক্ষন পর্যন্ত দুধ শুকিয়ে যাচ্ছে, দুধ ফেলতে থাকুন... কারণ বিষের প্রভাব শেষ হয়ে আসলেই দুধ শুকিয়ে আসাও বন্ধ হয়ে পড়বে।
- 20 গ্রাম হুলহুলের বীজ পিষে খাওয়ালেও সাপের বিষ নেমে যায়।
- সন্ধক লবন, গোলমরিচ, নিমের বীজের শাঁস 12-12 গ্রাম করে নিয়ে পিষে ঘিয়ের সঙ্গে দিলে সাপের বিষ নেমে যায়।
- গোলমরিচ আর কুচলা 6-6 গ্রাম নিয়ে 50 গ্রাম জলের সঙ্গে পিষে 1-1 ঘন্টা পরে-পরে পান করান... সাপের বিষ নেমে যাবে।

বিছের দংশনের চিকিৎসা

- মাখনে সাদা নুন পিষে মিশিয়ে দিন। বিছের দংশন করা জায়গাটা ব্লেড দিয়ে হাল্কা করে চিরে সেই নুন মেশানো মাখন প্রলেপ করুন আর আগুনের সেঁক দিন। দু মিনিটের ভেতরে যন্ত্রণা গায়েব হয়ে পড়বে।
- শুকনো লঙ্কাকে মধুর সঙ্গে পিষে বিছের দংশন করা জায়গায় লাগালেও বিষ নেমে যায়।
- ময়ুর, পায়রা আর মুর্গীর মল আর আকের শেকড় নিয়ে রোদে রেখে প্রলেপ করলে বিছে আর সাপের দংশনের বিষের প্রভাব নষ্ট হয়ে পড়ে।
- জিয়াপোতার ফলের শাঁস, ঢাক আর করঞ্জের শাঁসকে

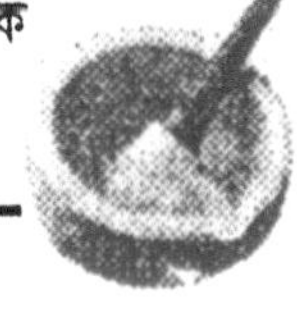

জলে পিষে প্রলেপ করলেও বিছের বিষ নেমে যায়।

- বিছে দংশন করলে সেই বিছেকে চিমটে দিয়ে ধরে আগুনে ফেলে দিন। শীঘ্রই আরাম পাবেন।
- 3 গ্রাম মুসব্বরকে জলে পিষে দংশন করা জায়গাটা চিরে লাগান... লাভ হবে।

কান খজুরা বিষ

- প্রদীপের তেল কিছুটা নিয়ে কাটা জায়গায় মালিশ করলে যন্ত্রণা, ফোলা ভাব এবং জ্বলুনি ঠিক হয়।
- সাদা জিরাকে জলে পিষে কাটা জায়গায় প্রলেপ করলেও লাভ হয়।
- ম্যানসিল, হলুদ, দারু হরিদ্রা আর গেরুর প্রলেপ করলেও কান খজুরার বিষ নস্ট হয়।

বোলতা-ভীমরুল

- কচি ধনেপাতার রস বার করে তাতে ভিনিগার আর কর্পূর মিশিয়ে দংশন করা জায়গায় লাগালে বোলতা, মৌমাছি ইত্যাদির দংশনে লাভ হয়।
- চোলাই শাকের শেকড়কে পিষে গরুর দুধের ঘিয়ের সঙ্গে পান করলে পোকা-মাকড়ের বিষ নস্ট হয়ে পড়ে অথবা পোকা-মাকড় দ্বারা কামড়ানো জায়গায় মানুষের প্রস্রাবের প্রয়োগ দ্বারাও লাভ প্রাপ্ত হয়।

পাগল কুকুরে কামড়ালে

- রসুনকে ভিনিগারের সঙ্গে পিষে ক্ষতস্থানের ওপরে রাখলে পাগল কুকুরের বিষ নস্ট হয়।
- গোলমরিচ 1 গ্রাম, লিসৌড়ের পাতা 12 গ্রাম নিয়ে 125 গ্রাম জলের সঙ্গে পিষে 10-15 দিন সেবন করলে পাগল কুকুরের কামড়ানোয় আরাম পাওয়া যায়।
- ধতুরার শেকড়কে দুধের সঙ্গে পিষে পান করলেও পাগল কুকুরের বিষ নস্ট হয়ে পড়ে।
- ঘিগ্‌গ্যারের পাতা নিয়ে তার ওপরে সন্ধক লবন লাগিয়ে, আগুনের ওপরে হাল্কা গরম করে 3 দিন পর্যন্ত ক্ষতস্থানের ওপরে বাঁধুন। বিষ নেমে যাবে।

- কুকুরে কামড়ানো জায়গায় প্রদীপের পোড়া তেল লাগিয়ে তারপর শুকনো লঙ্কার চূর্ণ ক্ষতস্থানে লাগান আর তার ওপরে মাকড়শার সাদা জাল রেখে ভালো করে পট্টি বেঁধে দিন।
- গুড়, তেল আর আকের দুধের মিশ্রণ তৈরী করে কুকুরে কামড়ানো জায়গায় সেটার প্রলেপ করলেও কুকুরের বিষ নেমে যায়।

মাকড়শার বিষ

- হলুদ, দেবদারু, মঞ্জীঠ আর নাগকেশর – সব কিছু সমান মাত্রায় নিয়ে জলের সঙ্গে পিষে প্রলেপ করলে মাকড়শার বিষ নিষ্ক্রিয় হয়ে পড়ে।
- চোলাই শাককে জলের সঙ্গে পিষে লাগালেও মাকড়শার বিষের প্রভাব নষ্ট হয়ে পড়ে।

❑❑

বিভিন্ন জ্বর / ম্যালেরিয়া / লু লাগা

ম্যালেরিয়া

- 5 গ্রাম গুড় আর 2 গ্রাম কর্পূর মিশিয়ে 12 গুলি বানান। দিনে তিন বার 1-1 গুলি সেবন করলে ম্যালেরিয়া জ্বর ঠিক হয়ে পড়ে।
- গুড়ুচ্যাদি ক্বাথ 20 মিলি, 500 মিগ্রা. পিপ্পলী চূর্ণের সঙ্গে নিলে ম্যালেরিয়া জ্বর নেমে যায়।
- মিছরীর সঙ্গে গোদন্তী ভস্ম 500 মিগ্রা. মাত্রায় নিলেও ম্যালেরিয়া জ্বর ঠিক হয়।
- জ্বরাঙ্কুশ রসের 1-1 গুলি আদার রস আর মধুর সঙ্গে নিলে ম্যালেরিয়া জ্বরে লাভ হয়।
- জ্বরশূলহর রস 125 মিগ্রা. মাত্রায় পানের রস আর মধুর সঙ্গে দিনে দু বার নিলে ম্যালেরিয়া জ্বর ছেড়ে যায়।
- তুলসী পাতা 8 মাশা, গোলমরিচ 3 মাশা আর কিছুটা বীট লবন – এই সব কিছুকে ঘুঁটে রেখে নিন। যখন ওষুধ দেবার সময় আসবে, তখন 250 গ্রাম জলে ফেলে ফোটান... জল অর্ধেক অবশিষ্ট থেকে গেলে রোগীকে পান করান। অবশ্যই লাভ হবে।

ম্যালেরিয়ার অব্যর্থ ঔষধ

- কঞ্জার ভেতরের অংশ, নৌসাদর, ঠীকরী গম – সব কিছু সমান মাত্রায় নিয়ে কুটে-ছেঁকে গঁদের জল মিশিয়ে আড়াই রত্তির গুলি বানিয়ে বিষম জ্বরে 1-1 গুলি 3-4 ঘন্টা পরে-পরে দিলে বিষম জ্বর শেষ হয়ে পড়ে।
- প্রভাবশালী অতিসার বটী, রুমী মস্তগী, সুহাগার খই, খাঁটি সিগরফ আর আফিম সমান মাত্রায় নিন। জলে সেগুলোকে মিহি করে পিযে মুগ ডালের আকারের গুলি বানান। মাত্রা ঃ 1 থেকে 3

গুলি। এই ঔষধি অতিসার আর সংগ্রহণীতেও লাভ প্রদান করে।

লু লাগলে

- লু লাগলে তেঁতুলকে ফুটিয়ে-ছেঁকে এক কাপ শরবতের মত সেবন করুন। তেঁতুলকে ফুটিয়ে সেই জলে তোয়ালে ভিজিয়ে রোগীর গায়ে ছিঁটে মারলেও লুয়ের প্রকোপ শান্ত হয়।
- লু লাগলে পেঁয়াজের রস দিয়ে কানপটি আর বুকের ওপরে মালিশ করুন। 24 ঘন্টায় লুয়ের প্রকোপ শান্ত হয়ে পড়বে।
- আলুবুখারাকে গরম জলে ফেলে রাখুন আর তারপর সেটাকে জলে ভালো করে চটকে নিন। এই জল পান করালে লু লেগে হওয়া অস্হিরতা আর ঘাবড়ানি দূর হয়।
- নারকেলের দুধের সঙ্গে কালো জিরাকে পিযে শরীরের ওপরে মালিশ, করলে লু লাগার জ্বলুনি কমে আসে।
- ভাজা পেঁয়াজকে পিযে তাতে জিরার চূর্ণ আর মিছরী মিশিয়ে খেলেও লুয়ের প্রকোপ নস্ট হয়।
- কাঁচা আমকে গরম ছাইয়ের মধ্যে রেখে ভেজে নিন। এই ভাজা আমের শাঁসকে জলের সঙ্গে মিশিয়ে তাতে কিছুটা চিনি মিশিয়ে পান করলে লুয়ের জ্বলুনি আর অস্হিরতা দূর হয়।
- ধনেকে জলের সঙ্গে মিশিয়ে পান করলেও লুয়ের প্রভাব কম হয়ে পড়ে।
- তেঁতুলের শাঁসকে হাত আর পায়ের পাতায় মালিশ করলে লুয়ের প্রভাব শেষ হয়ে আসে।
- তুলসী পাতার রস চিনি মিশিয়ে পান করলেও লু লাগে না। প্রতি দিন 2-3 বার পেঁয়াজ খেলেও লু ধারে-কাছে ঘেঁযতে পারে না।

চতুর্থী জ্বরের ওষুধ

বাবলা গাছের পাতা শুঁকলে চতুর্থী জ্বরে ভালো লাভ হয় অথবা অগস্তের পাতার রস শুঁকুন।

অন্তরা জ্বরের টোটকা

সাদা ধতুরা রবিবার দিন উপড়ে এনে ডান হাতে বাঁধলে অন্তরা জ্বর ঠিক হয়।

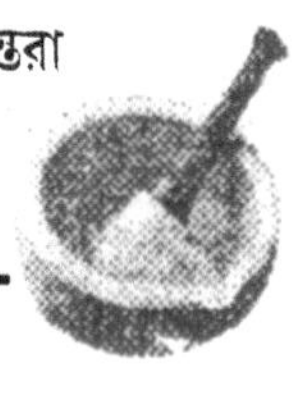

ঠাণ্ডা লেগে হওয়া জ্বরের ওষুধ

শুকনো আদা, গোলমরিচ আর পীপল – এই সব কিছুর ক্বাথ তৈরী করে পান করান অথবা 9 রত্তি হিং গুড়ের সঙ্গে জড়িয়ে খাওয়ান আর রবিবারে সাদা কনেরের শেকড় উপড়ে এনে কানের সঙ্গে বাঁধুন।

সাধারণ জ্বরের ওষুধ

পীপল, করঞ্জের বীজ, সাদা জিরা, কীকরের ছাল, বাবলা গাছের পাতা – এই সব কিছুকে সমান মাত্রায় নিয়ে কুটে-ছেঁকে কিছুটা জল মিশিয়ে 2-2 রত্তির গুলি বানিয়ে নিন। 3 দিন পর্যন্ত দিনে দু বার 2-2 গুলি সেবন করুন।

সব ধরণের জ্বরের ওষুধ

শুকনো আদা 6 মাশা, দেশী আজওয়াইন 6 মাশা, খুরাসানী আজওয়াইন 6 মাশা, ছোট পীপল 6 মাশা, বড় পীপল 6 মাশা, ছোট হরিতকী 6 মাশা, বহেড়ার খোসা 6 মাশা, কাঁকড়াসিঙ্গী 1 তোলা, দারচিনি 8 মাশা, শীতল চিনি 4 মাশা, সত্ গিলোয় 1 তোলা, গোলমরিচ 1 তোলা, মিছরী 6 মাশা, কেশর 6 মাশা, নাগকেশর 6 মাশা – এই সব কিছুকে কুটে-ছেঁকে নিন... তারপর মধু মিশিয়ে গুলি বানিয়ে নিন। প্রতি দিন 2 গুলি রোগীকে খাওয়ান অথবা হারসিঙ্গারের পাতাকে পিষে সেটার রস বার করুন। 6 মাশা রসে কিছুটা মধু মিশিয়ে চাটান *(জ্বরের অন্য ঔষধির জন্য জ্বর অধ্যায় দেখুন)*।

❑❑

ক্যান্সারের চিকিৎসা

ক্যান্সার রোগ প্রাকৃতিক চিকিৎসায় ঠিক হয়ে পড়ে। এমন দাবী বেশ কিছু রোগীর চিকিৎসায় সফলতা প্রাপ্ত করার পরেই করা হচ্ছে। যে কোন রোগীর চিকিৎসায় সেই রোগীর মানসিক সহযোগ এবং ইতিবাচক চিন্তাধারা থাকাটা অত্যন্ত আবশ্যক হয়।

রোগ পরিচয়

ক্যান্সার হচ্ছে এক অত্যন্ত যন্ত্রণাদায়ক ভয়ানক রোগ। এই রোগে একটা টিউমার ফোড়ার রূপে শরীরের বিভিন্ন অঙ্গে *(স্তন, গলা, জিভ, চোখ, গর্ভাশয়, ঠোঁঠ, ভোজন নলি, আমাশয়, লিভার, কিড্নী, পায়ুদ্বার ইত্যাদি)* হয়। প্রথমে সেই টিউমার ফুলে ওঠে, তারপর সেটা ফেটে পড়ে আর সাদা পুঁজের সঙ্গে ঠিক কোন ফুলকপির মত সেটার আকৃতি হয়ে পড়ে। এটা তো হচ্ছে শরীরের বাহ্যিক স্বরূপ। শরীরের ভেতরের অংশেও এই রোগ বিভিন্ন রূপে কস্ট প্রদান করে।

কারণ

ক্যান্সার রোগ হওয়ার মুখ্য কারণ হচ্ছে – ধূম্রপান, তামাকের সেবন, পান মশলা আর গুটখার সেবন। এর ফলে মুখ, ঠোঁঠ, মাড়ি আর জিভের ক্যান্সার হয়। কখনো-কখনো শরীরের কোন অঙ্গের পুরোন ক্ষতস্থানও ক্যান্সারে পরিনত হয়ে পড়ে। কিছু লোক একজিমা ঠিক করার জন্য তাতে আলকাতরা লাগান আর তার ফলেও ক্যান্সার হয়ে পড়ে। অত্যধিক মদ্যপান করতে থাকা ব্যক্তিদেরও গলা, লিভার, কিড্নী আর পাকস্থলীর ক্যান্সার হয়ে পড়ে। তামাক আর সিগারেটের সেবন এবং পরিবেশ প্রদূষণের কারণে আজকাল ফুসফুসের ক্যান্সার প্রচুর মাত্রায় বেড়ে উঠেছে। অত্যন্ত গরম খাদ্য পদার্থও আমাশয়ে পৌঁছে আমাশয়ের ঝিল্লীগুলোকে ক্ষতিগ্রস্ত করে তোলে আর তার ফলে ক্যান্সার রোগ হতে পারে। আমেরিকার ন্যু ইয়র্ক ক্যান্সার হস্পিট্যালের

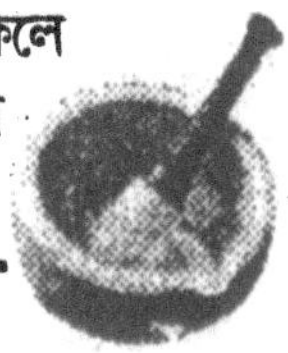

প্রমুখ চিকিৎসক ডাঃ এল. ডি. বাকলের বক্তব্য হচ্ছে – "*আমি নিজের সুদীর্ঘ অভিজ্ঞতা থেকে এটা বলতে পারি যে, কোষ্ঠকাঠিন্যের সঙ্গে এই রোগের এক গভীর সম্পর্ক রয়েছে। প্রতিটা ক্যান্সার রোগীরই কোষ্ঠকাঠিন্যের সমস্যা থাকে। যখন এই সব ব্যক্তিদের কোষ্ঠকাঠিন্য অনেকটা বেড়ে ওঠে, তখন তার সাথে-সাথে ক্যান্সারের সূত্রপাতও হয়ে পড়ে। কিন্তু পেট পরিস্কার হয়ে পড়লে যন্ত্রণাও চলে যায়। সুতরাং এটা বলা যেতে পারে যে, আন্ত্রে আটকে থাকা মলের দূষিত রসই হচ্ছে এই রোগের কারণ।*"

শরীরের ভেতরে আবর্জনা স্বরূপ বিজাতীয় মলের সঞ্চয় হয়ে পড়লেই এই রোগ হয়। শরীরের যে কোন একটা অঙ্গে ক্যান্সার হওয়ার অর্থ হচ্ছে গোটা শরীরেই দোষ সঞ্চিত হয়ে রয়েছে। ক্যান্সার সেই সব ব্যক্তিদের হতে পারে না... যাঁরা সরল-সাধাসিধে জীবন যাপন করেন। তবে হ্যাঁ, অত্যধিক শোক বা চিন্তাযুক্ত ব্যক্তিদেরও এই রোগের শিকার হয়ে পড়তে দেখা গেছে। কোন বিশেষ ব্যক্তির সঙ্গে বিচ্ছেদ, দুর্ঘটনায় কোন প্রিয় ব্যক্তির মৃত্যু, জীবনে কোন বিশেষ মানসিক চাপও ক্যান্সার রোগের কারণ হয়ে ওঠে।

ক্যান্সারের চিকিৎসা

আজ ক্যান্সার রোগ সম্বন্ধে লোকেদের মধ্যে যে প্রকার ভয় ঢুকে রয়েছে... বাস্তবে সেটার কারণ হচ্ছে এটা যে, আধুনিক বিজ্ঞানে ক্যান্সার রোগের চিকিৎসা শুধুমাত্র অস্ত্রোপচারকে মেনে নেওয়ার একটা পরম্পরা চলে আসছে। এতে ব্যর্থতাই বেশী করে দেখতে পাওয়া যায়। এমনটা ডাঃ রবার্ট ব্যাল (এম. ডি., এফ. আর. এফ. পি. এস.) নিজের পুস্তকে লিখেছেন। উনি লিখেছেন – "*শস্ত্র চিকিৎসা (শল্য চিকিৎসা) দ্বারা কখনো কোন ক্যান্সার আরোগ্য হয় নি আর কখনো হবেও না। এর পরিণামস্বরূপ মৃত্যুর সংখ্যা প্রচণ্ড বেড়ে উঠেছে। আজ 17 বছর ধরে আমি নিজের ক্যান্সার রোগীদের শল্য চিকিৎসা করা বন্ধ করে দিয়েছি। এর কারণ হচ্ছে এটা যে, আমি সর্বদাই এটা লক্ষ্য করেছি যে, শল্য ক্রিয়ার পরে রোগ আবার একবার ফিরে আসে আর তারপর রোগীর কষ্টের কোন সীমা-পরিসীমা থাকে না।*"

প্রাকৃতিক চিকিৎসা

এই রোগে শুধুমাত্র স্থানীয় (*কেবল এক-দুই অঙ্গের*) চিকিৎসা করার কোন লাভই হয় না। সম্পূর্ণ শরীরের চিকিৎসা করা না হলে ক্যান্সারের নিবারণ হতে পারে না। প্রাকৃতিক চিকিৎসায় সম্পূর্ণ শরীরের

বিকার নিবারণ করার জন্য নিম্নলিখিত প্রয়োগগুলো করা হয়ে থাকে ঃ-

- পেটের ওপরে 30 মিনিট ঠাণ্ডা মাটির পট্টি রাখার পরে নিমের জলের এনিমা প্রতি দিন দেওয়া উচিত।
- ঠাণ্ডা জলের কটি-স্নান 10-10 মিনিট করা উচিত।
- প্রতি দিন 30 মিনিট রৌদ্র-স্নান করা উচিত। মাথায় ভেজা কাপড় রেখে, সাদা শুকনো বস্ত্র পরে বা নগ্ন শরীরে রোদে বসুন। শরীরের ওপরে কম পক্ষে 30 মিনিট রোদ লাগান... কিন্তু যদি 1-2 ঘন্টাও রোদ লাগানো যায়, তাহলে সেটা ভালো ফলই প্রদান করবে।
- শুদ্ধ খাঁটি বায়ুর সেবন, প্রতি দিন গরম বা ঠাণ্ডা জল দিয়ে স্নান করাটা আবশ্যক।
- ক্যান্সারের বাহ্যিক গাঁটের ওপরে ঠাণ্ডা মাটির পট্টি দিনে 3-4 বার, 20-30 মিনিট পর্যন্ত রাখুন আর তারপর পট্টি বদলে নিন। একটা পট্টি বদলে তার 1 ঘন্টা পরে দ্বিতীয় পট্টি রাখুন। যদি ক্যান্সারের গাঁটের ওপরে শুরু থেকেই ঠাণ্ডা মাটির পট্টি বা ঠাণ্ডা জলের পট্টি রাখা যায়, তাহলে গাঁট চেপে যায়।

ক্যান্সারের গাঁট যদি শরীরের ভেতরের অংশে *(আন্ত্র, গর্ভাশয়, আমাশয়, লিভার ইত্যাদি)* হয়, তাহলেও তার ওপরে ঠাণ্ডা জল বা ঠাণ্ডা মাটির পট্টির প্রয়োগ বিশেষ রূপে কাজে আসে। ক্যান্সারের স্থানীয় যন্ত্রণা যদি শুধুমাত্র ঠাণ্ডা পট্টিতে ঠিক না হয়, তাহলে গরম-ঠাণ্ডা সেঁক কখনো-কখনো দেওয়া যেতে পারে। একটা পাত্রে গরম জল আর অন্য একটা পাত্রে ঠাণ্ডা জল নিয়ে তোয়ালে গরম জলে নিংড়ে গরম সেঁক এবং ঠাণ্ডা জলে ভিজিয়ে ঠাণ্ডা সেঁক দেওয়া হয়। এই সমস্ত প্রয়োগের ব্যাপারে কোন প্রাকৃতিক চিকিৎসালায়ে গিয়ে আপনারা বিস্তৃত রূপে তথ্য সংগ্রহ করতে পারেন অথবা রোগীরই কিছু দিনের জন্য প্রাকৃতিক চিকিৎসালায়ে থেকে প্রয়োগের ব্যাপারে বুঝে নেওয়া উচিত।

আহার

প্রাকৃতিক চিকিৎসায় আহারই হচেছ ঔষধি। এই ভিত্তিতে নিম্নলিখিত আহার ক্রম রাখা হয় ঃ-

- প্রতি দিন দু বার 100 গ্রাম গাজর, 100 গ্রাম বীট আর 25 গ্রাম আমলার রস দিন।
- কমলা লেবু, মুসম্বী লেবু, আনারস আর আঙ্গুরের রস 2-3 বার দিন।

- মরশুম অনুযায়ী বিভিন্ন সব্জীর রস দিন, যেমন – পালং শাক 50 গ্রাম, মেথী শাক 25 গ্রাম, বথুয়া শাক 25 গ্রাম – এসবের রস প্রতি দিন একবার দিন।
- পেঁপের রস 100-100 গ্রাম দিনে দু বার দিন।
- টবে গমের চারা গাছ লাগান আর যখন সেগুলো 8 ইঞ্চি লম্বা হয়ে পড়বে, তখন সেটার রস পান করান।
- পেঁপে, সবেদা, ফুটি, তরমুজ, আম, লিচু, আপেল, বেদানা, আঙ্গুর ইত্যাদি সব প্রকারের মরশুমী ফল ক্যান্সারের রোগীকে খেতে দেওয়া যেতে পারে।

15 থেকে 30 দিন ফলাহার আর রসাহারের পরে যদি রোগীর মধ্যে পর্যাপ্ত মাত্রায় জীবনী শক্তি থাকে, তাহলে লেবু আর মধুর জল প্রতি দিন 4-6 গ্লাস পান করিয়ে উপবাস করানোটাও খুব ভালো ফল প্রদান করে। উপবাসের পরে এক লম্বা সময় পর্যন্ত জুস, ফল এবং অঙ্কুরিত অন্ন, কাঁচা নারকেল, শুকনো মেওয়া, মুনক্কা, কিশমিশ, অঞ্জীর ইত্যাদি ভিজিয়ে খেতে দিন। এই রোগে আগুনে রান্না না করা আহার যতদিন পর্যন্ত না রোগ ঠিক হচ্ছে, ততদিন নেওয়া উচিত।

এখানে জানানো আহার ছাড়াও অন্য কোন আহার, যেমন – ভাত, ডাল, মিষ্টি, চা, চিনি, নুন, লঙ্কা আর বাজারের কোন জিনিষের সেবন করা উচিত নয়। ক্যান্সার রোগের ব্যাপারে জানতে পারামাত্র প্রাকৃতিক চিকিৎসা শুরু করে দিন আর নির্ভয় হয়ে উঠুন। এই প্রয়োগে বেশ কিছু রোগী সুস্থ হয়ে উঠেছেন।

❑❑

বিবিধ রোগের চিকিৎসা

কুষ্ঠ রোগ

নিমের তেলে সমান মাত্রায় চালমোগরার তেল মিশিয়ে কুষ্ঠ দ্বারা প্রভাবিত অঙ্গে লাগান। এর সাথে-সাথেই চালমোগরার তেল 5 ফোঁটা একটা ক্যাপসুলে ভরে দিনে দু বার সেবন করুন। ধীরে-ধীরে এই মাত্রাকে 10 ফোঁটা পর্যন্ত বাড়ান। এটা হচ্ছে কুষ্ঠ রোগের প্রভাবশালী চিকিৎসা।

পক্ষাঘাত

5 কোওয়া রসুনকে পিষে তার সঙ্গে প্রায় 12 গ্রাম খাঁটি মধু মিশিয়ে দিনে দু বার রোগীকে চাটালে পক্ষাঘাত রোগে লাভ হয়।

ডায়াবেটিজ

তাজা আমলার রসে একটু নুন মিশিয়ে পান করুন। ডায়াবেটিজ রোগে লাভ হবে।

টনসিল ফোলা

সর্ষের তেলে জলকুম্ভীর ভস্ম মিশিয়ে প্রলেপ করুন।

কণ্ঠস্বরকে সুরেলা করে তোলার জন্য

হরিতকীর ক্বাথে ফিটকিরী মিশিয়ে সেটা দিয়ে কুলকুচি করলে কণ্ঠস্বর সুরেলা হয়ে ওঠে।

নিম্ন রক্তচাপ এবং রক্তাল্পতা

25 দানা কিশমিশকে রাতে ঘুমোবার সময় এক গ্লাস জলে

ভিজিয়ে দিন। পরের দিন সকালে ঘুম থেকে উঠে সেগুলোকে খুব ভালো করে চিবিয়ে-চিবিয়ে খেয়ে নিন আর জলটাও পান করে নিন। কিছু দিনের প্রয়োগের পরেই নিম্ন রক্তচাপ এবং রক্তাল্পতার অভিযোগ দূর হয়ে পড়বে।

অম্ল-পিত্ত

খাবার খাওয়ার পরে 1-2 লবঙ্গ চোষাটা অম্ল-পিত্তে লাভকারী হয়।

গ্যাসের সমস্যা

গ্যাসের কষ্টে 2 কোওয়া রসুনকে ছিলে বিচি ছাড়া মুনক্কা বা 2-3 কিশমিশের সঙ্গে খাওয়াটা লাভ প্রদান করে।

চুলকোনি

নিম পাতাকে পুড়িয়ে ছাই করে নিন। এই ছাইতে মিস্টি তেল মিশিয়ে চুলকোনির জায়গায় লাগালে লাভ হয়।

ফোড়া-ফুসকুড়ি

নিম গাছের ছালকে পিষে তৈরী করা প্রলেপ দিনে 2-3 বার লাগালে ফোড়া-ফুসকুড়ি ঠিক হয়ে পড়ে। লাভ না হওয়া পর্যন্ত এই প্রয়োগ চালিয়ে যান।

সাপে কামড়ালে

30 গ্রাম পেঁয়াজের রসে সমান মাত্রায় সর্ষের তেল মিশিয়ে সাপে কামড়ানো ব্যক্তিকে পান করিয়ে দিন। আধ ঘন্টা পরে-পরে আরও দু মাত্রা দিন। সাপে কামড়ানোর এটা হচ্ছে রামবাণ।

স্বাস্থ্য এবং শক্তিবর্ধক টনিক

প্রতি দিন সকালে খালি পেটে 3-4 আপেল খান আর তারপর দুধ পান করুন। 1-2 মাস এই প্রয়োগ করলে যৌন সম্বন্ধীয় সকল প্রকারের বিকার দূর হয়। শরীরে স্ফূর্তি আসে। ত্বকের রং ফুটে ওঠে।

জণ্ডিস

এক গ্লাস আখের রসে কিছুটা আদার রস মিশিয়ে পান করাটা

জণ্ডিস রোগে লাভদায়ক হয়। দিনে 2-3 বার অতি অবশ্যই পান করুন।

বদহজম

এক চামচ লেবুর রসে আদার রস আর কিছুটা বীট লবন মিশিয়ে খাবার খাওয়ার পরে পান করলে বদহজমের অভিযোগ দূর হয়।

এ্যাসিডিটি

আদা আর পেযা ধনে সমান মাত্রায় *(প্রায় 1 চামচ)* নিয়ে খান। এতে এ্যাসিডিটির হাত থেকে মুক্তি পাবেন।

কিছু অন্য প্রয়োগ

- 9 গ্রাম শতাবর মিহি করে পিযে 250 গ্রাম গরম দুধের সঙ্গে 8 দিন খেলে বার-বার প্রস্রাব পাওয়া ঠিক হয়ে পড়ে। কোমর যন্ত্রণা, ধাতু রোগও ঠিক হয়। পুরুযত্ব শক্তি বৃদ্ধি পায়।
- কানে পোকা ঢুকে গেলে গরম জলে কিছুটা নুন ঢেলে কানে দিন আর যে কানে দিয়েছেন, সেই দিকে পাশ ফিরে শুয়ে পড়ুন। পোকা মরে বেরিয়ে আসবে।
- নাকে যদি কোন জিনিয ফেঁসে যায়, তাহলে তামাক পিযে শুঁকুন... যাতে হাঁচি এসে নাকের ভেতরে ফেঁসে থাকা জিনিয বাইরে বেরিয়ে আসে।
- গলায় মাছের কাঁটা আটকে গেলে কলা খান।
- কেউ যদি ভুল করে কাঁচ খেয়ে ফেলেন, তাহলে তাঁকে সেদ্ধ করা আলু খাওয়ান অথবা ইসব গোলের ভুযি 12 গ্রাম দুধের সঙ্গে খাইয়ে দিন।
- চোখে মশা ঢুকে গেলে পেছনের দিকে হাটতে শুরু করুন... মশা বেরিয়ে আসবে।
- কচি ধনেপাতাকে কুটে সেটার জল নিংড়ে 25 গ্রাম পান করালে বমি বন্ধ হয়। এটা গর্ভবতী মহিলারাও পান করতে পারেন।
- হেঁচকি বন্ধ হতে না চাইলে পুদিনা পাতা বা লেবু চুযুন।
- ডি.ডি.টি. পাউডারকে জলে গুলে খাটে ছেটালে ছারপোকা মরে যায়।
- **হজমের চূর্ণ** ঃ আজওয়াইন, গোলমরিচ, শুকনো আদা, লাহোরী লবন, সাদা জিরা, মোটা এলাচ, নৌসাদর, ধনে, পুদিনা – সব কিছু 10-10 গ্রাম, লবঙ্গ 3 গ্রাম আর বীট লবন

10 গ্রাম – সব কিছুকে মিহি করে পিষে 3 গ্রাম মাত্রায় তাজা জলের সঙ্গে অথবা এমনিই খেলে গ্যাস, পেটের যন্ত্রণা দূর হয় আর খাবার ভালোমতন হজম হয়।

- আম গাছের কাঠ পুড়িয়ে সেটাকে মিহি করে পিষে 100 গ্রাম মাত্রায় নিয়ে তার সঙ্গে 10 গ্রাম লাহোরী লবন আর 10 গ্রাম এলাচের তেল ভালো করে মিশিয়ে শিশিতে ভরে রেখে নিন। একবার লাগালেই দাঁত মুক্তোর মত চমকাতে থাকে।
- **পায়োরিয়া নাশক দাঁতের মাজন ঃ** হলুদ পাতাওয়ালা তামাক 100 গ্রাম নিয়ে চাটুর ওপরে রেখে মৃদু আঁচে চামচে করে নাড়তে থাকুন। যখন ধোঁওয়া ওঠা বন্ধ হয়ে পড়বে, তখন চাটু আঁচ থেকে নামিয়ে এনে মিহি করে পিষে নিন। এবার এতে 15 গ্রাম লাহোরী লবন আর 5 গ্রাম গোলমরিচ পিষে মিশিয়ে দিন। প্রতি দিন এটা দিয়ে দাঁত মাজলে রক্ত আর পুঁজ বেরোন বন্ধ হয়ে পড়ে।
- **মোটা হওয়া ঃ** আপনি যদি মোটা হতে চান, তাহলে 10 বাদাম রাতে জলে ভিজিয়ে রেখে পরের দিন সকালে বাদামের খোসা ছাড়িয়ে মিহি করে পিষে নিন আর তাতে 30 গ্রাম মাখন আর কিছুটা চিনি মিশিয়ে পাঁউরুটীর 4 স্লাইসে লাগিয়ে খান। তারপর 250 গ্রাম দুধ পান করে নিন। 6 মাসের ভেতরে আপনি মোটা হয়ে উঠবেন আর আপনার মস্তিস্কও প্রখর হয়ে উঠবে।
- **জ্বর ঃ** তুলসীর কচি পাতা 10 গ্রাম আর গোলমরিচ 3 গ্রাম নিয়ে মিহি করে পিষে গোলমরিচের আকারের গুলি বানিয়ে শুকিয়ে নিন। 2 গুলি সকালে, 2 গুলি দুপুরে আর 2 গুলি রাতে গরম জলের সঙ্গে রোগীকে খাওয়ান। সকল প্রকারের জ্বরের এটা এক ভালো চিকিৎসা।
- **সৌন্দর্য ঃ** 5 টি গাজরের রস এবং টম্যাটোর রস আর বীটের রস – দুটো 20-20 গ্রাম করে প্রতি দিন দু মাস পর্যন্ত পান করলে মুখের বলিরেখা, দাগ-ছোপ, ব্রণ দূর হয়ে মুখ সুন্দর আর কান্তিময় হয়ে ওঠে।
- **নিদ্রা ঃ** 24 ঘন্টার মধ্যে ব্যক্তির 16 ঘন্টা কাজ করা উচিত আর 8 ঘন্টা ঘুমোন উচিত। অর্থাৎ দিনের পুরো সময়ের দুই-তৃতীয়াংশ ভাগ পরিশ্রম করার জন্য আর এক-তৃতীয়াংশ ভাগ বিশ্রাম করার জন্য হয়। 8 ঘন্টার বেশী ঘুমোন বিলাসিতা বৃদ্ধি করে... অন্য দিকে 8 ঘন্টার থেকে কম ঘুমোন আলস্যের বৃদ্ধি করে, কার্যক্ষমতা আর পাচন শক্তিকে কমিয়ে তোলে। এক নাগাড়ে 8 ঘন্টা ঘুমোন ততটা লাভকারী হয়

না... যতটা লাভকারী হয় একটু-একটু করে 8 ঘন্টা ঘুমোন। নিদ্রার জন্য সর্বোত্তম ক্রম হচ্ছে নিম্ন প্রকার : (01) রাত্রি 10-টা থেকে ভোর 4-টে পর্যন্ত = 6 ঘন্টা. (02) প্রাতঃকালে ঈশ্বর প্রার্থনা. শৌচ. স্নান. ধ্যান. ব্যায়াম. প্রাণায়াম. ভ্রমণ এবং প্রাতঃরাশ থেকে নিবৃত্ত হয়ে = আধ ঘন্টা. (03) দুপুরের খাবার খাওয়ার পরে = এক ঘন্টা।

- **মদ্যপানের আসক্তি ত্যাগ করা :** আপনি এক বোতল আসল মৌরীর অর্ক মিশিয়ে রাখুন। আপনি প্রতি দিন যতটা মাত্রায় মদ্যপান করেন. তার থেকে এক তোলা কম পান করুন আর মদের সঙ্গে এক তোলা মৌরীর অর্ক মিশিয়ে নিন। 40 দিন এমনটা করলে আপনি বিনা কস্টে মদ্যপানের থেকে মুক্তি পেয়ে যাবেন। মদ্যপান করার সময় প্রয়োজন অনুসারে তাতে জল মিশিয়ে নিন।
- **আফিমের নেশা ত্যাগ করা :** আপনি প্রতি দিন যতটা মাত্রায় আফিমের সেবন করেন. সেই হিসেবে এক মাসের আফিম একত্রিত করে কোন বোতলে রেখে বোতল জল দিয়ে ভরে আফিম ভালো করে জলে মিশিয়ে 30 চিহ্ন লাগিয়ে নিন। অন্য আরেকটা বোতলে আফিমের সমান মাত্রায় রসৌত রেখে বোতল জলে ভরে নিন। নিজের সময় মত পান করে ততটাই রসৌত গোলা জল আফিম মেশানো জলের বোতলে ঢেলে দিন। কোন প্রকারের সমস্যা ছাড়াই আপনার আফিম সেবন করার সমস্যা দূর হয়ে পড়বে।
- শীতকালে জ্বর, মাথার যন্ত্রণা, হাঁচি ইত্যাদি হলে তুলসী পাতার রস মধুর সঙ্গে প্রয়োগ করুন।
- অত্যধিক কফের কারণে যদি গলা বসে যায় আর কথা বলতে যদি অসুবিধা হয়, তাহলে তাজা তুলসী পাতাকে সেঁকে নুনের সঙ্গে চিবোন।
- মুখ থেকে দুর্গন্ধ বেরোতে থাকলে কয়েকটা তুলসী পাতাকে চিবিয়ে নিন। এতে মুখের দুর্গন্ধ দূর হয়।
- তুলসী পাতার চা পান করলে জ্বর, আলস্য, মুখের অরুচি, দাহ, বাত বিকার আর পিত্ত বিকার – সব কিছু দূর হয়ে পড়ে।
- তুলসীর রসে খাঁটি মধু মিশিয়ে পান করলে মাথা ঘোরা দূর হয়।
- তুলসী পাতা আর আদার রস এক সঙ্গে মিশিয়ে দিনে দু বার গরম-গরম পান করলে পেটের যন্ত্রণা শান্ত হয়।
- যেসব মহিলাদের প্রসবকালে অত্যধিক যন্ত্রণা হতে থাকে, তাঁরা যদি তুলসী পাতার রস পান করেন, তাহলে তাঁরা এই যন্ত্রণার

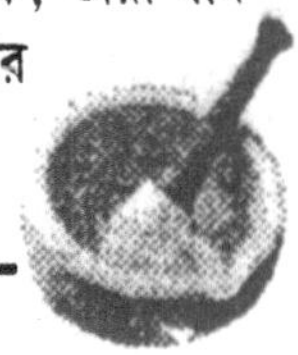

হাত থেকে মুক্তি পাবেন।

- দাঁতে পোকা ধরে গেলে তুলসী পাতার রসে একটু কর্পূর মিশিয়ে আর সেটায় তুলো ভিজিয়ে পোকা লাগা দাঁতের ওপরে রাখুন। এতে দাঁতের পোকা মরে যায়।
- চম্পার শুকনো পাতার চূর্ণ নারকেল তেলের সঙ্গে মিশিয়ে শরীরে লাগালে চুলকোনির হাত থেকে মুক্তি পাওয়া যায়।
- এক চামচ মধু এক গ্লাস জলে মিশিয়ে প্রতি দিন সকালে খালি পেটে পান করলে চুলকোনি আর দাদের থেকে মুক্তি পাওয়া যায়।
- আমের বোঁটা ভাঙার পরে যে রস বেরোয়, সেটা দাদের ওপরে লাগালে ভালো ফল পাওয়া যায়।
- লেবুর রস আর তুলসী পাতার রস এক সঙ্গে মিশিয়ে দাদ, চুলকোনি বা অন্য চর্ম রোগের ওপরে লাগালে এবং মালিশ করলে আরাম পাওয়া যায়।
- বীটের পাতার রসে মধু মিশিয়ে দাদের ওপরে লাগান। আরাম পাবেন।
- হলুদ মাটির মিহি চূর্ণ গোটা শরীরে লাগিয়ে ধীরে-ধীরে মালিশ করুন। গরমের দিনে বেরোন ঘামাচিতে আরাম পাবেন।
- তরমুজের খোসাকে শুকিয়ে পুড়িয়ে নিন। এবার সেই ভস্মকে একজিমার ক্ষতস্থানের ওপরে লাগান। শুকনো একজিমা হলে ভস্মকে সর্ষের তেলে মিশিয়ে লাগান। 9-10 দিনে আরাম পাবেন। ওষুধের সেবন করার দিনগুলোয় কোন প্রকারের নেশা করবেন না। ঝাল-মশলাও এড়িয়ে চলুন।
- গ্যাঁদা গাছের পাতাকে কুটে সেটার রস বার করে নিন আর সেই রসকে গুনগুনা গরম করে দাদের ওপরে মালিশ করে রেখে দিন। লাগাতার লাগাতে থাকলে দাদ ঠিক হয়ে পড়ে।
- হলুদকে সর্ষের মেলের সঙ্গে মিশিয়ে লাগালে শরীরের সকল প্রকারের চর্ম রোগ দূর হয়ে পড়ে।
- কুল গাছের কচি পাতা আর কচি ডালকে পিযে ফোড়ার ওপরে লাগালে ফোড়া ঠিক হয়ে পড়ে।
- গ্যাঁদা ফুলকে জলে ফুটিয়ে সেই জল দিয়ে ফোড়া-ফুসকুড়ি আর ক্ষতস্থান ধুলে আরাম পাওয়া যায়।
- 1 গ্রাম গোলমরিচের চূর্ণ 10 গ্রাম গরুর দুধের ঘিয়ের সঙ্গে মিশিয়ে প্রতি দিন সকালে খালি পেটে 3 সপ্তাহ পর্যন্ত খান। এতে

চুলকোনি আর দাদের হাত থেকে মুক্তি পাবেন।

- 20 গ্রাম নারকেল তেলে 1 গ্রাম কর্পূর মিশিয়ে গোটা শরীরে লাগান। শরীরের জ্বলুনি, চুলকোনি আর দাদের থেকে মুক্তি পাবেন।
- তুলসীর শুকনো পাতাকে পিষে সেটা শরীর আর মুখে প্রলেপ করুন। এতে ত্বকের কোমলতা বৃদ্ধি পায়।
- কোন তামার পাত্রে 24 ঘন্টা পর্যন্ত লেবুর রস রেখে দিন। তারপর তাতে ঠিক ততটাই কালো তুলসী পাতার রস আর কালো কসৌন্দীর রস মিশিয়ে রোদে রেখে গাঢ় করে নিন। এবার সেটাকে ত্বকের ওপরে লাগান। এই প্রয়োগে কিছু দিনের ভেতরেই সমস্ত প্রকারের চর্ম রোগ দূর হয়ে পড়ে।
- সকাল-সন্ধ্যা লেবুর রসে তুলসী পাতার রস মিশিয়ে মুখের ওপরে মালিশ করলে মুখের কালো দাগ-ছোপ ইত্যাদি দূর হয়ে পড়ে আর মুখের আভা বেড়ে ওঠে।
- কালো তুলসী পাতার নিয়মিত সেবনে শরীর থেকে সাদা দাগ দূর হয়ে পড়ে আর শরীরের চমক বেড়ে ওঠে।
- রসুনকে তেলে গরম করে সেই তেল কানে দিন। এতে কানের যন্ত্রণা ঠিক হয়ে পড়ে। সর্ষের তেলে পেঁয়াজের রস মিশিয়ে গুনগুনা গরম করে নিন আর সেটা কানে দিন। এতেও কানের যন্ত্রণা ঠিক হয়।
- দাঁতের যন্ত্রণায় সেই দিকে গোখরু ফল বাঁধলে লাভ হয়।

চা

লেবুর চা

সামগ্রী ঃ একটা লেবু, আবশ্যকতা অনুসার মাত্রায় জল আর সঠিক মাত্রায় চিনি এবং চা পাতা।

বিধি ঃ যত কাপ চা তৈরী করতে চান, তত কাপ জল পাত্রে ঢেলে পাত্র আঁচের ওপরে রেখে দিন আর জলের মাত্রা অনুসারে চিনি ঢেলে জলকে ফুটতে দিন। জল ফুটে উঠলে পাত্র আঁচ থেকে নামিয়ে এনে আবশ্যক মাত্রায় চা পাতা ঢেলে তৎক্ষনাত পাত্রকে ঢাকা দিয়ে দিন। 3-4 মিনিট এমনিই থকতে দিন... তারপর লেবু কেটে যথোচিত মাত্রায় লেবু নিংড়ে যতটা রস *(জলের মাত্রা অনুসারে)* দেওয়া উচিত, ততটাই রস ঢালুন। এই চায়ের রং কমলা লেবুর মত আর স্বাদ টক-মিস্টি হয়। ব্যস্... আপনার লেবু-চা তৈরী!

লাভ ঃ এটা চায়ের জায়গায়, চায়ের মত দিনে 2-3 বার পান করতে পারেন। কোন প্রকারের ক্ষতি না করে এই সুস্বাদু চা স্ফূর্তিদায়ক তো হয়ই... এই চা যদি খাবার খাওয়ার এক ঘন্টা আগে পান করা যায়, তাহলে ক্ষিধে বেড়ে ওঠে আর খাবার খাওয়ার এক ঘন্টা পরে এই চা পান করা হলে সেটা খাবারকে হজম করায়। এই চা যে কোন ঋতুতেই পান করা যেতে পারে।

তুলসীর চা

চা পানে অভ্যস্ত রোগীদের জন্য এই চা বড়ই ভালো ফল প্রদান করে। শীতকালে এমনিতেই এই চা পান করা যেতে পারে। 65 তুলসী পাতা আর 8 গোলমরিচ – এই দুটোকে 250 গ্রাম জলে ফেলে ফোটান। ভালোমতন ফুটে ওঠার পরে ছেঁকে নিন। দুধ আর চিনি ঢেলে চায়ের মত পান করুন। মামুলী জ্বরে এই চা ভালো লাভ প্রদান করে।

আদার চা

সর্দ্দি, কাশি, শ্বাসকস্ট ইত্যাদিতে এই চা বড়ই লাভদায়ক হয়। 3 মাশা আদা আর 1 তোলা গুড় – এই দুটোকে 250 গ্রাম জলে ফেলে ফোটান। জল এক ছটাকের মত অবশিস্ট থেকে গেলে ছেঁকে নিন আর একটু গরম-গরম পান করে গায়ে চাপা দিয়ে শুয়ে পড়ুন।

এই চা যথেস্ট গরম হয়। সুতরাং প্রতি দিন এর সেবন করা উচিত নয়। সাধারণ অবস্থায় গুড়ের জায়গায় চিনি মেশাতে পারেন। দুধও মেশানো যেতে পারে।

ফল দ্বারা চিকিৎসা

আম

- **অর্শ ঃ** আম পাতাকে ছায়ায় শুকিয়ে কাপড়ে ছেঁকে নিন। 6 গ্রাম চূর্ণ গরম জলের সঙ্গে খান। খাবারে খিচুড়ি খান।
- **হজম শক্তি ঃ** মিস্টি আমের রস 20 গ্রাম আর শুকনো আদা 2 গ্রাম নিয়ে পিযে এক সঙ্গে মিশিয়ে নিন। সকালবেলা এটা পান করলে যাঁদের খাবার হজম হয় না, তাঁদের খাবার হজম হয়ে পড়ে। 7 দিন সেবন করুন।
- **শক্তির জন্য ঃ** মিস্টি আমের রস 125 গ্রাম, দুধ 250 গ্রাম নিয়ে চিনি মিশিয়ে লস্যির মত তৈরী করে 2 মাস পর্যন্ত সন্ধ্যাবেলায় পান করুন। পুরুষত্ব শক্তি আর শারীরিক দুর্বলতাকে দূর করার জন্য এই প্রয়োগ অত্যন্ত ভালো ফল প্রদান করে। এটা আপনি বরফ মিশিয়েও পান করতে পারেন।
- **লুয়ের জন্য ঃ** দুটো কাঁচা আম আগুনে পুড়িয়ে সেটার শাঁস নিংড়ে 250 গ্রাম জলে কিছুটা বরফ আর চিনি মিশিয়ে দিনে দু বার পান করুন। লু লাগার রোগ ঠিক হয়।
- **গর্ভবতী মহিলাদের বমি ঃ** আমের রস 20 গ্রাম, অর্ক গোলাপ 20 গ্রাম, ক্যালশিয়াম ওয়াটার 20 গ্রাম – সব কিছুকে মিশিয়ে দিনে 3 বার পান করালে গর্ভবতী মহিলাদের বমিতে লাভ হয়। এটা হচ্ছে এক মাত্রা ওষুধ।
- **মাজন ঃ** আমের পাতাকে ছায়ায় শুকিয়ে আর পুড়িয়ে মিহি করে পিযে প্রতি দিন সেটা দিয়ে দাঁত মাজলে দাঁত থেকে রক্ত পড়া বন্ধ হয় আর দাঁত মজবুত হয়ে ওঠে।
- মিস্টি আমের শাঁস নিয়ে 250 গ্রাম দই এবং প্রয়োজন অনুসারে চিনি আর বরফ মিশিয়ে লস্যির মত রগড়ে রস তৈরী

করে নিন। এক গ্লাস প্রতি দিন পান করলে শরীরের রক্ত বৃদ্ধি পায়। শরীর হৃষ্টপুষ্ট হয় আর মুখের কান্তি বাড়ে। এই প্রয়োগ লুয়ের হাত থেকেও রক্ষা করে। এর সঙ্গে রুটী খেলে খুব সুস্বাদু লাগবে আর ক্ষিধেও বেড়ে উঠবে।

- কাঁচা আম এক কিলো নিয়ে সেগুলোর খোসা ছাড়িয়ে কুরে নিয়ে কিছুটা জলে ফেলে আঁচের ওপরে রেখে ফুটিয়ে নিন আর ঠাণ্ডা হতে দিন। ঠাণ্ডা হলে জল নিংড়ে তাতে আধ কিলো চিনি মিশিয়ে আবার আঁচের ওপরে রেখে দিন। প্রয়োজন অনুসারে ইচেছ করলে কিছুটা হলুদ খাবার রং-ও মেশাতে পারেন। যখন জল শুকিয়ে আসবে, তখন আঁচ থেকে নামিয়ে এনে ঠাণ্ডা হলে কাঁচের জারে ভরে রাখুন আর ইচেছ হলে এতে কিছুটা ক্যাওড়াও মেশাতে পারেন।
- **ডায়াবেটিজ ঃ** আমের যেসব পাতা গাছ থেকে নীচে পড়ে গেছে, সেগুলোকে মিহি করে পিযে 2 গ্রাম তাজা জলের সঙ্গে 15 দিন পর্যন্ত খান। মিস্টি জিনিয খাবেন না।

বেদানা

- **মজবুত দাঁত ঃ** বেদানার ফুলকে ছায়ায় রেখে শুকিয়ে মিহি চূর্ণ তৈরী করে সেটা দিয়ে দাঁত মাজলে দাঁত থেকে রক্ত পড়া বন্ধ হয় আর দাঁতও মজবুত হয়।
- **জণ্ডিস ঃ** মিস্টি বেদানার দানার রস 50 গ্রাম রাতের বেলা কোন লোহার পাত্রে রেখে দিন। পরের দিন সকালে তাতে কুঞ্জা মিছরী মিশিয়ে 20-25 দিন রোগীকে পান করান। টক জিনিযকে বর্জন করা উচিত।
- **কাশি ঃ** মিস্টি বেদানার খোসা 20 গ্রাম, লাহোরী লবন 3 গ্রাম নিয়ে মিহি করে পিযে জল মিশিয়ে 1-1 গ্রামের গুলি তৈরী করুন। দিনে 3 বার 2-2 গুলি চুযুন। টক খাবেন না। 6 গ্রাম বেদানার খোসাকে কিছুটা দুধে ফুটিয়ে পান করলেও হুপিং কাশিতে আরাম পাওয়া যায়।
- **প্রস্রাবের জন্য ঃ** বেদানার খোসার মিহি চূর্ণ তৈরী করে 4 গ্রাম তাজা জলের সঙ্গে দিনে 2 বার খেলে মূত্রাশয়ের উষ্ণতা আর বার-বার প্রস্রাব পাওয়া ঠিক হয়ে পড়ে। 10 দিন পর্যন্ত সেবন করুন। **বর্জন ঃ** ভাত খাবেন না।
- **স্বপ্নদোষ ঃ** কন্ধারী বেদানারা খোসাকে মিহি চূর্ণ করে

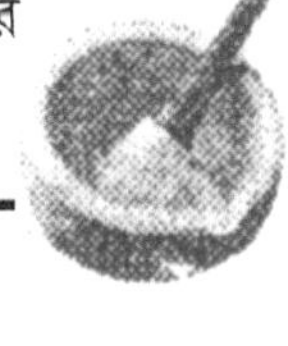

3 গ্রাম মাত্রায় দিনে দু বার জলের সঙ্গে খেলে স্বপ্নদোষ ঠিক হয়ে পড়ে। 10 দিন সেবন করুন। টক খাবেন না আর রাতে দুধ পান করবেন না।

- **হুপিং কাশি ঃ** 6 গ্রাম বেদানার খোসাকে কিছুটা দুধের সঙ্গে ফুটিয়ে পান করলে হুপিং কাশিতে আরাম হয়।

আঙ্গুর

- **চোখের জন্য ঃ** মিস্টি আঙ্গুরের রস কলাইয়ের পাত্রে রেখে আঁচের ওপরে রেখে ফোটান। রস গাঢ় হয়ে এলে শিশিতে ভরে রেখে নিন। এটা রাতে দেশলাইয়ের কাঠি দিয়ে চোখে লাগান। চোখের চুলকোনি আর চোখের পলক ঝরে পড়া আটকাতে সহায়তা করে।
- **নাক থেকে রক্ত পড়া ঃ** মিস্টি আঙ্গুরের রস নিংড়ে নাকে দিন। নাক থেকে রক্ত পড়া তখুনি বন্ধ হয়ে পড়বে।
- **শুকনো কাশি ঃ** মুনক্কা, মূলেঠী, বাদাম – সব কিছু সমান মাত্রায় নিয়ে মিহি করে পিষে ছোলার আকারের গুলি বানিয়ে নিন। 2-2 গুলি দিনে চার বার মুখে রেখে চুষুন *(মুনক্কার বিচি বার করে নেবেন)*।
- **খারাপ হজমশক্তি আর মাথার যন্ত্রণার জন্য ঃ** আঙ্গুরের তাজা রস 25 মিলি প্রতি দিন পান করলে হজমশক্তির দুর্বলতা, পেট ফোলা, কোষ্ঠকাঠিন্য, মাথার যন্ত্রণা, মাথা ঘোরা, পেট ফাঁপা ইত্যাদিতে আরাম পাওয়া যায়। দিনে 2 বার 2 চামচ করে সেবন করুন।
- **মহিলাদের জন্য ঃ** আঙ্গুরের তাজা রস 50 গ্রাম প্রতি দিন পান করলে হজমশক্তির দুর্বলতা, পেট ফোলা, কোষ্ঠকাঠিন্য, মাথার যন্ত্রণা, মাথা ঘোরা, পেট ফাঁপা ইত্যাদিতে আরাম পাওয়া যায়।
- **মৃগী রোগের জন্য ঃ** 10 গ্রাম অকরকরাকে মিহি করে পিষে 20 গ্রাম মুনক্কার সঙ্গে ভালো করে রগড়ে মাজন বানিয়ে নিন। মুনক্কার বিচি বার করে ফেলে দিন। 2 গ্রাম মাত্রায় 15-20 দিন দুধের সঙ্গে সেবন করুন। দেখুন, কত লাভ পাবেন। কোন কিছু প্রশ্ন থাকলে নিজের পুরো ঠিকানা লিখে পাঠান।

পেয়ারা

পেয়ারা খেলে চোখ তরোতাজা হয়ে ওঠে আর কোষ্ঠকাঠিন্য দূর হয়। কোষ্ঠকাঠিন্যের রোগীদের সকালের প্রাতঃরাশে পেয়ারা খাওয়া

উচিত। এতে অজীর্ণ আর গ্যাস দূর হয়... ক্ষিধে বাড়ে। পেয়ারা সন্ধক লবন লাগিয়ে খেলে পাচন শক্তি বাড়ে।

- **পাতলা পায়খানা** ঃ পেয়ারার কচি পাতা জলে ফেলে ফুটিয়ে সেই জল পান করলে পাতলা পায়খানায় লাভ হয়।
- **দাঁতের যন্ত্রণা** ঃ পেয়ারা পাতা চিবোলে দাঁতের যন্ত্রণা দূর হয় বা পেয়ারা পাতাকে জলের সঙ্গে ফুটিয়ে সেই জল দিয়ে কুলকুচি করুন – দাঁতের যন্ত্রণা, মাড়ির যন্ত্রণা, মাড়ি ফোলা দূর হবে।
- **কাশি** ঃ পেয়ারাকে আগুনে সেঁকে খেলে কাশি ঠিক হয়ে পড়ে অথবা কাঁচা পেয়ারার খোসা চিবিয়ে সেটার রস চুষলেও কাশিতে আরাম হয়।
- **কোষ্ঠকাঠিন্য** ঃ 250 গ্রাম পেয়ারা খেয়ে তারপর গরম দুধ পান করলে কোষ্ঠকাঠিন্য দূর হয়। পুরোন কোষ্ঠকাঠিন্যের রোগীদের সকাল-সন্ধ্যা পেয়ারা খাওয়া উচিত।

আমলা

- **কোষ্ঠকাঠিন্য** ঃ রাতে ঘুমোবার সময় 2 বা 3 মাশা শুকনো আমলার চূর্ণ দুধের সঙ্গে সেবন করলে পরের দিন সকালে পেট ভালোমতন পরিস্কার হয়ে পড়ে।
- **ক্ষিধে না লাগা** ঃ শুকনো আমলার চূর্ণ জলের সঙ্গে নিলে ক্ষিধে ভালোমতন লাগে।
  মাত্রা ঃ 5 গ্রাম।
- **অর্শ** ঃ শুকনো আমলাকে পিষে মিহি চূর্ণ বানিয়ে নিন। 6-6 গ্রাম মাত্রায় সকাল-সন্ধ্যা গরুর দুধের সঙ্গে সেবন করুন।
- **চওড়া যোনি** ঃ আমলা গাছের ছাল 24 ঘন্টা জলে ভিজিয়ে রাখুন। তারপর জল ছেঁকে সেই জল দিয়ে প্রতি দিন যোনি ধুতে থাকুন... যোনি সংকুচিত হয়ে পড়বে।
- **শক্তির জন্য** ঃ শুকনো আমলার চূর্ণ 6 গ্রাম মাত্রায় প্রতি দিন গরুর দুধের সঙ্গে খেলে পুরুষদের বীর্য অধিক শক্তিশালী হয়ে ওঠে। শরীরে শক্তি আসে, রক্ত শুদ্ধ হয় এবং সকল প্রকারের বীর্য বিকার, যেমন – স্বপ্নদোষ, শীঘ্রপতন ইত্যাদির শমন হয়।
- **পেট আর আন্ত্রের ছালা** ঃ তাজা আমলার রসকে মধুর সঙ্গে কিছু দিন পর্যন্ত সেবন করলে পেট আর আন্ত্রের ছালা ঠিক হয়ে পড়ে।
  মাত্রা ঃ 2 চামচ।

- **কফের জন্য ঃ** শুকনো আমলা 2 মাশা, মূলেঠী 2 মাশা নিয়ে মিহি করে পিষে দিনে 2 বার গরম জলের সঙ্গে নিলে কফ পরিস্কার হয়ে পড়ে।
- **মাথা ঘোরা ঃ** গরমের দিনে মাথা ঘুরতে থাকলে, শরীরের ভেতরে অস্থিরতার সৃষ্টি হলে আমলার শরবত পান করুন।
- **ল্যুকোরিয়া ঃ** 3 গ্রাম আমলাকে মিহি করে পিষে 6 গ্রাম মধু মিশিয়ে দিনে একবার 15 দিন খান। টক খাবেন না।
- **হৃদয়ের স্পন্দন ঃ** যেসব ব্যক্তিদের হৃদয়ের স্পন্দন তীব্র, তাঁরা 50 গ্রাম আমলার মোরব্বার ওপরে রূপোর তবক লাগিয়ে সকালবেলা খালি পেটে 20 দিন খেলে ভালো লাভ পাবেন।
- **গেঁটে বাত ঃ** এক গ্লাস জলে 25 গ্রাম শুকনো আমলা *(বিচি বার করে)* এবং 50 গ্রাম গুড় এক সঙ্গে মিশিয়ে ফোটান। জল এক-চতুর্থাংশ অবশিস্ট থেকে গেলে সেটাকে ছেঁকে প্রতি দিন 2 বার পান করুন। খাবারে নুন ছাড়া রুটী, মুগ ডালে সন্ধক লবন আর গোলমরিচের চূর্ণ ঢেলে খান এবং ঠাণ্ডা হাওয়া থেকে নিজেকে দূরে রাখুন।

আপেল

- **পুরোন মাথার যন্ত্রণা ঃ** একটা মিস্টি আপেল কেটে নুন লাগিয়ে বাসী মুখে 15 দিন খেলে পুরোন মাথার যন্ত্রণায় আরাম হয়।
- **মস্তিস্কের দুর্বলতা ঃ** খাবার খাওয়ার 10 মিনিট আগে খোসা না ছাড়ানো একটা মিস্টি আপেল 10 দিন খান... মস্তিস্ক শক্তি প্রাপ্ত করবে।
- **পেটের গ্যাস ঃ** একটা মিস্টি আপেল নিয়ে তাতে 10 গ্রাম লবঙ্গ ঢুকিয়ে দিন। 10 দিন পরে লবঙ্গ বার করে একটা করে লবঙ্গ প্রতি দিন জলের সঙ্গে খান। **বর্জন ঃ** ভাত খাবেন না।
- **শক্তির জন্য ঃ** একটা মিস্টি অম্বরী আপেলে যতগুলো লবঙ্গ ঢোকানো যেতে পারে, ঢুকিয়ে কোন চীনা মাটির পাত্রে 8 দিন রেখে দিন। 8 দিন পরে লবঙ্গ বার করে কোন শিশিতে রেখে নিন আর প্রতি দিন 2 লবঙ্গ মিহি চূর্ণ করে সকালবেলা দুধের সঙ্গে 20 দিন পর্যন্ত খান। এই প্রয়োগ পুরুযত্ব শক্তিকে বাড়িয়ে তোলে। নীচে উল্লেখিত তেলের ব্যবহার করলে দ্বিগুণ লাভ হবে। লবঙ্গ অলসতার ভালো ওষুধ হয়। ধাতুর রোগী এই প্রয়োগ করতে যাবেন না।

- **হৃদয়ের দুর্বলতা ঃ** আপেলের মোরব্বা 50 গ্রাম রূপোর দুটো তবক লাগিয়ে সকালবেলা সেবন করুন। হৃদয়ের দুর্বলতা দূর হবে। 15 দিন পর্যন্ত খান।
- **নুস্খা তেল ঃ** 10 গ্রাম লবঙ্গ, 60 গ্রাম চামেলীর তেলে রেখে আঁচের ওপরে রেখে ফুটিয়ে কাপড়ে ছেঁকে শিশিতে ভরে রেখে নিন। রাতে কিছুটা তেল ইন্দ্রিয়ের ওপরে লাগিয়ে 2 মিনিট মালিশ করুন... খারাপ হয়ে পড়া শিরা ঠিক হয়ে শরীরে আবার শক্তি ফিরে আসবে।

কলা

- **আন্ত্রের রোগের জন্য ঃ** দুটো কলা 150 গ্রাম দইয়ের সঙ্গে কিছু দিন পর্যন্ত খেলে পাতলা পায়খানা, অর্শ, সংগ্রহণীতে লাভ হয়।
- **মুখের ছালার জন্য ঃ** মুখে ছালা পড়লে গরুর দুধ থেকে তৈরী দইয়ের সঙ্গে কিছু দিন পর্যন্ত কলা খান... লাভ হবে।
- **নাক থেকে রক্ত পড়া ঃ** একটা পাকা কলা চিনি মেশানো দুধের সঙ্গে আট দিন খান।
- **অর্শ ঃ** একটা পাকা কলা চিনি মেশানো দুধের সঙ্গে 8 থেকে 10 দিন খান।
- **মোটা হওয়ার জন্য ঃ** দুটো পাকা কলা খেয়ে তারপর 250 গ্রাম দুধ প্রতি দিন 2 মাস পর্যন্ত পান করুন। মোটা হয়ে উঠবেন। পেট ফাঁপলে খাওয়া বন্ধ করে দিন।
- **হাঁফানী, শ্বাসকষ্ট এবং কাশির জন্য ঃ** কলার খোসাকে শুকিয়ে ঘুঁটের আগুনে জ্বালান... তারপর মিহি করে পিষে কোন শিশিতে ভরে রেখে নিন। হাঁফানী, শ্বাসকষ্ট আর কাশিতে 3 গ্রাম মাত্রায় রাতে ঘুমোবার সময় গুনগুনা গরম জলের সঙ্গে 15 দিন পর্যন্ত খান। ভাত খাবেন না।

জাম

- **বার-বার প্রস্রাব পাওয়া ঃ** জামের বিচি মিহি করে পিষে 4-4 গ্রাম মাত্রায় 100 গ্রাম তাজা জলের সঙ্গে নিন। 20 দিন পর্যন্ত খান।
- **মাসিক ধর্মের জন্য ঃ** জামের কচি তাজা ছাল 20 গ্রাম জলে রগড়ে-ছেঁকে সকাল-সন্ধ্যা পান করালে মাসিক ধর্মের স্রাবে অত্যধিক রক্ত আসা কম করতে সহায়তা করে।

- **প্রদর রোগ ঃ** জামের কচি তাজা ছালকে ছায়ায় শুকিয়ে মিহি করে পিয়ে 4-4 গ্রাম মাত্রায় সকাল-সন্ধ্যা ছাগলের দুধ বা গরুর দুধের সঙ্গে খেয়ে মহিলাদের প্রদর রোগে লাভ হয়।
- **দাঁতের জন্য ঃ** জামের কচি ছালকে মিহি করে পিষে মাজনের মত লাগালে সেটা দাঁতের সব রোগে অত্যন্ত লাভদায়ক হয়।
- **রক্ত পায়খানা ঃ** জামের বিচি মিহি করে পিষে 4-4 গ্রাম মাত্রায় সকাল-সন্ধ্যায় এক কাপ তাজা জলের সঙ্গে নিন। 20 দিন পর্যন্ত খেলে পাতলা পায়খানায় ভালো লাভ হয়।
- **ধাতু রোগ ঃ** যেসব ব্যক্তিদের মূত্রাশয় দুর্বল আর যাঁদের স্বপ্নদোষের অভিযোগ রয়েছে, তাঁরা জামের বিচিকে মিহি করে কুটে-ছেঁকে চূর্ণ বানিয়ে নিন। 3 গ্রাম মাত্রায় সন্ধ্যায় তাজা জলের সঙ্গে 30 দিন পর্যন্ত খান। গুড়, তেল, ঝাল খাবেন না।
- **গলার জন্য ঃ** জামের বিচি মিহি করে পিষে মধু মিশিয়ে কুলের মত গুলি তৈরী করে নিন। মুখে রেখে চুষতে থাকুন। বন্ধ গলা ঠিক হবে, কন্ঠস্বরের ভারীপণ ঠিক হয়ে পড়বে।
- **ডায়াবেটিজ ঃ** জামের বিচি আর ছাল শুকিয়ে কুটে-ছেঁকে চূর্ণ বানিয়ে নিন। 6-6 গ্রাম মাত্রায় সকাল-সন্ধ্যায় তাজা জলের সঙ্গে নিন। 30 দিন পর্যন্ত প্রয়োগ করলে ডায়াবেটিজ রোগে লাভ হয়।

লেবু

- **পেটের যন্ত্রণার জন্য ঃ** নুন, আজওয়াইন, জিরা আর চিনি – সব কিছু 2-2 গ্রাম করে নিয়ে কিছুটা লেবু নিংড়ে খেলে পেটের যন্ত্রণায় লাভ হয়। গরম জলের সঙ্গে খান।
- **কোষ্ঠকাঠিন্য ঃ** দুটো লেবুর রস, সকালে শৌচের পরে আর সন্ধ্যায় 250 মিলি জলের সঙ্গে পান করলে কোষ্ঠকাঠিন্য দূর হয়।
- **অজীর্ণ ঃ** লেবুর রসে জায়ফল পিষে চাটলে অজীর্ণে লাভ হয় অথবা খাবার খাওয়ার আগে লেবু, আদা আর সন্ধক লবন এক সঙ্গে মিশিয়ে চিবিয়ে-চিবিয়ে খেলে অজীর্ণ শেষ হয়ে পড়ে। ক্ষিধে ভালোমতন লাগতে থাকে।
- **দাঁতের যন্ত্রণা ঃ** কিছুটা লবঙ্গ পিষে তাতে লেবুর রস নিংড়ে দাঁতে লাগালে দাঁতের যন্ত্রণা ঠিক হয়। খাবার সোডা লাগালেও লাভ পাওয়া যায়।

- **অর্শ ঃ** 125 গ্রাম তাজা জলে লেবু নিংড়ে দিনে 3 বার পান করুন... অর্শে লাভ হবে।
- **মাথা ঘোরা ঃ** পেটের গ্যাসের কারণে মাথা ঘুরতে থাকলে এক কাপ গরম জলে লেবু নিংড়ে 8 দিন পান করুন। মাথা ঘোরা দ্রুত ঠিক হয়ে পড়বে।
- **বুকের জ্বলুনি ঃ** 250 গ্রাম ঠাণ্ডা জলে লেবু নিংড়ে পান করলে বুকের জ্বলুনি আর অস্থিরতায় আরাম হয়।
- **রক্তার্শ ঃ** 1 লেবু দু টুকরো করে কেটে 4 গ্রাম খয়ের পিযে লেবুর টুকরোর ওপরে ছিটিয়ে দিন আর রাতে ছাদে রেখে দিন... পরের দিন সকালে দুটো টুকরো চুষে নিন। এটা হচ্ছে রক্তার্শের এক ভালো ওষুধ। এটা 5 দিন পর্যন্ত ব্যবহার করুন।
- **স্থূলতা দূর করা ঃ** 1 লেবু 250 গ্রাম জলে নিংড়ে বাসী মুখে পান করুন। গরমের দিনে 2 মাস এমনটা পান করলে স্থূলতা দূর হয়।
- **পেটের রোগে ঃ** ত্রিফলা, আজওয়াইন, বীট লবন – সব কিছু 50-50 গ্রাম, ঘিগ্ব্যার আধ কিলো নিয়ে সব কিছুকে কুটে-ছেঁকে ঘিগ্ব্যারের ছোট-ছোট টুকরো করে মাটির পাত্রে 15 দিন পর্যন্ত রোদে রাখুন... তাতে 30 গ্রাম সন্ধক লবন মিশিয়ে দিন। আপনার ওষুধ তৈরী। পেটের গ্যাস, পেটের যন্ত্রণা, কোষ্ঠকাঠিন্য, ক্ষিধে না লাগা ইত্যাদির জন্য দু টুকরো গরম জলের সঙ্গে দিনে দু বার খাবার খাওয়ার পরে খান। পেটের রোগ দূর হবে। পেট ফোলা, গা গুলোন, টক-টক ঢেঁকুর আসা বন্ধ হবে, পেটের গ্যাসও ঠিক হয়ে পড়বে।
- **ব্রণ ঃ** এক তোলা মালাইতে এক-চতুর্থাংশ লেবু নিংড়ে প্রতি দিন মুখে লাগালে মুখের রং পরিস্কার হবে আর ব্রণও শেষ হয়ে পড়বে। ভেজা ব্রণের ওপরে লাগাবেন না।
- **বমির জন্য ঃ** অর্ধেক লেবুর রস, এক ছটাক জল, এক মাশা ছোট এলাচের দানা – সব কিছুকে এক সঙ্গে মিশিয়ে 2-2 ঘন্টা পরে-পরে পান করুন। এটা বমি বন্ধ করার খুবই ভালো ওষুধ।
- **আধকপালীর যন্ত্রণায় ঃ** 2 ফোঁটা লেবুর রস কানে দিলে আধকপালীর যন্ত্রণা ঠিক হয়ে পড়ে।
- **দাঁতের মাজন ঃ** লেবুর খোসাকে রোদে শুকিয়ে মিহি করে পিযে নিন। এই মাজন দাঁত সাফ করার সাথে-সাথে মুখের

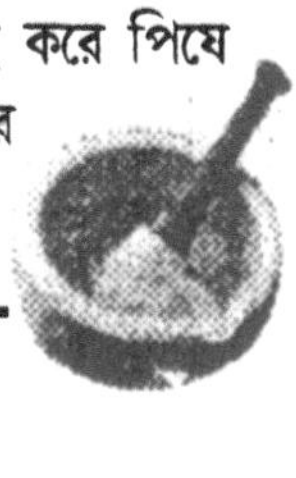

দুর্গন্ধকেও দূর করে।

নারকেলের প্রয়োগ

নারকেলকে সব ফলের মধ্যে উত্তম বলে মনে করা হয়। একে *'শ্রীফল'*-ও বলা হয়ে থাকে এবং শুভ আর মঙ্গল অনুষ্ঠানে এই ফলের প্রয়োগ মুখ্য রূপে করা হয়ে থাকে। সম্মানপূর্বক উপহার দেবার জন্যও নারকেলেরই উপযোগ করা হয়ে থাকে। একে মঙ্গলকারী হিসেবে মানা হয়ে থাকে... তাই মঙ্গল কলসের ওপরে রাখার জন্য, পূজার প্রসাদে আর দেবী-দেবতাদের অর্ঘ্যে নারকেলেরই প্রয়োগ করা হয়ে থাকে। সংস্কৃত ভাষায় একে বেশ কিছু গুণবাচক নামে ডাকা হয়ে থাকে। নারকেল সমুদ্রের ধারে এবং দক্ষিণ ভারতে... বিশেষ করে কেরলে প্রচুর সংখ্যায় হয়।

গুণ ঃ নারকেল শীতল, দেরীতে হজম হওয়া, মূত্রাশয়ের শোধন করা, গ্রাহী, পুষ্টিকারক, শক্তিদায়ক আর বাত, পিত্ত, রক্তবিকার এবং দাহনাশক হয়। কাঁচা নারকেল পিত্ত জ্বর আর পিত্ত বিকারকে নস্ট করে। এর জল শীতল, হৃদয়ের প্রিয়, অগ্নি প্রদীপক, বীর্যবর্ধক, হাল্কা, তৃষ্ণা এবং পিত্তকে নস্ট করে এবং মধুর হয়। নারকেলের জল মূত্রাশয়েরও শুদ্ধি করে। এর তেল কড লিভার অয়েল *(Cod Liver Oil)*-য়ের উত্তম প্রতিনিধি হয় এবং কেশবর্ধক হয়। এটা মালিশ আর ক্ষতস্হানের পক্ষেও উপযোগী হয়।

উপযোগ ঃ এর উপযোগ ধার্মিক পূজাপাঠ এবং মঙ্গল কার্যে করা হয়... যার বর্ণনা আগেই দেওয়া হয়েছে। শুকনো আর পাকা নারকেলের উপযোগ বিভিন্ন ব্যঞ্জনে এবং কেশ তেল তৈরী করার কাজে এবং কাঁচা নারকেলের উপযোগ প্রায়ই প্রসাদের রূপে করা হয়ে থাকে। নারকেল চুলের রক্ষায় এবং চর্ম রোগে লাভদায়ক হয়। এর তেলে কর্পূর মিশিয়ে ত্বকে লাগালে ত্বক নীরোগ, মোলায়েম আর মসৃণ থাকে এবং মাথার চুলে লাগিয়ে মালিশ করলে মাথার চুলের খুশকী নস্ট হয়ে পড়ে এবং চুল মজবুত আর লম্বা হয়। কাঁচা নারকেলের দুধ আর কালো জিরা মিশিয়ে মিশ্রণ বানিয়ে লু লাগা ব্যক্তির শরীরে প্রলেপ করলে রোগী শান্তি পান। কাঁচা নারকেল পুষ্টিকর, শক্তিবর্ধক হয় এবং প্রস্রাবের জ্বলুনি আর অবরোধকে দূর করে। কাঁচা নারকেলের 2-3 টুকরো 1-2 বাতাশার সঙ্গে প্রতি দিন খাওয়া উচিত। এই প্রয়োগে ত্বকের রং উজ্জ্বল হয়ে ওঠে, শরীরের উষ্ণতা আর পিত্তের শমন হয়, মুখের আভা বেড়ে ওঠে এবং মাথার চুল ঘন আর লম্বা হয়।

কিছু বিশেষ প্রয়োগ

- বুকের যন্ত্রণার সহজ চিকিৎসা হচ্ছে দুটো কলা 10 গ্রাম মধুর সঙ্গে মিশিয়ে খেলে বুকের যন্ত্রণায় লাভ হবে। মুখে ছালা পড়ে গেলে না তো ঝাল খাবার খাওয়া যায় আর নাই চটপটা খাবারের মজা ওঠানো যায়। মুখে ছালা পড়ে গেলে গরুর দুধের সঙ্গে কলা খেলে কিছু দিনের ভেতরেই আরাম পাবেন।
- রোগা-পাতলা ব্যক্তিরা যদি নিজেদেরকে মোটা করে তুলতে চান, তাহলেও কলা আপনাদের সহায়তা করতে পারে। এক মাস পর্যন্ত প্রতি দিন আপনাদের দুটো করে কলা খেয়ে চলতে হবে। কলা খাবার পরে 250 গ্রাম গরুর দুধ পান করলে আপনাদের শরীরের ওজন বেড়ে উঠবে।
- বেদানাও আপনাদের কাজে আসতে পারে। আপনার মুখ থেকে দুর্গন্ধ বেরোতে থাকলে অস্হির হওয়ার কিছু নেই। দুটো মিস্টি বেদানার খোসা জলে ফুটিয়ে সেই জল দিয়ে কুলকুচি করলে মুখের দুর্গন্ধ দূর হয়। পেয়ারার পাতা জলে ফেলে ফুটিয়ে নিন। তারপর ঠাণ্ডা করে সেই জল দিয়ে সকাল-সন্ধ্যায় কুলকুচি করুন। পায়োরিয়া, মাড়ি থেকে রক্ত পড়া, দাঁতে পোকা লাগা ইত্যাদি দূর হবে। আপেল খাওয়া পেটের কৃমি মারার এক সহজ পদ্ধতি। রাতে ঘুমোবার আগে তিনটে মিস্টি আপেল খেলে পেটের কৃমি মরে যায়।
- বট গাছকে *'নিরাশ্রয়ের আশ্রয়'* বলা হয়। বট গাছের ফল বেশ কিছু কাজে প্রয়োগ করা হয়ে থাকে। বেশ কয়েক প্রকারের রোগের চিকিৎসা বট গাছের ফল দিয়ে করা হয়ে থাকে। বট গাছের মিস্টি ফল ক্ষিধেকে তো শান্ত করেই... এটা খেলে ব্যক্তি বীর্যবান আর ওজস্বীও হয়ে ওঠেন। বট গাছের কাঁচা ফলকে শুকিয়ে সেটার 10 থেকে 15 গ্রাম পর্যন্ত শুকনো চূর্ণ সকাল-সন্ধ্যায় গিলে খান আর তারপর গরুর দুধ মিশিয়ে ঘিয়ের সঙ্গে এর প্রয়োগ করুন। সকাল-সন্ধ্যায় পায়চারী করুন। এর ফলে আপনার কাম শক্তির অভাব পূরণ হয়ে পড়বে।
- ভগবান শ্রী কৃষ্ণ নিজে অশ্বথ গাছের উপাসক ছিলেন।

অশ্বথ গাছকে সব থেকে দিব্য গুণসম্পন্ন গাছ হিসেবে মেনে নেওয়া হয়েছে। অশ্বথ গাছের শুকনো ফলের 4 গ্রাম চূর্ণ গরুর দুধের সঙ্গে গিলে খেলে সন্তানহীনা নারীর লাভ হয়। অশ্বথ গাছের দুটো তাজা ফল খেলে বুকের জ্বলুনি থেকে মুক্তি পাওয়া যায়।

- পেঁপে আর বেলপাতা কোষ্ঠকাঠিন্য নাশক হয় আর ক্ষিধে বাড়িয়ে পাচন শক্তিকে সুচারু করে তোলে।

□□

সব্জী দ্বারা চিকিৎসা

আলু

আলু পৃথিবীর সর্বত্রই চাষ করা হয়। আলুকে বেশীর ভাগ ক্ষেত্রে সব্জীর রূপেই খাওয়া হয়ে থাকে। আলু শুস্ক এবং গরম প্রকৃতির হয়। এতে কার্বোহাইড্রেট, প্রোটিন, ফোস্ফোরাস, আয়রণ আর ক্যালশিয়াম তত্ত্ব মজুদ থাকে। আলুর প্রয়োগ দ্বারা রক্ত বাহিনীগুলো দীর্ঘ সময় পর্যন্ত নমনীয় হয়ে থাকে এবং সেগুলো কঠোর হয়ে উঠতে পারে না। এজন্য আলুর সেবন করে দীর্ঘ আয়ু প্রাপ্ত করা যেতে পারে। এর সর্বোত্তম প্রয়োগ হচেছ গরম ছাইতে ভেজে বা হাল্কা আঁচে ভেজে খোসা ছাড়িয়ে খাওয়া। আলুর প্রয়োগ বিভিন্ন রোগের চিকিৎসায় করা হয়ে থাকে।

- **গেঁটে বাত ঃ** গরম ছাইতে 4-5 আলু ভেজে সেগুলোর খোসা ছাড়িয়ে নুন-লঙ্কা লাগিয়ে প্রতি দিন খেলে গেঁটে বাত রোগ ঠিক হয়ে পড়ে।
- **ফোলা বা জয়েন্টের যন্ত্রণা ঃ** হাঁটু ফুলে উঠলে অথবা শরীরের জয়েন্টগুলোয় কোন প্রকারের রোগ হয়ে পড়লে কাঁচা আলুকে পিষে লাগালে ভালো লাভ হয়।
- **কিড্নীতে পথরী ঃ** কিড্নীতে পথরী হয়ে পড়লে রোগীকে আলুর সেবন করাতে থাকলে ভালো লাভ হয়। পথরীর রোগীকে বার-বার আলু খাওয়াতে থাকলে আর বার-বার বেশী করে জল পান করাতে থাকলে কিড্নীর পাথর প্রস্রাবের রাস্তায় বেরিয়ে যায়।
- **চোখে জালা হওয়া ঃ** কাঁচা আলুকে পাথরের ওপরে ঘষে চোখে কাজলের মত লাগালে চোখের জালা দূর হয়ে পড়ে।
- **অম্লতা *(Acidity)* ঃ** যেসব রোগীর পাচন ক্রিয়া ঠিক থাকে না আর যাঁদের টক-টক ঢেঁকুর আসতে থাকে, তাঁদের গরম ছাই বা বালিতে ভেজে নেওয়া আলু, নুন আর গোলমরিচের চূর্ণ ছিটিয়ে খাওয়ান। এই প্রয়োগ কোস্ঠকাঠিন্য আর আন্ত্রের পচনকে দূর

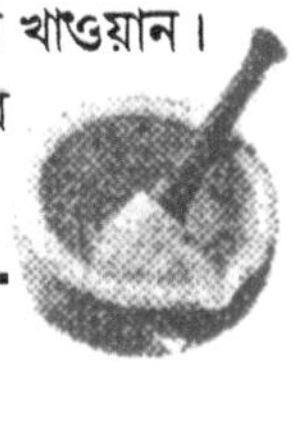

করে। আলুতে মজুদ পোটাশিয়াম সল্ট তত্ত্ব অম্লপিত্তকে বাধা প্রদান করে। ভাজা আলু গমের আটার রুটীর তুলনায় অর্ধেক সময়ে হজম হয় আর গমের আটার রুটীর দ্বারা প্রাপ্ত পুষ্টিকর পদার্থের থেকে অনেক বেশী পুষ্টিকর পদার্থ শরীরকে প্রদান করে।

আদা

- **কাশি ঃ** আদার রস 12 গ্রাম আর মধু 12 গ্রাম নিয়ে দুটোকে গুনগুনা গরম করে দিনে 2 বার পান করুন। এটা কাশির এক ভালো ওষুধ।
  বর্জন ঃ টক, দই, লস্যি।
- **ক্ষুধামান্দ্য ঃ** 6 গ্রাম আদাকে মিহি করে কেটে তাতে একটু নুন আর লেবুর রস মিশিয়ে খাবার খাওয়ার 15-20 মিনিট আগে নিন। এতে হজম শক্তি উন্নত হয়ে উঠবে, ক্ষিধে ভালোমতন লাগবে আর পেটের গ্যাসও সাফ হয়ে পড়বে।
- **বমি ঃ** আদা, পেঁয়াজ, পুদিনা পাতার রস দু চামচ পান করালে বমি বন্ধ হয়।
- **কণ্ঠস্বর রুদ্ধ হয়ে পড়া ঃ** আদার রস আর মধু সমান মাত্রায় নিয়ে দিনে 2 বার পান করান।
- **দাঁতের যন্ত্রণা আর মাড়ি ফোলা ঃ** 3 গ্রাম শুকনো আদা দিনে একবার তাজা জলের সঙ্গে গিলে খান। 3-4 দিন প্রয়োগ করলেই দাঁতের যন্ত্রণা এবং মাড়ি ফুলে ওঠা ঠিক হয়।

মূলো

- **দাদ ঃ** মূলোর বীজ, গন্ধক, আমলাসার, গুগ্গুলু – সব কিছু 20-20 গ্রাম, নীল তুতিয়া 1 গ্রাম নিন। সব কিছুকে মিহি করে পিযে 125 গ্রাম জলের সঙ্গে ঘষে রেখে নিন। এটা দাদের ওপরে লাগান। কিছু দিনের ভেতরেই দাদ ঠিক হয়ে পড়বে।
- **প্রস্রাবের জন্য ঃ** মূলোর আচার, নুন আর গোলমরিচের চূর্ণ ছিটিয়ে প্রতি দিন খেলে তিল্লীর রোগ আর ফোটা-ফোটা করে প্রস্রাব হওয়ায় লাভ হয়।
- **অর্শ ঃ** মূলোর ভেতরের শাঁস বার করে সেই জায়গায় 20 গ্রাম রসৌত ভরে মুখ বন্ধ করে ঘুঁটের আগুনে পুড়িয়ে ভস্ম তৈরী করে নিন। পরের দিন রসৌত বার করে মূলোর রসে মোটা কুলের আকারের

গুলি বানান। সকাল-সন্ধ্যা 1-1 গুলি খান। গরম জিনিষ খাবেন না।

- **কিড্‌নীর যন্ত্রণা** ঃ কলমীশোরা 15 গ্রাম নিয়ে 125 মিলি মূলোর রসে খরল করে কুলের আকারের গুলি বানান। সকাল-সন্ধ্যা 1-1 গুলি জলের সঙ্গে খান।
- **মূত্রাশয়ের পথরী** ঃ 35 গ্রাম মূলোর বীজকে আধ লিটার জলে ফেলে ফোটান। জল ফুটে যখন অর্ধেক অবশিস্ট থেকে যাবে, তখন সেটাকে ছেঁকে পান করুন। কিছু দিনের প্রয়োগে মূত্রাশয়ের পথরী গলে বেরিয়ে যাবে। অথবা মূলোর রস 20 মিলি মাত্রায় বার করে 4 ঘণ্টা পরে-পরে প্রতি দিন 3 বার পান করুন এবং মূলোর কাঁচা পাতা চিবিয়ে খান। মূত্রাশয়ের পথরী ভেঙে প্রস্রাবের সঙ্গে বাইরে বেরিয়ে আসবে। এই প্রয়োগ 2-3 মাস পর্যন্ত করুন।
- **অম্লপিত্ত** ঃ গরমের প্রভাবে টক-টক ঢেঁকুর উঠতে থাকলে এক কাপ মূলোর রসে মিছরী মিশিয়ে পান করলে লাভ হয়।
- **জণ্ডিস** ঃ একটা কাঁচা মূলো প্রতি দিন সকালে ঘুম থেকে উঠেই খেলে কিছু দিনের ভেতরে জণ্ডিস রোগ ঠিক হয়ে পড়ে। অথবা মূলোর পাতার রস 125 মিলি মাত্রায় নিয়ে তার সঙ্গে 30 গ্রাম চিনি মিশিয়ে ছেঁকে সকালবেলা বাসী মুখে পান করান। এক সপ্তাহের ভেতরে রোগ ঠিক হয়ে পড়বে।

টম্যাটো

- **শক্তিবর্ধক** ঃ সকালবেলা জলখাবারে এক গ্লাস টম্যাটোর রসে কিছুটা মধু মিশিয়ে পান করলে মুখ টম্যাটোর মত লাল হয়ে ওঠে। এটা মলকেও পরিস্কার করে। রক্তচাপকে কম করে আর স্মরণশক্তি বাড়িয়ে তোলে। এই রস পান করার পরে 1 ঘণ্টা কিছু খাবেন না বা পান করবেন না।
- **জণ্ডিস** ঃ টম্যাটোর রস প্রতি দিন এক গ্লাস করে পান করলে জণ্ডিস ঠিক হয়।
- **শারীরিক দুর্বলতা** ঃ টম্যাটোর স্যুপ বানিয়ে পান করলে ক্ষিধে বাড়ে, রক্তাল্পতা দূর হয়, ক্লান্তি আর শারীরিক দুর্বলতা দূর হয়ে মুখের কান্তি বাড়ে।
- **কৃমিনাশক** ঃ সকালবেলা বাসী মুখে গোলমরিচের চূর্ণ আর নুন মিশিয়ে টম্যাটো খেলে পেটের কৃমি মরে যায়।

গাজর

- **আধকপালীর যন্ত্রণা ঃ** আধকপালীর যন্ত্রণায় গাজরের পাতাকে জলে ফেলে গরম করে নাক আর কানে দিন।
- **পথরী ঃ** গাজরের বীজ আর শালগমের বীজ 20-20 গ্রাম করে নিন আর মূলোর ভেতরের শাঁস বার করে গরম ছাইতে বেগুন পোড়ার মত পুড়িয়ে নিন। তারপর বীজ বার করে পিষে নিন। 6 গ্রাম মাত্রায় সকাল-সন্ধ্যা জলের সঙ্গে এক মাস খান। এর ফলে বন্ধ হয়ে পড়া প্রস্রাব আবার শুরু হবে আর পথরী ভেঙে বেরিয়ে আসবে।
- **মাসিক ধর্মের জন্য ঃ** গাজরের বীজ 30 গ্রাম নিয়ে কুটে 500 গ্রাম জলে ফেলে ফোটান। জল ফুটে অর্ধেক অবশিস্ট থেকে গেলে কিছুটা চিনি মিশিয়ে 2-3 দিন পান করান। মাসিক ধর্ম ভালোমতন হতে লাগবে।
- **লিভারের উষ্ণতা ঃ** গাজর 100 গ্রাম, গুড় 100 গ্রাম আর 750 গ্রাম জল রাতের বেলা ফোটান। গাজর গলে গেলে পরের দিন সকালে দুটো রূপোর তবক লাগিয়ে খান। এতে লিভারের উষ্ণতা আর জণ্ডিস রোগে লাভ হবে। 10 দিন খান। এটা হৃদয়কেও শক্তি প্রদান করে।
- **শক্তির জন্য ঃ** 1 কিলো গাজরকে কুরে নিন, তারপর সেটাকে 4 কিলো দুধের সঙ্গে ফোটান। এতে আধ কিলো চিনিও মিশিয়ে দিন। দুধ শুকিয়ে এলে 250 গ্রাম দেশী ঘি আর 5 ডিম ফেলে ভেজে নিন। প্রতি দিন 60 গ্রাম মাত্রায় খেয়ে তারপর দুধ পান করুন। এক মাস পর্যন্ত এই প্রয়োগ চালিয়ে যান। এই প্রয়োগ পুরুষত্ব শক্তির পক্ষে দারুণ কাজ করে। মস্তিস্ককেও শক্তি প্রদান করে।

পেঁয়াজ

পেঁয়াজের উপযোগ প্রায় প্রত্যেক ভারতীয় রান্নাঘরে কাঁচা এবং সব্জীর রূপে করা হয়ে থাকে। এর ল্যাটিন নাম হচ্ছে *'এলিয়ম শিফা'*। পেঁয়াজ মাটির নীচে হয়। এর ওপরের রং গাঢ় খয়েরী, লাল এবং সাদা হয়। পেঁয়াজের প্রকৃতি গরম আর শুস্ক হয়। মধ্য আর উত্তর ভারতে পেঁয়াজের প্রচলন অত্যন্ত বেশী। একে গরীবদের *'কস্তুরী'* বলা হয়। পেঁয়াজের উৎপাদন গ্রীস্মকালে বেশী করে হয়। এই কারণে গরমে *'লু'* লাগার চিকিৎসাতেও পেঁয়াজেরই উপযোগ করা হয়ে থাকে। পেঁয়াজে ভিটামিন-*'সি'*, আয়রণ, গন্ধক, তামা ইত্যাদির মত বহুমূল্য খনিজ পদার্থ পাওয়া যায়... যেগুলো শারীরিক শক্তি

বাড়ায়। খাবারের সঙ্গে কাঁচা পেঁয়াজের সেবন লাভদায়ক হয়। এক দিকে যেমন এর উপয়োগ সব্জীকে সুস্বাদু করে তোলে... অন্য দিকে পেঁয়াজের বেশ কিছু ঔষধীয় গুণও রয়েছে ঃ-

- পেঁয়াজের রস কানপটি আর বুকে মালিশ করলে 'লু' লাগে না। খাবারের সঙ্গে কাঁচা পেঁয়াজের সেবন লাভদায়ক হয়।
- কানের যন্ত্রণা অথবা কান থেকে পুঁজ বেরোতে থাকলে 5-6 ফোঁটা পেঁয়াজের রস হাল্কা গরম করে কানে দিলে আরাম হয়।
- গরুর দুধের তাজা দইয়ের সঙ্গে কাঁচা পেঁয়াজ কেটে খেলে আমাশা অথবা রক্ত পায়খানায় আরাম পাওয়া যায়। পেঁয়াজের রস নাভির ওপরে প্রলেপ করলে পাতলা পায়খানা বন্ধ হয়।
- আধ কাপ সাদা পেঁয়াজের রসে গুড় আর পেষা হলুদ মিশিয়ে সকাল-সন্ধ্যা পান করলে জণ্ডিস রোগে লাভ হয়। ছোট পেঁয়াজকে ছিলে চৌকো-চৌকো করে কেটে ভিনিগার বা লেবুর রসে ভিজিয়ে দিন, তারপর তাতে নুন আর গোলমরিচের চূর্ণ ছিটিয়ে দিন। এটা হচেছ জণ্ডিসের গ্যারান্টীড চিকিৎসা।
- পেঁয়াজ খেলে হৃদয়ের ধমনীগুলোয় রক্তের ক্লট জমে না আর এর ফলে হৃদয় সম্ভাব্য বিপদের থেকে রক্ষা পায়।
- কুকুরে কামড়ালে কামড়ানো জায়গায় পেঁয়াজকে পিষে মধুর সঙ্গে লাগালে বিষের প্রভাব নস্ট হয়।
- সর্ষের তেল আর পেঁয়াজের রস এক সঙ্গে মিশিয়ে মালিশ করলে গেঁটে বাতের রোগীর লাভ হয়।
- পেঁয়াজকে কুটে শুঁকলে কাশি, শ্বাসকস্ট, গলার রোগ, টনসিল আর ফুসফুসের কস্ট দূর হয়।
- পেঁয়াজের রসে মধু মিশিয়ে চাটলে হাঁফানী আর কাশিতে আশ্চর্যজনক উন্নতি হয়।
- পেঁয়াজের রস নাক আর গলার সংক্রমণকে দূর করে।
- পেঁয়াজ শ্লেস্মার সর্বোত্তম ঔষধি হয়। কাঁচা পেঁয়াজ খেলে নাক থেকে শ্লেস্মার জল পড়া বন্ধ হয়।
- দাঁত বা মাড়িতে যন্ত্রণা হতে থাকলে কাঁচা পেঁয়াজের টুকরো সেই জায়গায় রেখে দিলে যন্ত্রণা কমে আসে।
- পেঁয়াজ আর আদার রস এক সঙ্গে মিশিয়ে পান করলে

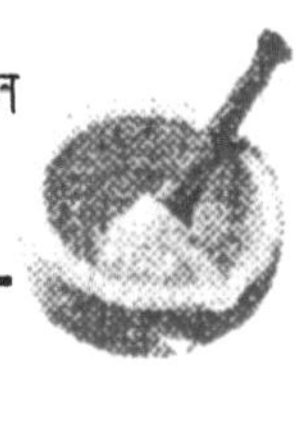

বমি বন্ধ হয়ে পড়ে।

পুদিনা

ভোজনে পুদিনার যতটা গুরুত্ব রয়েছে, ততটা গুরুত্ব অন্য কোন শাক-সব্জী অথবা ফলের নেই। শরবত বানাতে চাইলে বা সুগন্ধী চাটনীর স্বাদ ওঠাতে চাইলে পুদিনারই প্রয়োগ করুন।

সর্বসুলভ, সস্তা এবং রোগনাশক পুদিনা আমাদের দেশে প্রায় সর্বত্রই পাওয়া যায়। পুদিনা অপচন এবং হাঁফানীর মত রোগের থেকেও মুক্তি প্রদান করে। পুদিনার সর্বাধিক উৎপাদন গুজরাটে হয়। এমনিতে গোটা বিশ্বের মধ্যে পুদিনার সব থেকে বেশী উৎপাদন চীন দেশে হয়।

- পুদিনা বাতনাশক হয়। আপনি যদি খাবার বেশী খেয়ে ফেলে থাকেন বা আপনার যদি পাচন সম্বন্ধীয় কোন সমস্যা থাকে, তাহলে পুদিনায় কিছুটা আজওয়াইন আর লেবুর রস মিশিয়ে শরবত তৈরী করে পান করুন। কিছুক্ষনের ভেতরেই অপচন আর পেটের গড়বড়ি শেষ হয়ে পড়বে। এমনটা বলা হয়ে থাকে যে, পুদিনা পাতা মুখে রেখে চুষলে সেটা অমৃত উৎপন্ন করে। এতে মুখের দুর্গন্ধ দূর হয় আর দাঁত পূর্ণ রূপে সুস্থ হয়ে ওঠে। পুদিনা রুচিকর, বায়ু আর কফনাশক হয় এবং হজমশক্তিকেও বাড়িয়ে তেতালে। পেটের কৃমি, কলেরা এবং কাশি ইত্যাদিও পুদিনার সেবনে শীঘ্র দূর হয়ে পড়ে। পুদিনা নিয়মিত রূপে সেবন করতে থাকলে মস্তিস্ক সুস্থ আর প্রসন্ন থাকে।
- আপনার যদি ক্ষিধে না লাগে আর দুর্বলতা দিনের-পর-দিন বেড়েই চলতে লাগে, তাহলেও চিন্তা করার কিছু নেই। পুদিনা আপনার সব সমস্যাকে দূর করে দেবে। পুদিনা পাতা, তুলসী পাতা, 2-4 দানা গোলমরিচ এবং আদায় অর্ধেক লেবুর রস নিংড়ে সেবন করুন। আপনি দিনে একবার নয়... দু বার খাবার খাবেন আর আপনার পাচন ক্রিয়াও ঠিক থাকবে।
- নিয়মিত রূপে পুদিনার রস পান করলে কৃমি দূর হয় এবং গ্যাস সম্বন্ধীয় সমস্যাও দূর হয়। পুদিনা পাতার পাজা রস মধুর সঙ্গে মিশিয়ে সেবন করলে জ্বর দূর হয় এবং নিউমোনিয়া থেকে হওয়া বিকারও নস্ট হয়ে পড়ে।
- যদি আন্ত্রগুলোয় শিথিলতা বা অন্য কোন পেটের রোগ হয়ে

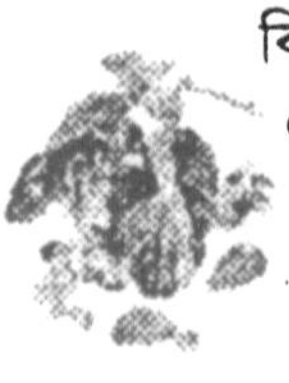

পড়ে, তাহলে পুদিনা সেবন করে সেগুলোকে দূর করা যেতে পারে। পেটে হঠাৎ করে যন্ত্রণা হতে থাকলে বা পেট মোচড়াতে থাকলে আদা আর পুদিনা পাতার রসে কিছুটা সন্ধক লবন মিশিয়ে সেবন করুন। এতে পেটের যন্ত্রণা গায়েব হয়ে পড়বে। এমনিতে তো পুদিনার সেবনে বেশ কিছু শারীরিক সমস্যা দূর হয়ে পড়ে... কিন্তু যদি নিয়মিত রূপে পুদিনার সেবন করা হয়, তাহলে শরীরে কোন রোগই বাসা বাঁধতে পারে না। পুদিনা ভিটামিন-'এ'-র ভাণ্ডার হয়। পুদিনায় যতগুলো ভিটামিন মজুদ থাকে, ততগুলো ভিটামিন না তো কোন খাদ্য পদার্থে মজুদ থাকে... না থাকে কোন ঔষধিতে। পুদিনা এক প্রকারে চমৎকারী ঔষধিই হয়। পুদিনা সম্ভোগ শক্তিকে বাড়িয়ে তোলে... এর ফলে শরীর ফিট্ থাকে।

উচ্ছে

উচ্ছে স্বাদে কষা হয় ঠিকই... কিন্তু এটা অত্যন্ত গুণকারীও হয়। কোন পদার্থ স্বাদে কষা হওয়া সত্ত্বেও যে এতটা গুণকারী হতে পারে, সেটার প্রত্যক্ষ প্রমাণ হচ্ছে উচ্ছে। এখানে উচ্ছের কিছু পরীক্ষিত প্রয়োগের উল্লেখ করা হল।

বিভিন্ন ভাষায় নাম ঃ বাংলা – উচ্ছে। সংস্কৃত – কারভেল্ল। হিন্দী – করলা, করেলী। মারাঠী – কারলে, দুদ্রকারলী। গুজরাটী – করেলো। তেলেগু – কাকর। মালয়ালম – ক্যাম্পা। কন্নড় – হাগল। তামিল – পক্কা পাকল। ফার্সী – কারেলাহ। ইংরাজী – বিটার গোর্ড *(Bitter Gourd)*। ল্যাটিন – মোমোর্ডিকা চ্যারেন্টিয়া *(Momordica Charantia)*।

গুণ ঃ উচ্ছে শীতল, মলভেদক, হাল্কা, কষা, কৃমি আর জ্বরনাশক, ক্ষুধাবর্ধক এবং পিত্ত, কফ, রক্তবিকার, জণ্ডিস, প্রমেহ এবং মূত্র রোগ শমনকারী এবং উষ্ণবীর্য হয়।

পরিচয় ঃ উচ্ছের শাক বানিয়ে খাওয়া হয়... এই কারণে উচ্ছে সবার কাছেই সুপরিচিত।

উপযোগ ঃ উচ্ছের প্রয়োগ বেশীর ভাগ ক্ষেত্রে শাকের রূপেই করা হয়ে থাকে... কিন্তু উচ্ছেকে কিছু ঘরোয়া চিকিৎসার রূপেও প্রয়োগ করা হয়ে থাকে। এখানে উচ্ছের কিছু লাভদায়ক প্রয়োগের উল্লেখ করা হল।

- **পথরী ঃ** এর পাতার রস 4 চামচ আর দই 2 চামচ নিয়ে এক

সঙ্গে মিশিয়ে পথরীর রোগীকে খাইয়ে দিন আর তারপর আধ কাপ লস্যি পান করান। 3 দিন এই প্রয়োগ সকালবেলা করার পর 3 দিন প্রয়োগ বন্ধ রাখুন। এর পরে 4 দিন প্রয়োগ করে 4 দিন বন্ধ রাখুন। তারপর 5 দিন, 6 দিন আর 7 দিন পর্যন্ত এই ভাবে প্রয়োগ করা আর বন্ধ রাখার নিয়ম অনুসারে এই প্রয়োগ করুন। পথ্য হিসেবে শুধু মাত্র খিচুড়ি আর ভাতই খেতে দিন। যদি পথরী ছোলার আকারের থেকে ছোট হয়, তাহলে সেটা গলে প্রস্রাবের রাস্তায় বেরিয়ে আসবে।

- **কামলা** ঃ এর পাতার রস 2 চামচ নিয়ে তাতে বড় হরিতকী ঘষে সকাল-সন্ধ্যা পান করলে কামলা রোগ দূর হয়।
- **আন্ত্রের কৃমি** ঃ এর পাতার রস 2-2 চামচ সকাল-সন্ধ্যা পান করলে আন্ত্রের কৃমি মারা যায়।
- **প্রমেহ** ঃ উচেছকে ছুরী দিয়ে ছিলে ছায়ায় রেখে শুকিয়ে নিন আর পিষে মিহি চূর্ণ বানিয়ে নিন। এতে জামের বিচির চূর্ণ সমান মাত্রায় মিশিয়ে নিন। এটা 1-1 চামচ মাত্রায় সকাল-সন্ধ্যা জলের সঙ্গে গিলে খেলে প্রমেহ রোগীর লাভ হয়। এটা রক্তে শুগারের মাত্রাকে কম করে, অগ্নাশয়কে উত্তেজিত করে ইনস্যুলিনের স্রাব বৃদ্ধি করে... এজন্য ডায়াবেটিজের রোগীর পক্ষে এটা এক উত্তম প্রয়োগ প্রমাণিত হয়।

❑❑

মশলা দ্বারা চিকিৎসা

সন্ধক লবন

আয়ুর্বেদ অনুসারে সন্ধক লবন সুস্বাদু, অগ্নিকে প্রদীপ্ত করে তোলা, পাচক, হাল্কা, স্নিগ্ধ, রুচিকারক, চোখের পক্ষে লাভকারী আর ত্রিদোষ হরণকারী হয়।

সাম্ভর ঝিলের জল থেকে প্রস্তুত লবন হাল্কা, বাত বিনাশক, অত্যন্ত গরম, ভেদক, পিত্ত সৃষ্টিকারী এবং তীক্ষ্ম হয়।

সমুদ্রের জল থেকে প্রস্তুত লবন মধুর, ভারী, সাধারণ গরম, অগ্নি প্রদীপ্তকারক হয়। দাহহীন, স্নিগ্ধ আর সাধারণ শীতলতা প্রদানকারী হয়। এটা বাতকে নাশ করে বটে... কিন্তু কফের সৃষ্টি করে।

বীট লবন রুচিকারক, মল ভেদক, দীপন, অত্যন্ত পাচক, স্নিগ্ধ, বাতনাশক আর হাল্কা হয়। এর বেশীর ভাগ প্রয়োগ ঔষধি হিসেবে করা হয়ে থাকে।

চুরু

কিছু-কিছু খাদ্য পদার্থ এমনও হয়, যাতে টক মেশানো অনিবার্য হয়ে ওঠে। শুধু স্বাদের জন্য নয়... সেটার দোষগুলোকে নস্ট করার জন্য টকের প্রয়োগ করা হয়ে থাকে।

এই টক আমরা কাঁচা আমের শাঁস, বেদানার দানা আর লেবুর রস থেকে প্রাপ্ত করি।

বেদানার দানা তৃপ্তিকারক, পাচক, বীর্যবর্ধক, ত্রিদোষ নাশক আর হাল্কা হয়। এটা ভোজনকে সুস্বাদু করে তোলে।

বেদানার রসকে গাঢ় করে শুকিয়ে নেওয়া হয়। সেটাকেও চুরু বলা হয়। এই প্রকার আম আর লেবুর রসকেও গাঢ় করে শুকিয়ে নিয়ে ভোজনে প্রয়োগ করা হয়ে থাকে।

লেবুর রস থেকে প্রস্তুত চুরু অতিসার রোগকে নস্ট করে. দাঁত আর মাড়িকে পুস্ট করে তোলে আর পেটের কৃমি মারে।

আমের রস থেকে প্রস্তুত চুরু দাহকে শান্ত করে। অরহর ডাল. বেগুন ইত্যাদির সব্জীর উষ্ণতাকে নস্ট করে।

তেঁতুল

খাদ্য পদার্থকে টক স্বাদ প্রদান করার কাজে তেঁতুলেরও উপযোগ করা হয়ে থাকে। দক্ষিণ ভারতে ভোজনে তেঁতুলের এক বিশিস্ট স্হান রয়েছে। দক্ষিণ ভারতীয় খাদ্য পদার্থগুলোর সঙ্গে তেঁতুল দিয়ে তৈরী রসমের প্রয়োগ বেশী করে করা হয়ে থাকে। সাম্ভর – যেটা ডাল আর বিভিন্ন সব্জী মিশিয়ে তৈরী করা হয়, সেটাও তেঁতুল ছাড়া তৈরী হতে পারে না।

আমের পানার মত তেঁতুলেরও পানা বানানো হয়ে থাকে. যেটা শরীরকে শীতলতা প্রদান করে।

তেঁতুলের বীজ অত্যন্ত শক্তিদায়ক আর বীর্যবর্ধক হয়। প্রায় সমস্ত সেই সব আয়ুর্বেদিক ঔষধিতে তেঁতুলের বীজের প্রয়োগ করা হয়ে থাকে, যেগুলো পুরুষত্বহীন পুরুষদের শক্তি আর বীর্য প্রদান করে।

লঙ্কা

লঙ্কা দু প্রকারের হয় – পূর্ব ভারতের লঙ্কা আর দক্ষিণ ভারতের লঙ্কা। দক্ষিণ ভারতের লঙ্কা অত্যন্ত গুণকারী হয়। কিছু লোক সাদা লঙ্কাকে দক্ষিণ ভারতীয় লঙ্কা বলে থাকেন। কিন্তু সেগুলো বাস্তবে পূর্ব ভারতীয় লঙ্কা হয়... যেগুলোকে ধুয়ে সাদা করে তোলা হয়। দক্ষিণ ভারতীয় লঙ্কা ওপরের দিক থেকে খয়েরী আর ভেতরে সবুজ হয় আর এগুলোর ঝাল অত্যন্ত বেশী হয়।

লঙ্কার গুণ তীব্র দাহকারী হয়। একে মাত্রানুসার সেবন করলে হৃদয়, কিড্নী, মূত্রনলি আর আন্ত্র উত্তেজনা প্রাপ্ত করে। বেশী মাত্রায় সেবন করলে পেটে যন্ত্রণা, বমি, মূত্রাশয় বা মূত্রস্রোতে উত্তেজনার সৃস্টি হয়ে পড়ে। সিফিলিসের রোগীর গোলমরিচ কাবাব চিনির সঙ্গে সেবন করা উচিত।

দাঁতের যন্ত্রণায় প্রলেপ করা উচিত। গলার রোগে লঙ্কার ক্বাথ ছেঁকে নেবার পরে যে লঙ্কা বেঁচে থাকবে, সেটা রোগীর গলায় বেঁধে দেওয়া উচিত। ভিনিগারে পিষে বিষাক্ত পোকা কামড়ানোর জায়গায় লাগালে বিষের প্রভাব শেষ হয়ে পড়ে। মাথায় যন্ত্রণা হতে থাকলে পেঁয়াজ আর নুনের

সঙ্গে পিষে প্রলেপ করা উচিত।

গেঁটে বাত, মাথার যন্ত্রণা আর অর্শে গোলমরিচের তেলের প্রয়োগ করা হয়ে থাকে। মারিচাদি গুটিকা আর মারিচাদি তেল ইত্যাদি হচ্ছে এর প্রসিদ্ধ যোগ।

জোয়ান

জোয়ান উষ্ণ, পাচক আর বায়ু শামক হয়। এটা পেটের কৃমি নস্ট করে। জোয়ান লঙ্কার তীক্ষ্মতা, চেরতার কটুতা আর হিং-য়ের পেটের রোগ নস্ট করার ক্ষমতা মজুদ থাকে। এজন্য কলেরার জন্য জোয়ান রামবাণ প্রমাণিত হয়। পেটের ভেতরে জমে থাকা মল বার করে পেটের দুর্গন্ধ নস্ট করে। পাচক হওয়ার কারণে রস সৃস্টি করে। পেটের যন্ত্রণা, মূচর্ছা, প্রস্রাবের যন্ত্রণা আর পুরোন কাশিও জোয়ানের সেবনে দূর হয়।

কাশি আর হাঁফানীতে, বুকের রোগে, কলেরার কারণে ঠাণ্ডা হয়ে পড়া হাত-পায়ের সেঁক জোয়ান দিয়ে করুন।

সত আজওয়াইন পচনকে দূর করে আর কীটনাশক হয়।

কর্পূরের সঙ্গে জোয়ান মিশিয়ে সেবন করলে কলেরা, পেটের রোগ, বায়ু শূল, হাঁফানী, রজোকৃচ্ছ ইত্যাদি রোগ নস্ট হয়ে পড়ে।

জোয়ানের তেল গ্যাসের যন্ত্রণা আর উদর শূলকে শান্ত করে তোলে।

জিরা

জিরা দু প্রকারের হয় – কালো জিরা আর সাদা জিরা।

দু প্রকারের জিরাই গরম, অগ্নি প্রদীপ্তকারী, হাল্কা, রুচিকারক, মস্তিস্ক এবং বুদ্ধির পক্ষে লাভকারী, গর্ভাশয়কে শুদ্ধ করা, জ্বরনাশক, পাচক, বীর্যবর্ধক, কফনাশক, চোখের পক্ষে লাভদায়ক, গ্যাস, বমি আর অতিসার ইত্যাদিকে নস্ট করে।

কালো জিরার সেবনে আন্ত্রের কৃমি আর মূত্র রোগ নস্ট হয়ে পড়ে। স্ত্রীদের স্তনকে সুডৌল করে তোলে। মাসিক রক্ত স্রাব বিকারকে নস্ট করে এবং বায়ুনাশক হয়।

বিরেচক ঔষধিগুলোয় এর প্রয়োগ সেগুলোকে সুরক্ষিত রাখার জন্য করা হয়ে থাকে।

প্রসবের পরে জিরার ক্বাথ পান করলে স্তনের দুধের মাত্রা বেড়ে ওঠে আর গর্ভাশয় সংকুচিত হয়ে আসে।

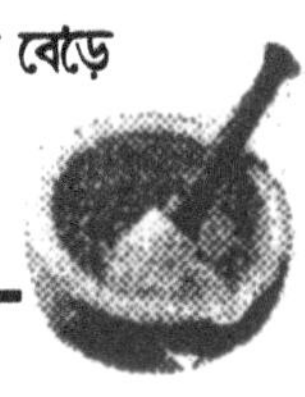

বিষম জ্বর, গ্রহণী, অগ্নিমান্দ্য, অজীর্ণ আর অতিসারে জিরার ক্বাথ পান করা উচিত।

যদি মাসিক স্রাব বন্ধ হয়ে পড়ে বা মাত্রায় কম হতে থাকে, তাহলে জিরা সেটাকে ঠিক করে তোলে। হাত-পা ফুলে উঠলে জিরার প্রলেপ করা উচিত।

ধনে

ধনে স্নিগ্ধ, কষা, ধাতু হ্রাসকারী, মূত্রকারক, হাল্কা, উষ্ণ বীর্যকারক, দীপক, জ্বরনাশক, রুচিকারক, গ্রহণীকে শক্তি প্রদানকারী, ত্রিদোষ নাশক আর তৃষ্ণা, দাহ, বমি, শ্বাসকস্ট, কাশি, তোতলানো এবং পেটের কৃমিকে নস্ট করে।

কচি ধনে মধুর আর পিত্তনাশক হয়। এটা ভারতের প্রায় সকল রাজ্যে রবির ফসলের সঙ্গে বপন করা হয়।

ধনে সুগন্ধিত হয়। গ্যাসনাশক আর পাচকও হয়। গলার রোগ, মন্দাগ্নি, পেটের যন্ত্রণা ইত্যাদিকে নস্ট করে। সাধারণ ফোলায় যবের সঙ্গে ধনের পাতাকে পিষে প্রলেপ করা উচিত।

ধনের তেল গ্যাস দূর করে। পেটের যন্ত্রণা, গেঁটে বাতের যন্ত্রণাতেও এই তেল লাভ প্রদান করে।

মেথী

মেথী পাতার শাক অত্যন্ত সুস্বাদু হয়। এটার সেবনে গ্যাস দূর হয়।

গ্রহণী, অগ্নিমান্দ্য আর বাত বিকার হলে মেথীর সেবন করলে ভালো লাভ হয়।

প্রসবের পরে প্রসূতাকে মেথীর ক্বাথ পান করালে ভালো লাভ হয়। গর্ভাশয়ের সমস্ত বিকারযুক্ত দূষিত রক্তকে বাইরে বার করে গর্ভাশয়কে সংকুচিত করে তোলে।

শীত প্রদরে মেথীর চূর্ণকে জলে ভিজিয়ে তাতে কাপড় চুবিয়ে সেই কাপড় যোনির ভেতরে রাখলে বিশেষ লাভ হয়।

মেথীর দুটি প্রধান গুণ হচেছ মেথী পিত্তকে নস্ট করে আর বায়ু বিকার দূর করে। তার সাথে-সাথেই বাত, কফ আর জ্বরেরও নাশ করে।

মেথীর লাড্ডু শীতকালে খেলে বাত আর কফ বিকার নস্ট হয়ে পড়ে। শরীরের কোন অঙ্গে যন্ত্রণা হলে সেটাও দূর হয়ে পড়ে।

শরীরকে সুস্বাস্থ্য, শক্তি আর বীর্য প্রদান করে।

লবঙ্গ

দক্ষিণ ভারতের কেরল রাজ্যে লবঙ্গের চাষ করা হয়। লবঙ্গ গাছ সবুজ রং-য়ের হয়। পাতা ঝরে পড়ার সময়ও এই গাছ সবুজে ভরে থাকে। এই গাছ থেকে বড়ই মোহক সুগন্ধ আসতে থাকে।

আমরা যে জিনিষটাকে লবঙ্গ বলে থাকি, বাস্তবে সেটা হচ্ছে লবঙ্গ গাছের ফুল। লবঙ্গের প্রান্তে যে গোলাকার বস্ত্ত দেখতে পাওয়া যায়, সেটা হচ্ছে ফুলের পাপড়ির সংকুচিত অংশ।

লবঙ্গের উৎপত্তিও স্ত্রী আর পুরুষ জাতির গাছের ওপরে নির্ভর করে।

লবঙ্গ গাছের ফুলের কলি যখন সবুজ রং-য়েরই থাকে, তখন হাত দিয়ে ভেঙে একত্রিত করা হয়। তারপর সেগুলোকে মাদুরের ওপরে বিছিয়ে শুকিয়ে নেওয়া হয়। 2-3 দিনেই কলিগুলো শুকিয়ে কালো হয়ে পড়ে।

যদি কোন ব্যক্তির বেশী পিপাসা লাগে, সব সময় বমি হয়ে পড়ে, কলেরা রোগের কারণে পিপাসা বেড়ে উঠলে লবঙ্গ ফোটানো জল যখনই পিপাসা লাগবে বা বমি হবে বলে মনে হবে, পান করিয়ে দেওয়া উচিত। এমনটা বমি বন্ধ না হওয়া পর্যন্ত করা উচিত।

লবঙ্গে জল তৈরী করার জন্য 2 তোলা লবঙ্গকে 4 কিলো জলে ফেলে ফোটান। যখন জল ফুটে অর্ধেক অবশিষ্ট থেকে যাবে, তখন আঁচ থেকে নামিয়ে আনুন। এটাকে ছাঁকার কোন প্রয়োজন নেই। যতটা জলের প্রয়োজন, ততটা বার করে নিন। যদি জলের সঙ্গে কয়েকটা লবঙ্গ চলে আসে, তাহলে সেই পাত্রে ফেলে দিন, যে পাত্রে লবঙ্গ ফোটানো হয়েছিল।

বাজারে লবঙ্গের তেল বলে যে তেল বিক্রী করা হয়, সেটা আসলে লবঙ্গের তেলই হয় না। মিষ্টি তেলে লবঙ্গ ফেলে দেওয়া হয়। যখন লবঙ্গ তেলে ভালোমতন ভিজে যায়, তখন সেটাকে আঁচের ওপরে চাপিয়ে ফোটানো হয়। এর ফলে লবঙ্গের সুগন্ধ আর গুণ – দুটোই সেই তেলে ঢুকে পড়ে। কিন্তু যেমন-যেমন তেল পুরোন হয়ে আসে, তার তীক্ষ্মতা কমে আসতে লাগে। এজন্য সর্বদা তেল কেনার সময় এটা জেনে নেওয়া আবশ্যক হয় যে, তেল কত দিন আগে তৈরী করা হয়েছে।

লবঙ্গের রাসায়নিক বিশ্লেষণ করলে এতে উবে যাওয়া তেল 18 শতাংশ, ক্যারিয়োফাইলিন কর্পূর বা রেডিন 6 শতাংশ, কিছু-কিছু মাত্রায়

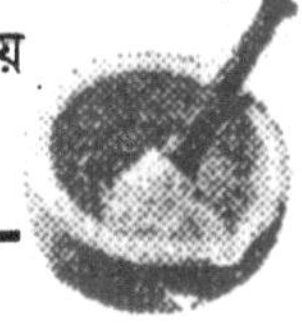

পৃজ্যানিক এ্যাসিড. ইউগিনিন আর ট্যানিনের অংশ পাওয়া যায়।

লবঙ্গ অপচন দূর করে। লবঙ্গ পাচক, বায়ুনাশক, বমি নিবারক আর সুগন্ধিত হয়।

ত্বকে যদি ফোড়া-ফুসকুড়ি হয়ে পড়ে, তাহলে লবঙ্গকে শিলের ওপরে ঘষে বা বেটে লাগালে ফোড়া-ফুসকুড়ি ঠিক হয়।

লবঙ্গ কটু. তিক্ত. চোখের পক্ষে উপকারী, শীতল আর পিত্তনাশক হয়। লবঙ্গ শক্তিবর্ধকও হয়। শরীরে যে বিযাক্ত তত্ত্ব থাকে, সেগুলোকে লবঙ্গ নস্ট করে। বাত-পিত্ত আর কফেরও নাশ করে। খাবার হজম করায়, অগ্নি বাড়ায় এবং পিপাসা আর বমি বন্ধ করে। লবঙ্গের সেবনে শরীরে রক্ত সঞ্চার সুচারু রূপে হতে থাকে। শারীরিক এনার্জীর বৃদ্ধি হয়। পোযণ ক্রিয়া লাভ প্রাপ্ত করে। আন্ত্রগুলোয় হওয়া শূল নস্ট হয়ে পড়ে।

লবঙ্গ রোচক দ্রব্যগুলো থেকে উংপন্ন হওয়া শূলকে শান্ত করতে রামবাণের মত কাজ করে। এটা পেটের ভারীপণ আর অজীর্ণকে নস্ট করে ভোজনকে হজম করানোর রসের বৃদ্ধি করে।

অন্যান্য লাভকারী মশলা এবং সন্ধক লবনের সঙ্গে লবঙ্গের সেবন করলে শূল, বমি, অজীর্ণ আর অত্যধিক পিপাসা পাওয়া ইত্যাদি রোগ নস্ট হয়ে পড়ে।

বাত, সাইটিকা, কোমরের যন্ত্রণা, মাথার যন্ত্রণা, দাঁতের যন্ত্রণা ইত্যাদি লবঙ্গের প্রলেপ করলে দূর হয়ে পড়ে।

প্রদীপের ওপরে পুড়িয়ে লবঙ্গ মুখে রাখলে মুখের দুর্গন্ধ দূর হয়। লবঙ্গ গলার রোগকেও ঠিক করে। লবঙ্গ দিয়ে দাঁত মাজলে দাঁত আর মাড়ি মজবুত হয়। লবঙ্গাদি চূর্ণ, লবঙ্গাদি বটি, লবঙ্গাদি পানীম, লবঙ্গাদি খণণ, লবঙ্গাদি তেল, লবঙ্গাদি বৃয্য যোগ, লবঙ্গাদি প্রলেপ, লবঙ্গাদি পানক *(সীরাপ)*-য়ের রূপে প্রয়োগ করা হয়। এই যোগ ভিন্ন-ভিন্ন অবস্থায় উপযোগ করা হয়ে থাকে। এই যোগ বেশীর ভাগ শীতল হয় আর যন্ত্রণা দূর করে, বেশী মাত্রায় প্রস্রাব নিয়ে আসে, কাশি আর হাঁফানীকে দূর করে।

লবঙ্গের প্রলেপ জননেন্দ্রিয়কে চেতনাশীল করে তোলে। লবঙ্গ রক্তকে শুদ্ধ করে আর মস্তিস্ককে শক্তি প্রদান করে।

লবঙ্গ থেকে তৈরী লবঙ্গাদি চূর্ণ কাশি, হাঁফানী আর মাথার যন্ত্রণাকে শেয করে দেয়।

ছোট আর বড় এলাচ

আয়ুর্বেদ অনুসারে বড় এলাচ পাকে-রসে চটপটা, বাতকারক, হাল্কা, শুকনো আর গরম হয়।

এটা কফ-পিত্ত আর রক্ত বিকার, চুলকোনি, হাঁফানী, পিপাসা, হৃদয়ের অস্হিরতা, মূত্রাশয়ের রোগ, মাথার রোগ, বমি আর কাশির নাশ করে।

ছোট এলাচ রসে চটপটা, শীতল, হাল্কা, বাত-কফ, শ্বাস, কাশি, অর্শ আর মূত্রকৃচ্ছ ইত্যাদি রোগকে নাশ করে।

ছোট এলাচ মালাবার আর বড় এলাচ উত্তর প্রদেশের পার্বত্য এলাকায় বেশী করে হয়।

এলাচে 10 শতাংশ স্হির তেল, 5 শতাংশ উবে যাওয়া তেল, 3 শতাংশ পোটাশিয়াম, 2 শতাংশ নাইট্রোজেন মিশ্রিত ম্যুসিলেজ আর 77 শতাংশ কাষ্ঠীয় তন্তু থাকে। এর ভস্মে 10 শতাংশ ম্যাঙ্গানিজ থাকে। এছাড়া কিছুটা হলুদ রং থাকে।

এলাচ পাচক আর সুগন্ধিত পদার্থ হয়। এর প্রয়োগ বাত বিকারজনিত রোগগুলোকে নস্ট করা ঔষধির রূপে করা হয়। যদি পেট ফেঁপে ফুলে ওঠে অথবা প্রস্রাব থেমে-থেমে আসতে লাগে বা প্রস্রাব করার সময় জ্বলুনি অনুভূত হয়, তাহলে বড় এলাচের সেবন করলে এই সব বিকার নস্ট হয়ে পড়ে।

দারচিনি

দারচিনি দীপন, গ্রাহী আর উত্তেজক হয়। এটা ফোলা ভাবকে কম করে। যদি আপনার পা ফুলে ওঠে, তাহলে দারচিনিকে খড়িয়ার সঙ্গে পিষে মালিশ করলে লাভ পাবেন। দারচিনিতে 2 শতাংশ উবে যাওয়া সুগন্ধিত তেল ছাড়াও সিন্যামিক এ্যাসিড, ট্যানিন, শ্বেত সার, ম্যুসিলেজ, শর্করা ইত্যাদি পাওয়া যায়।

দারচিনি বায়ুনাশক, উষ্ণ, সংকোচক আর রোগ উৎপন্নকারী কীটাণুদের নস্ট করে দেয়। এটাকে বেশ কিছু ঔষধ তৈরী করার কাজে প্রয়োগ করা হয়। এর তেল নাড়ি তন্ত্র আর নার্ভাস সিস্টেমে উত্তেজনার সৃস্টি করে। উদর বিকার, জিভের রোগ, গ্রহণী, আন্ত্রের শূল, আমাশয়ের বিকার, অপচন আর বমিকে দূর করার এটা হচ্ছে উত্তম ঔষধি। এ্যান্টিসেপ্টিক হওয়ার কারণে উষ্ণ বাত রোগে এর ইঞ্জেকশন দেওয়া হয়ে থাকে। দারচিনি অন্যান্য জ্বরেরও নাশ করে। গর্ভাশয়ের রোগ, গর্ভাশয় থেকে হতে থাকা রক্তস্রাব

ইত্যাদিতে দারচিনি অত্যন্ত ভালো ফল প্রদান করে... কারণ এটা রক্ত শোধক হয়।

আমাতিসার আর রোচক ঔষধির সেবনে হওয়া যন্ত্রণাকে দারচিনি সমাপ্ত করে দেয়। টি. বি. রোগীদের এর ইঞ্জেকশন দেওয়া হয়ে থাকে... যাকে সিনায়িক এ্যাসিড বলা হয়।

দারচিনি মধুর. কষা, চটপটা, সুগন্ধিত, বীর্যবর্ধক হয় এবং ত্বকের রং ফুটিয়ে তোলে। বাত-পিত্ত. মুখ ফোলা আর অত্যধিক পিপাসাকে দূর করে।

জায়ফল

জায়ফল যত বড় হয়, ততই ভালো হয়। জায়ফল আর জয়েত্রীর তেল বার করা হয়, যেটা সাবানকে সুগন্ধিত করার কাজে আসে।

জায়ফলে 2 থেকে 8 শতাংশ উবে যাওয়া তেল থাকে। কিছু স্থির তেল, প্রোটিন, ফ্যাট, শ্বেত সার, ম্যুসিলেজ আর পার্থিব দ্রব্যও জায়ফলে থাকে।

জায়ফল সুগন্ধিত, পাচক আর বাতনাশক হয়। এটা পাচন ক্রিয়াকে সুচারু করে রাখে। ক্ষিধে বাড়ায়। উদর বিকারকে নষ্ট করে। অতিসার, উংনাতিসার, উদ্বেগ বা বমি ইত্যাদি রোগকে নষ্ট করে। মূত্র কৃচ্ছ আর প্রস্রাবের সঙ্গে রক্ত আসার রোগকেও জায়ফলের সেবন শেষ করে।

জায়ফলের তেল উষ্ণ আর বাতনাশক হয়। গেঁটে বাত রোগের জন্য এই তেল উপযোগী হয়। বাতব্যাধি হলে এই তেলের মালিশ করলে বাত সম্বন্ধীয় সমস্ত রোগ নষ্ট হয়ে পড়ে। জায়ফল রসে কষা, তীক্ষ্ম, গরম, রুচিকারক, হাল্কা, চটপটা, অগ্নিকে প্রদীপ্ত করে তোলা, কন্ঠস্বরের জন্য লাভকারী, কফ আর বাতকে নষ্ট করে তোলা, মুখের অরুচিকে নাশ করা, মলের দুর্গন্ধ, আন্ত্রের কৃমি. কাশি, বমি, ফোলা ভাব, পীনস আর হৃদয় রোগকে দূর করে।

জয়েত্রী

জায়ফলের প্রথম আবরণ সরে গেলে জয়েত্রী প্রাপ্ত হয়। এটা হাল্কা, মধুর, গরম. রুচিকারক, কফ, কাশি, বমি, হাঁফানী, অত্যধিক পিপাসা ইত্যাদিকে নষ্ট করে।

কালো জিরা

কালো জিরা হচ্ছে মৌরী প্রজাতির বীজ। এতেও প্রায় সেই সব

গুণ দেখতে পাওয়া যায়।

জিরার মতই কালো জিরাও অগ্নি প্রদীপক, মেধা, মস্তিস্ক আর চোখের পক্ষে লাভকারী হয়।

এটা গর্ভাশয়কে শুদ্ধ করে। জ্বরনাশক, পাচক, কফনাশক হয় এবং গ্যাস, গুল্ম, বমি আর অতিসারকে নস্ট করে।

কালো জিরা বীর্যবর্ধক আর বলকারকও হয়।

এটা পেটের গ্যাসকেও নস্ট করে।

আদা

আদা মলভেদক, ভারী, তীক্ষ্ম, গরম, উদরাগ্নি বর্ধক, বাত-কফনাশক হয়।

খাবার খাওয়ার আগে যদি আদাকে নুনের সঙ্গে খাওয়া যায়, তাহলে সেটা অগ্নিকে প্রদীপ্ত করে তোলে, কন্ঠ আর জিভকে শুদ্ধ করে। কুস্ঠ, জণ্ডিস, মূত্র কৃচ্ছ, রক্ত-পিত্ত, ক্ষতস্হান, ফোড়া, জ্বর, দাহ ইত্যাদি রোগকেও নস্ট করে।

সর্দ্দি-জ্বর, কাশিকেও সমাপ্ত করে দেয়। আদা মেশানো চা পান করলে বুকের ভেতরে জমে থাকা কফ বেরিয়ে আসে।

আদা পাচন শক্তিকে ঠিক রাখে। বক্ষস্হল আর ফুসফুসে রক্ত সঞ্চার বজায় রাখে।

অজীর্ণ হলে আদার রসে লেবুর রস আর একটু নুন মিশিয়ে পান করলে অজীর্ণ দূর হয়।

যদি অপচন হয়ে পড়ে, তাহলে খাবার খাওয়ার আগে আর পরে আদা আর লেবুর রসে কিছুটা সন্ধক লবন মিশিয়ে কিছু দিন সেবন করলে অপচন বরাবরের মত দূর হয়ে পড়ে।

অতিসারে এক কাপ গরম জলে আদার একটা গাট কুটে ফেলে দিন। যখন জলে আদার রস গুলে যাবে, তখন চুমুক মেরে-মেরে পান করে নিন। এই প্রয়োগ অতিসারে অত্যন্ত লাভকারী হয়।

যদি কাশি আর হাঁফানী হয়ে পড়ে, তাহলে আদার রস আর মধু 30-30 গ্রাম করে নিয়ে এক সঙ্গে মিশিয়ে গুনগুনা গরম করে দিনে 3 বার পান করুন।

আদার রস পান করলে শ্লেস্মা দূর হয়।

হাঁফানীতে 5 গ্রাম ঝিনুকের ভস্ম আদার রসে গুলে 40 গুলি

বানিয়ে নিন আর সকাল-সন্ধ্যা 1-1 গুলি আদা দিয়ে তৈরী চায়ের সঙ্গে সেবন করুন।

শুকনো আদা

আদা শুকিয়ে গেলে তাকে শুকনো আদা বলা হয়। আদাকে একটা ঝুড়িতে ফেলে জোরে-জোরে রগড়ানো আর নাড়ানো হতে থাকে। এই প্রকারে আদার ওপরের খোসা ছাড়িয়ে নেওয়া হয়। তারপর সেটাকে ধুয়ে শুকিয়ে নেওয়া হয়।

শুকনো আদার মধ্যে সেই সমস্ত গুণ থাকে, যেসব গুণ আদার মধ্যে পাওয়া যায়।

শুকনো আদা সুগন্ধিত, উষ্ণ আর গ্যাসনাশক হয়। শুকনো আদা খেলে পেটে গরম ভাব অনুভূত হয়। এটা পেটের যন্ত্রণাকে শেষ করে দেয়। শরীরের ওপরে প্রলেপ করলে এটা শরীরে উষ্ণতা প্রদান করে।

স্নায়ু রোগ, শূল, দাঁতের ব্যথা, অগ্নিমান্দ্য, কাশি, ফোলা ভাব, কলেরা ইত্যাদি রোগে শুকনো আদা লাভ প্রদান করে।

রতন জোত

রতন জোতের পাতা সবুজ, ফুল আর বীজ কালো এবং শেকড় লাল রং-য়ের হয়। এটা পেটো রোগ দূর করে। অর্শ,. পথরী, শূল আর ত্বকের রোগকে নস্ট করে। পাতলা পায়খানা বন্ধ করে। প্লীহার জন্য লাভকারী হয়। সাদা দাগ, মুখের বলিরেখা, মুখের কালো দাগ-ছোপ আর কণ্ঠমালাকে নস্ট করে দেয়।

শুকনো লঙ্কা

শুকনো লঙ্কা তীব্র আর উত্তেজক হয়। যদি ত্বকে এর প্রলেপ করা হয়, তাহলে জ্বলুনি হতে থাকে। ঔষধির রূপে যদি এর সেবন করা হয়, তাহলে এটা আন্ত্রকে উত্তেজিত করে তোলে। লাল স্রাবকে বৃদ্ধি করে। আমাশয়ের রসকে বৃদ্ধি করে। ক্ষিধে আর পাচন শক্তিকে বাড়িয়ে তোলে। লঙ্কা খেলে হৃদয়, ত্বক আর কিড্নী উত্তেজনা প্রাপ্ত করে... নাড়ি শক্তি প্রাপ্ত করে এবং জননেন্দ্রিয় উত্তেজিত হয়ে ওঠে। অনৈচ্ছিক মাংসপেশীগুলোকে প্রভাবিত করে তুলে রক্তের স্রোতকে বন্ধ করে দেয়। ধ্বজভঙ্গ, শুক্রমেহ, মূত্র স্রোতের দাহ, কিড্নীর রোগে লাভদায়ক হয়।

কুচলার সঙ্গে সেবন করলে এটা পাচক আর শক্তিদায়ক হয়ে ওঠে আর অজীর্ণ, গ্রহণী, শূল, উদাবর্ত, কম্পন, জ্বর, অত্যধিক অবসাদ আর দীর্ঘ সময় ধরে মদ্যপান করতে থাকার কারণে মদ্যপান করার তীব্র ইচ্ছায় গুণকারী হয়। মদ্যপান আর আফিমের সেবন ছাড়াবার জন্য এর বেশী মাত্রায় প্রয়োগ করা উচিত। সমুদ্র যাত্রার যন্ত্রণাকে সমাপ্ত করে। ম্যালেরিয়া, ক্রণিক জ্বর, বাত, পুরোন অজীর্ণ, কলেরা আর গভীর ক্ষতস্থানকে নষ্ট করে। যেসব ব্যক্তির কথা বলার শক্তি কমে এসেছে, যাঁদের নাড়ি দুর্বল হয়ে পড়েছে, যাঁদের সন্নিপাত রোগ হয়ে পড়েছে... এমন ব্যক্তিদের শুকনো লঙ্কা খাওয়ান। তক্ষৎনাত আরাম হবে।

রক্তকে উত্তেজিত করা এবং শরীরকে উষ্ণতা প্রদান করা হচেছ শুকনো লঙ্কার মুখ্য গুণ।

হিং

হিং হচেছ অত্যন্ত বীর্যবান এবং সুগন্ধিত দ্রব্য। উষ্ণ গুণে যুক্ত হিং পাকস্থলী, লিভার, ফস্‌ফাস নাড়ি, রক্ত সংবাহক শিরাগুলোকে কাজ করার শক্তি প্রদান করে। হিং রক্ত প্রবর্তক পোকাগুলোর শত্রু হয়। দীর্ঘ সময় ধরে অল্প মাত্রায় সেবন করলে শরীরের তাপমাত্রা বাড়িয়ে ধাতুতে গরম ভাবের সৃষ্টি করে। পাকস্থলীর দুর্বলতা দুর্গন্ধযুক্ত ঢেঁকুর, অন্তর্দাহ, অম্ল, অতিসার, উদর বিকার, প্রস্রাব করার সময় দাহ ইত্যাদি রোগ সৃষ্টি করে। স্ত্রী সম্ভোগের ইচ্ছাকে বৃদ্ধি করে। হিং-তে পাওয়া উবে যাওয়া তেল রজোস্রাবকে বাড়ায়। নাড়িগত যন্ত্রণা, মৃগী, মনোবিকারে হিং প্রয়োগ করা হয়। পুরোন কাশি আর হাঁফানীতেও হিং প্রয়োগ করা হয়। হিং গ্যাসনাশক হয় আর আমাশয়ের বিকার এবং পেটের কৃমি নষ্ট করে।

যেসব প্রদেশে ম্যালেরিয়া বেশী করে হয়, সেই সব জায়গায় যদি খাবার খাওয়ার সময় হিং-য়ের সেবন করা হয়, তাহলে ম্যালেরিয়া হবে না। যদি আন্ত্রগুলো গ্যাসের কারণে ফুলে ওঠে, তাহলে হিং অত্যন্ত লাভকারী হয়। পুরোন পেটের রোগীর জন্য হিং উত্তম ঔযধি হয়। গুগ্‌গুল বা এ্যামোনিয়ক ঔযধির সঙ্গে জাইম্পেনিটিসে প্রয়োগ করা হয়। অরণ্ডী এবং তারপিন তেলের সঙ্গে মিশিয়ে সেবন করলে হিং পিঠ আর বুকের যন্ত্রণা এবং কৃমি রোগ নষ্ট করে দেয়। যেসব স্ত্রীদের বার-বার গর্ভপাত হয়ে পড়ে, তাঁদের জন্যও হিং অত্যন্ত বিশ্বসনীয় ঔযধি হয়।

আয়ুর্বেদ অনুসারে হিং গরম, পাচক, রুচিকারক, তীক্ষ্ণ হয় আর বাত, কফ, শূল, পেটের যন্ত্রণা এবং কৃমিকে নষ্ট করে। হিং পিত্তবর্ধক হয়। ভারতীয় হিং উত্তম, কান্ধারী হিং মধ্যম এবং পিণ্ডী হিং নিম্ন গুণকারক হয়।

হিং গ্যাস আর কফকে নষ্ট করে ব্যক্তিকে শক্তি এবং বীর্য প্রদান করে। ব্যক্তি যা কিছু খান, সেটাকে শুধু হজমই করে নেন না... বরং তিনি ভোজনের পূর্ণ লাভও প্রাপ্ত করেন। তাঁর শরীর নীরোগ হয়ে শক্তিশালী হয়ে ওঠে।

উদর বিকার দূর করার জন্য যত চূর্ণ তৈরী করা হয়, সেগুলোয় হিং-য়ের প্রয়োগ অবশ্যই করা হয়ে থাকে।

হলুদ

কাঁচা হলুদের সব্জী অত্যন্ত সুস্বাদু হয়।

হলুদ শক্তিদায়ক আর সুগন্ধী হয়। কামলা বা পুরোন কফ রোগে এর প্রয়োগ করা হয়ে থাকে।

পেষা হলুদকে তিল তেলে মিশিয়ে মালিশ করলে চর্ম রোগ হয় না।

চুন আর হলুদ এক সঙ্গে মিশিয়ে চোট-আঘাত, ফোলা আর মুচকে যাওয়া অঙ্গে প্রলেপ করা হয়। *'ব্ল্যাক আই'* নামক চোখের রোগে চোখের চার পাশে হলুদের প্রলেপ করলে যন্ত্রণা শান্ত হয়।

রক্ত প্রবাহকে বন্ধ করার জন্য ক্ষতস্হানে পেষা হলুদ লাগালে রক্ত প্রবাহ বন্ধ হয়।

হলুদকে দুধে ফুটিয়ে চিনি মিশিয়ে পান করলে শীতের প্রকোপ হয় না।

হলুদের ধোঁওয়া দিলে হাঁফানী রোগীর শ্বাস কষ্ট দূর হয়।

নেত্র রোগে হলুদ দিয়ে রং করা কাপড় দ্বারা চোখে ছায়া দিলে চোখ আরাম পায়।

মূত্রস্হান সম্বন্ধীয় যন্ত্রণাতেও হলুদের প্রয়োগ লাভকারী হয়।

বেদনা রহিত ফোলায় সাজি মাটির সঙ্গে হলুদের প্রলেপ ফোলা ভাবকে শেষ করে দেয়।

হলুদে 1 শতাংশ সুগন্ধিত উবে যাওয়া তেল থাকে। এই তেল ঘন হলুদ রং-য়ের আর চ্যাটচেটে হয়। এর স্বাদ আর গন্ধ অত্যন্ত মোহক হয়।

হলুদ চটপটা, কষা, রুক্ষ আর গরম হয়। কফ-পিত্ত, ত্বকের রোগ, প্রমেহ, রক্ত বিকার, ফোলা, জণ্ডিস আর ক্ষতস্হান সারিয়ে তোলে।

আমরা যে হলুদকে ভোজনে প্রয়োগ করি, সেটার আরও

তিনটে প্রজাতি রয়েছে... যেগুলোকে ঔষধির রূপেই বেশীর ভাগ ক্ষেত্রে প্রয়োগ করা হয়ে থাকে।

কর্পূর হলুদ

একে অম্বিয়া বা আভা হলুদও বলা হয়।

অম্বিয়া হলুদ শীতল, বাতকারক, পিত্তনাশক, মধুর, কষা হয় আর সকল প্রকারের চুলকোনিকে দূর করে।

বন হলুদ

আভা হলুদের মত এর গাছ জঙ্গলে বেশী করে হয়। এর পাতা হলুদের পাতার তুলনায় পাতলা আর ছোট হয়। গাঁট ছোট, পাতলা আর গোলাকার হয়।

বনে উৎপন্ন হওয়ার কারণে একে *'বন হলুদ'* বলা হয়।

বন হলুদের প্রয়োগে কুষ্ঠ আর বাত রোগ নষ্ট হয়ে পড়ে।

দারু হরিদ্রা

দারু দরিদ্রার ছাল আর কাঠ – দুটোই অত্যন্ত শক্তিদায়ক, পাচক, জ্বর নিবারক আর মধুরোচক হয়।

ম্যালেরিয়া জ্বর, অতিসার, গ্রহণী, রক্তাতিসার, কম্প জ্বর এবং অন্যান্য পীড়াজনিত রোগে এর প্রয়োগ করা হয়।

পিত্ত বিকার, লিভারের ফোলা ভাব আর কামলা রোগকে নষ্ট করে।

এর ফল টক আর শীতল হওয়ার কারণে জ্বর আর অতিসারে অত্যধিক পিপাসাকে শান্ত করতে দারু হরিদ্রা অত্যন্ত গুণকারী হয়।

কেশর

উত্তম কেশরের রং গাঢ় কমলা হয়। পুরোন আর নিকৃষ্ট কেশরের রং হলুদ বা কালো হয়।

আয়ুর্বেদের জ্ঞাতারা কাশ্মীরের কেশরকে সর্বশ্রেষ্ঠ কেশর হিসেবে মেনে নিয়েছেন।

কাশ্মীরে প্রসবের পরে প্রসূতা স্ত্রীকে কেশরের গুলি খাওয়ানো হয়... যাতে যন্ত্রণা দূর হয়ে পড়ে আর গর্ভাশয়ের দূষিত রক্ত যত-

তাড়াতাড়ি হয় বেরিয়ে যায়।

কেশরে এক প্রকারের উবে যাওয়া তেল আর বেশ কয়েক প্রকারের রঞ্জক বৃথাতিক্ত পদার্থ. মোম, প্রোটিন. স্থির তেল. শর্করা, ম্যুসিলেজ পাওয়া যায়। এছাড়া ক্ষার এবং 12 শতাংশ আর্দ্রতাও থাকে।

কেশর গরম. সুগন্ধিত. গ্যাসনাশক আর আক্ষেপ নিবারক হয়।

ঋতু রোগ. জণ্ডিস, প্রদর, রজোকৃচ্ছ এবং শূল. শুকনো কাশি আর শ্লেস্মা রোগে কেশরের সেবন করা উচিত।

কেশরে ত্বকে প্রবিস্ট হওয়া উবে যাওয়া তেল থাকে... এজন্য আমবাতের যন্ত্রণায় কেশরের প্রয়োগ করা হয়।

অতিসার. অগ্নিমান্দ্যে শক্তি হ্রাস পেলে বাচ্চাদের ঘিয়ের সঙ্গে কেশর মিশিয়ে দেওয়া হয়।

শিরঃশূল আর সাধারণ চোটে এর প্রলেপ লাভ প্রদান করে। গর্ভাশয়ের যন্ত্রণায় কেশরের পেখরী যোনিতে ধারণ করলে যন্ত্রণা শান্ত হয়ে পড়ে। শরীরের দূষিত রক্তকে শুদ্ধ করা হচেছ কেশরের এক প্রধান গুণ।

আমচুর

কাঁচা আমের ওপরের খোসা ছাড়িয়ে শাঁসের টুকরোকে ছিলে নিয়ে রোদে রেখে শুকিয়ে নেওয়া হয় – একেই আমচুর বলা হয়।

আমচুর স্বাদে টক. সুস্বাদু, মল ভেদক হয় এবং কফ আর বাতকে নস্ট করে।

রাই

রাই হচেছ সর্ষে প্রজাতির এক ধরণের গাছ।

দক্ষিণ ভারতে জিরার স্থানে রাই-য়ের প্রয়োগ করা হয়।

রাই অগ্নিকে প্রদীপ্ত করে তোলে। বীর্যে উষ্ণতার সৃষ্টি করে। কফ, বাত, অর্শ, মস্তিস্কের রোগ. কানের রোগ. চুলকোনি. আন্ত্রের কৃমিকে নস্ট করে।

নিয়মিত রূপে রাই-য়ের সেবন করলে পুরোন অজীর্ণ নস্ট হয়।

❑❑

কিছু পুষ্টিকর খাদ্য

ছাতু

সকল প্রকারের ছাতু বাতকারক, রুক্ষ, মল বার করা, বিভিন্ন দোষের শমন করা, শীঘ্র শক্তিদায়ক হয় আর গুলে পান করলে শীঘ্র তৃপ্তি প্রদান করে। চালের ছাতু মধুর, হাল্কা, শীতল, গ্রাহী, রক্ত-পিত্তনাশক হয় এবং অত্যধিক পিপাসা, বমি আর জ্বরকে দূর করে।

গ্রীস্ম ঋতুতে সেবন করার মত এক উত্তম পানীয় হচেছ – পাতলা ছাতু। উত্তর ভারতের গ্রামীণ এলাকাগুলোয় ছাতুর প্রচলন খুব বেশী হয়। ছাতু সস্তা তো হয়ই... তার সাথে-সাথে গুণকারী এবং গ্রীস্মকালের অনুকূলও হয়। এর তুলনায় বাজারে বিক্রী হতে থাকা দামী আর ফ্যাশনেবল *'কোল্ড ড্রিংকস'* গুণবত্তা এবং লাভের দৃস্টিতে কোন মোকাবিলাতেই আসে না। ছাতু যব, চাল, গম, ছোলা ইত্যাদির মিশ্রণকে ভেজে তৈরী করা হয়। ছাতুকে জলে গুলে *(খুব বেশী পাতলা নয়, আবার খুব বেশী গাঢ়ও নয়)* পান করাটা সব থেকে ভালো হয়। ছাতুকে ঠাণ্ডা জলে গুলে মাঝামাঝি পাতলা ঘোল তৈরী করে তাতে কিছুটা খাঁটি ঘি আর চিনি মিশিয়ে নিন। *'সমঘৃতসাক্তবাভ্যাসো বৃষ্যোদাবর্ত হরাণাং শ্রেস্ঠতমঃ' (চরক)* অনুসারে ঘি মিশিয়ে ছাতু পান করলে ক্লান্তি দূর হয়, শীঘ্র শক্তি প্রাপ্ত হয় আর মন তৃপ্ত হয়ে ওঠে। ছাতুকে গুলেই পান করা উচিত, চিবিয়ে খাওয়াটা উচিত নয়। *'সুশীতলোপসিক্তাঙ্গো লিহ্যাৎসক্তুন সশর্করান্' (বাগভট্ট)* অনুসারে শীতল জলে স্নান করে, ঠাণ্ডা জলে ছাতু আর চিনি ঢেলে পাতলা *লেহ্য (মাঝামাঝি গাঢ় এবং পাতলা)* বানিয়ে পান করা উচিত। *'নোদকান্তরিতান্নদ্বির্ন নিশায়াং ন কেবলান্। ন ভুক্ত্বা ন দ্বিজৈশ্ছিত্বা সক্তুনধ্যান্ন বা বহুন' (অস্টাঙ্গহৃদয় সূত্র - 6/39)* অনুসারে ছাতু খেতে-খেতে জল পান করা, দিনের মধ্যে দু বার ছাতু খাওয়া, রাতের বেলা ছাতু খাওয়া, একা-একা ছাতু খাওয়া, খাবার খেয়ে ছাতু খাওয়া, প্রচুর মাত্রায় ছাতু খাওয়া আর দাঁত দিয়ে চিবিয়ে ছাতু খাওয়া – এসব হচেছ নিষিদ্ধ *(Prohibited)*... সুতরাং দিনে মাত্র একবার ছাতুকে ঠাণ্ডা জলে চিনির সঙ্গে গুলে *(ইচেছ করলে ঘি মিশিয়ে)* ঠাণ্ডা পানীয়ের মত পান করাটাই হচেছ শ্রেস্ঠ পদ্ধতি।

পুষ্টির আহার – দালিয়া

আজকাল ফাস্ট ফুডের প্রচলন প্রচণ্ড বেড়ে উঠেছে। আলুর চিপস্, পপ্ কর্ণ, ন্যূডল্স, বিভিন্ন প্রকারের বিস্কুট আর পানীয় ইত্যাদি যেসব জিনিষ বাড়ীতেই সহজেই তৈরী করা যেতে পারে, এখন সেসবেরও ব্যবসায়ীকরণ হয়ে পড়েছে। সর্ষের শাক আর বেশ কয়েক প্রকারের সব্জী-মোরব্বাও এখন বড়-বড় ফ্যাক্টরীতে তৈরী হতে লেগেছে। এই সব বস্তু যদিও পূর্ণ রূপে সুরক্ষিত, শুদ্ধ আর ভিটামিনযুক্ত হওয়ার দাবী করা হয়ে থাকে... তবুও এগুলো ঘরে তৈরী তাজা জিনিষের মোকাবিলা কখনোই করতে পারে না। 6 মাস আগে তৈরী জিনিষ তাজা জিনিষের মোকাবিলা কি করে করতে পারে... তা সেটা যতই পৌষ্টিকতার দাবী করুক না কেন? এই সব খাদ্য পদার্থকে দীর্ঘ সময় ধরে সুরক্ষিত রাখার জন্য তাতে যেসব রসায়নের প্রয়োগ করা হয়ে থাকে, সেগুলো শরীরের পক্ষে ক্ষতিকারকই হয়।

আমাদের ভোজনে প্রাচীন কাল থেকে চলে আসা দালিয়া হচ্ছে সব থেকে পুষ্টিকর আর সুপাচ্য ভোজন। অসুস্থ ব্যক্তি বা সুস্থ, বৃদ্ধ বা যুবা, বাচ্চা বড় হোক বা ছোট – সবার পক্ষেই দালিয়া অত্যন্ত লাভদায়ক আহার হয়। সকালের জলখাবার এবং রাতে হাল্কা ভোজন করার জন্য দালিয়া অত্যন্ত উত্তম আহার হয়।

দালিয়া এক অত্যন্ত পুষ্টিকর আহার হয়... কারণ এটা খোসা সমেত গমের থেকে তৈরী হয়। এর থেকে মিহি আটা ছেঁকে আলাদা করে দেওয়া হয়।

বাজারে দু প্রকারের দালিয়া পাওয়া যায়, যেগুলো অঙ্কুরিত গম আর গমকে মোটা-মোটা করে কুটে পিষে বানানো হয়। এই দুই প্রকারের দালিয়ার মধ্যে অঙ্কুরিত গমের দালিয়াই সাধারণ দালিয়ার তুলনায় বেশী পুষ্টিকর হয়। এই দুটোর মধ্যে থেকে আপনি সহজেই নিজের পছন্দ অনুযায়ী দালিয়া বেছে নিতে পারেন।

দালিয়াকে কড়াইতে শুকনোই ভেজে এয়ার টাইট কৌটোয় ভরে রাখলে সেটা বেশী সময় পর্যন্ত ঠিক থাকে। যখনই প্রয়োজন পড়বে, উচিত মাত্রায় দালিয়া নিয়ে সেটাকে ঘি বা তেলে হাল্কা ভেজে সেবন করা যেতে পারে। দালিয়াকে ভেজে না রাখলে সেটায় পোকা লাগার সম্ভাবনা থাকে... সুতরাং দালিয়াকে সর্বদা ভেজেই রাখা উচিত।

দালিয়া মিষ্টি, স্বাদহীন, নোনতা – বেশ কয়েক প্রকারের বানানো যেতে পারে। মিষ্টি দালিয়া আপনি তিন ভাবে বানাতে পারেন। এক – হালুয়ার মত ঘিয়ে ভেজে চিনি বা গুড় মিশিয়ে, দুই – দুধে পায়েসের মত এবং তিন – গাজর, খেজুর, কিশমিশ, নারকেল ইত্যাদি ঢেলে; এতেও চিনি বা গুড় মেশাতে পারেন। দালিয়া বানাবার সময় তাতে চার গুণ বেশী মাত্রায় জল ঢেলে বানানো উচিত। যদি এক বাটি দালিয়া বানাতে হয়,

তাহলে তাতে চার বাটি জল ঢালুন। স্বাদহীন দালিয়া বানিয়ে সেটাকে ঘি, মাখন, গুড়, চিনি বা যে কোন ডাল মিশিয়ে আর একটু নুন মিশিয়ে খাওয়া যেতে পারে। এটা দুধ বা দইয়ের সঙ্গেও খেতে পারেন।

নোনতা দালিয়া সব্জী বা ডালের মতই ফোড়ং দিয়ে বানানো উচিত। হাল্কা মশলা, হিং, জিরার ফোড়ং দিয়ে বানালে সেটা সুস্বাদু হয়ে ওঠে। নোনতা দালিয়ায় কড়াইশুঁটি, কপি, পেঁয়াজ, আলু, বাদাম, পোস্ত ইত্যাদি মিশিয়েও আরও বেশী সুস্বাদু বানানো যেতে পারে।

সপ্তাহে একবার বা দু বার মিস্টি, স্বাদহীন, নোনতা – যেমনই হোক দালিয়া জলখাবার হিসেবে বানিয়ে যে কোন গৃহিণী নিজের পরিবারের সদস্যদের বাজারের ফাস্ট ফুড খাওয়ার অভ্যাসকে বদলাতে পারেন।

মধুর লাভ

- আসল মধু চোখে লাগালে চোখের কালো ছানিতে লাভ হয়।
- আসল মধু 50 গ্রাম, দই 100 গ্রাম নিয়ে এক সঙ্গে মিশিয়ে প্রতি দিন সকালে এক বছর পর্যন্ত খেলে স্বাস্থ্য ভালো থাকে আর শরীর মোটা হয়। মস্তিস্কের দুর্বলতা দূর হয়, ব্রণ আর মুখের বলিরেখা দূর হয় আর মুখের রং-ও পরিস্কার হয়ে ওঠে।
- 10 গ্রাম মধুতে 2 গ্রাম মূলেঠী আর 2 গ্রাম আমলা মিশিয়ে সকাল-সন্ধ্যা খেলে কফযুক্ত কাশি ঠিক হয়।
- 100 গ্রাম ঠাণ্ডা জলে এতটা মাত্রায় মধু মেশান, যাতে সেটা মিস্টি শরবতের মত হয়ে পড়ে। গ্রীস্মকালে প্রতি দিন 1-2 বার 2 মাস পর্যন্ত এই শরবত পান করলে পেট হাল্কা হয়।

স্থূলতা কমানো

- 250 গ্রাম জল ফুটিয়ে ঠাণ্ডা করে নিন। যখন জল হাল্কা গুনগুনা গরম থেকে যাবে, তখন তাতে 15 গ্রাম মধু মিশিয়ে শরবতের মত পান করলে স্থূলতা হয় হয়। শরীরে যে কোন প্রকারেরই চর্বি জমুক না কেন, সেটা কমে এসে শরীর সুডৌল হয়ে ওঠে। পেটের সমস্ত প্রকারের রোগ দূর হয়ে জঠরাগ্নি প্রদীপ্ত হয়ে ওঠে। খালি পেটে 3 মাস্ পর্যন্ত এর সেবন করুন।
- এর সাথে-সাথে স্থূলতা কমাতে সহায়ক যোগাসন আর ব্যায়াম নিয়মিত রূপে প্রতি দিন সকালে করুন। আসন ছাড়াও নৌলী ক্রিয়াও স্থূলতা কম করতে সহায়ক হয়। দিনে মাত্র একবার হাল্কা ভোজন করুন।
- সবুজ শাক-সব্জীর সেবন বিশেষ রূপে করুন। রাতের খাবারে শুধুমাত্র ফল খান। খাবার খাওয়ার পরে জল পান

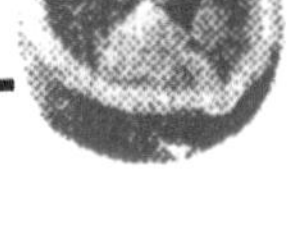

করবেন না। চা, কফি, চর্বি বাড়িয়ে তোলা আর মিষ্টি পদার্থের সেবন যতটা পারেন কমিয়ে আনুন। মধুর সঙ্গে লেবু-জল যেমন স্থূলতা কমায়... তেমনি শুধু লেবু আর জলও স্থূলতা কম করে। দিনে দু বার খাবার খাওয়ার ঠিক পরে এক গ্লাস ফোটানো জল পান করুন আর যতটা গরম পান করতে পারেন, চায়ের মত ছোট-ছোট চুমুক মেরে-মেরে পান করুন। এই প্রকার খাবার খাওয়ার ঠিক পরেই গরম জল লাগাতার পান করলে স্থূলতা কমে শরীর সন্তুলিত হয়ে ওঠে। স্থূলতা ছাড়াও গ্যাস, কোষ্ঠকাঠিন্য, কৃমি ইত্যাদি রোগ এবং এমিবাইসিসও দূর হয়ে পড়ে।

গুণের ভাণ্ডার সোয়াবীন

প্রোটিন শরীরের সর্বাঙ্গীণ বিকাশের জন্য অত্যন্ত আবশ্যক হয়। প্রায়ই আমাদের ভোজনে এই জিনিষটার অভাব হয়ে পড়ে। যেসব খাদ্য পদার্থ থেকে আমরা প্রোটিন প্রাপ্ত করতে পারি, সেগুলো এই মূল্যবৃদ্ধির যুগে কম উপার্জন করা ব্যক্তিদের থেকে ক্রমশঃ দূরে সরে যাচেছ। প্রোটিনের অভাবে বাচ্চাদের, বিশেষ করে গর্ভবতী মহিলা এবং সন্তানদের স্তন্যপান করাতে থাকা মায়েদের অনেক প্রকারের বিকার আর রোগ হয়ে পড়ে। সোয়াবীন হচেছ প্রোটিনের এই অভাবকে পূরণ করার এক অত্যন্ত সস্তা সাধন। সোয়াবীনে প্রায় 42 শতাংশ প্রোটিন, 20 শতাংশ ফ্যাট, 30 শতাংশ কার্বোহাইড্রেট আর প্রচুর মাত্রায় ক্যালশিয়াম, আয়রণ আর ভিটামিন পাওয়া যায়।

নীচে দেওয়া তালিকায় প্রোটিন প্রাপ্ত করার ব্যাপারে অন্য খাদ্য পদার্থের সঙ্গে সোয়াবীনের তুলনা করা হয়েছে ঃ-

শুকনো মটর	10.6 শতাংশ
কলাই ডাল	26.8 শতাংশ
অরহর ডাল	22.6 শতাংশ
মুগ ডাল	24.0 শতাংশ
ডিম	13.6 শতাংশ
চীনাবাদাম	28.0 শতাংশ
মাছ	16.6 শতাংশ
দুধ	03.5 শতাংশ
সোয়াবীন	42.0 শতাংশ

উপরোক্ত তালিকা এটাই জানায় যে, সোয়াবীনে প্রোটিন শতাংশের হিসেবে সব থেকে বেশী... তার সাথে-সাথে উপরোক্ত অন্যান্য খাদ্য পদার্থগুলোর তুলনায় এর মূল্যও সব থেকে কম। সঠিক রূপে সোয়াবীন এক পূর্ণ আহার হয়। প্রোটিনের অভাবকে দূর করার দৃষ্টিতে সোয়াবীনের উপযোগ দৈনিক ভোজনে প্রচুরতার সঙ্গে করা উচিত।

উপযোগ করার বিধি

সোয়াবীনকে উপযোগ করার আগে এতে মজুদ *'ট্রিপ্সি'* তত্ত্ব বার করে দেওয়াটা অত্যন্ত জরুরী হয়... কারণ এই তত্ত্ব প্রোটিনকে হজম হওয়া থেকে বাধা প্রদান করে।

বিধি – সোয়াবীনকে পরিস্কার করে জলে ভিজিয়ে দিন। 8-10 ঘন্টা পরে হাত দিয়ে রগড়ে এর খোসা ছাড়িয়ে নিন। পরিস্কার জলে ধুয়ে 10-15 মিনিট ফোটান, তারপর রোদে রেখে ভালো করে শুকিয়ে নিন। এটাকে ভিজিয়ে আটার মত তৈরী করুন। এই বিধিতে আপনি সোয়াবীন দিয়ে অনেক প্রকারের মিস্টি আর নোনতা ব্যঞ্জন বানাতে পারবেন। নিন... এখানে কিছু ব্যঞ্জন বিধির উল্লেখ করা হল।

সোয়াবীনের বরফী

সামগ্রী – 200 গ্রাম সোয়া আটা, 50 গ্রাম বেসন, 500 গ্রাম চিনি, 200 গ্রাম ঘি, 5-6 ফোঁটা লেবুর রস, 1-2 ফোঁটা ক্যাওড়া জল, 4-5 ছোট এলাচের দানা।

বিধি – প্রথমে বেসনকে 2-3 ছোট চামচ ঘিয়ে হাল্কা করে ভেজে নিন। তারপর বাকী আটা মিশিয়ে ঘিয়ে মৃদু আঁচে ভাজুন। চিনির রস তৈরী করুন। চিনির রস তৈরী করার সময় 4-5 ফোঁটা লেবুর রস ঢেলে দিন। এর ফলে চিনির দানা আবার জমতে পারবে না। এবার চিনির রস আটার সঙ্গে মিশিয়ে কিছুক্ষন আরও আঁচের ওপরে রাখুন... তারপর কোন মসৃণ প্লেটে ঢালুন। ক্যাওড়া জলের ফোঁটা ছিটিয়ে দিন। এলাচের দানাও ছড়িয়ে দিন। ঠাণ্ডা হয়ে এলে কেটে রেখে নিন।

সোয়াবীনের দই

সামগ্রী – এক বাটি ভেজানো সোয়াবীন, 3 বাটি ফোটানো জল, 1/2 চামচ বেকিং পাউডার, চিনি ইচ্ছানুসার, 2 ছোট চামচ চুনের জল।

বিধি – প্রথমে সোয়াবীনকে হাল্কা করে ভেজে নিন। ঠাণ্ডা হলে জলে ভিজিয়ে দিন। 9 ঘন্টা ফোলার পরে পেষা পিঠ্ঠীকে ফুটন্ত জলে মিশিয়ে দিন আর মৃদু আঁচের ওপরে রেখে ফোটান। ঠাণ্ডা হলে চিনি, বেকিং পাউডার বা সোডা আর চুনের জলও মিশিয়ে দিন। স্বাদের জন্য কিছুটা পেষা এলাচও মিশিয়ে দিন। উপরোক্ত বিধিতে তৈরী এক লিটার গুনগুনা গরম দুধকে 2-2 চামচ মাত্রায় দইতে জমিয়ে দিন।

সোয়াবীনের নিমোনা

সামগ্রী – সোয়াবীনের দানা এক বাটি, এক বাটি ছেলা আর

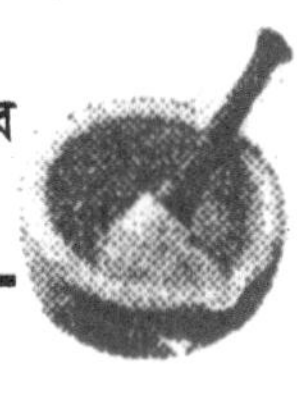

কাটা আলু. এক চামচ পেষা ধনে. 8-10 কোওয়া রসুন. একটা বড় পেঁয়াজ. এক ছোট টুকরো আদা. 3 বড় এলাচ. এক ছোট টুকরো দারচিনি. 6 লবঙ্গ. আন্দাজ মত গোলমরিচের চূর্ণ আর নুন. 6-7 বাটি জল।

বিধি – সবার আগে সোয়াবীনকে পিষে পিঠ্ঠী বানিয়ে নিন। রসুন আর অন্য মশলাকে কিছুটা জল ঢেলে মিহি করে পিষে নিন। পেঁয়াজ কুঁচিয়ে নিন। এবার কড়াইতে ঘি ঢেলে পেঁয়াজ আর অন্য মশলা ভেজে নিন। ভাজা মশলায় আলু আর সোয়াবীনের পিঠ্ঠী মিশিয়ে ভাজুন আর জল ঢেলে নাড়তে থাকুন। নুনও মিশিয়ে দিন। তৈরী নিমোনাকে সুস্বাদু করার জন্য আপনি তাতে আমচুর আর তেঁতুলও দিতে পারেন।

বাদাম

- **মস্তিষ্কের জন্য ঃ** 10 বাদামকে রাতে জলে ভিজিয়ে রেখে পরের দিন সকালে খোসা ছাড়িয়ে মিহি করে পিষে 20 গ্রাম মাখন আর 10 গ্রাম মিছরী মিশিয়ে এক মাস খান। মস্তিষ্কের দুর্বলতা দূর করার এটা এক ভালো প্রয়োগ।
- **দৃষ্টিশক্তির জন্য ঃ** বাদাম 150 গ্রাম. মিছরী 150 গ্রাম. মৌরী 150 গ্রাম – সব কিছুকে মিহি করে পিষে রাতে 10 গ্রাম মাত্রায় 250 গ্রাম দুধের সঙ্গে 40 দিন খান। দৃষ্টিশক্তি তীব্র হয়ে উঠবে। এটা মস্তিষ্কের দুর্বলতা দূর করার আর স্মরণশক্তি বাড়াবার এক ভালো পদ্ধতি।
- **তোতলামো দূর করার জন্য ঃ** বাদাম 50 গ্রাম, রূপোর তবক 10, দারচিনি 10 গ্রাম, লবঙ্গ 3 গ্রাম, পেস্তা 200 গ্রাম, ভালো কেশর 3 গ্রাম – সব কিছুকে মিহি করে পিষে 250 গ্রাম মধুর সঙ্গে মিশিয়ে 2 গ্রাম মাত্রায় 250 গ্রাম দুধের সঙ্গে সেবন করুন। এটা হচ্ছে বড়দের মাত্রা। বাচ্চাদের অর্ধেক মাত্রা দিন।
- **শক্তির জন্য ঃ** 10 বাদাম নিয়ে রাতে জলে ভিজিয়ে দিন। পরের দিন সকালে পিষে নিন... তারপর কলাইযুক্ত পেতলের কড়াইতে কিছুটা ঘি ঢেলে, তাতে পেষা বাদাম ঢেলে হাল্কা আঁচে ধীরে-ধীরে সেঁকতে থাকুন। হাল্কা গোলাপী হয়ে এলে 200 গ্রাম দুধ ঢেলে দিন আর পান করার মত হলে গরমাগরম পান করুন। এতে শরীর পুষ্ট হবে, বীর্য বাড়বে, দুর্বলতা দূর হবে *(প্রথমে 2 গ্রাম বাদাম দিয়ে শুরু করুন... তারপর প্রতি দিন 1-1 বাদাম বাড়িয়ে চলুন। যদি কোষ্ঠকাঠিন্য থেকে থাকে, তাহলে প্রথম 2 দিন ক্যাস্টর অয়েল পান করে পেট পরিস্কার করে নিন... তারপর এই প্রয়োগ করুন)*।

তুলসী / নিম

তুলসী হচ্ছে ঔষধি

সাধারণ হিন্দু পরিবারে তুলসীকে পূজনীয় হিসেবে মানা হয়ে থাকে এবং ধার্মিক ক্রিয়া-কলাপগুলোয় তুলসীর প্রয়োগ করা হয়ে থাকে। তুলসীর ঔষধীয় গুণও প্রচুর। আসুন, সেগুলোর সম্বন্ধে জানা যাক।

- তুলসী পাতার অর্ক প্রতি দিন নিয়মিত রূপে পান করলে শরীরে যন্ত্রণা কম হয়।
- নাক থেকে রক্ত পড়তে থাকলে তুলসীর রস নাকে দিলে আর শুঁকলে লাভ হয়।
- মশার কামড়ের হাত থেকে রক্ষা পেতেও তুলসী আপনাকে সহায়তা করতে পারে। রাতে ঘুমোবার আগে তুলসীর রস কাপড়ে ছেঁকে শরীরে মালিশ করুন। এতে মশা আপনার ধারে-কাছেও ঘেঁষবে না।
- তুলসীর 5-6 পাতা আর গোলমরিচকে পিযে এক গ্লাস জলের সঙ্গে প্রতি দিন সেবন করলে মস্তিস্কের গরম ভাব শান্ত হয় এবং মাংসপেশী আর হাড় মজবুত হয়। তুলসীর বীজ দুধে ফুটিয়ে, চিনি মিশিয়ে পান করলে শারীরিক শক্তি বৃদ্ধি পায়।
- তুলসী পাতাকে চিনির সঙ্গে চিবিয়ে খেলে লাভ হয়।
- বিছে, ভ্রমর, বোলতা ইত্যাদি দংশন করলে তুলসী পাতার রস দংশন করা জায়গায় লাগালে জ্বলুনি দূর হয়ে পড়ে।
- বুকে কফ জমা হয়ে পড়লে কর্পূর, মধু আর তুলসী পাতা মিশিয়ে রাতে ঘুমোবার আগে সেবন করুন।
- দাঁতের যন্ত্রণায় তুলসীর পাতাকে পিযে লেইয়ের মত বানিয়ে যন্ত্রণাযুক্ত দাঁতের নীচে রাখুন।
- প্রতি দিন নিয়মিত রূপে খাবার খাওয়ার পরে কয়েকটা তুলসী পাতা পরিস্কার জলের সঙ্গে নিলে অতি পুরোন

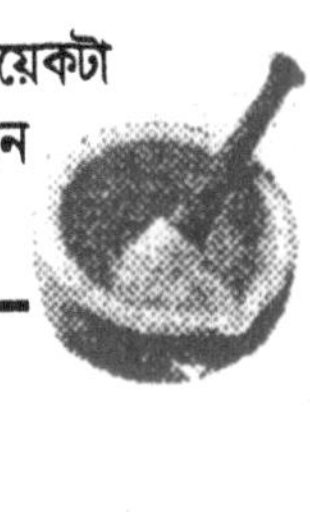

কোষ্ঠকাঠিন্যও দূর হয়ে পড়ে।

- যদি গলা খুশখুশ করতে থাকে, তাহলে তুলসী পাতা আর আদা পিষে মধুর সঙ্গে চাটুন। গলা খুশখুশানি দূর হবে।
- তুলসী পাতার রস গরম করে 4 ফোটা কানে দিলে কানের যন্ত্রণা দূর হয়। যদি কান থেকে জল পড়তে থাকে, তাহলে কিছু দিন পর্যন্ত এই রস লাগাতার কানে দিতে থাকুন।
- আগুনে পুড়ে গেলে তুলসী পাতার রস নারকেল তেলের সঙ্গে মিশিয়ে পুড়ে যাওয়া জায়গায় লাগালে জ্বলুনি দূর হয়ে পড়ে আর ফোসকা আর ক্ষতস্হানও শীঘ্র শুকিয়ে আসে।

এবার আপনারা এটা নিশ্চয়ই বুঝতে পেরেছেন যে, বাড়ীর উঠোনে তুলসীর গাছ লাগানোটা কতটা লাভদায়ক হয়।

নিম

- **জ্বর ঃ** নিমের সরু ডাল 10 গ্রাম, গোলমরিচ 7 নগ – এই দুটোকে পিষে জলের সঙ্গে পান করলে সমস্ত প্রকারের জ্বর নস্ট হয়ে পড়ে।
- **ম্যালেরিয়া জ্বর ঃ** কচি নিম পাতা 50 গ্রাম, শ্বেত ভস্ম 25 গ্রাম – এই দুটোকে এক সঙ্গে খরল করে 3-3 রত্তির গুলি বানিয়ে নিন। একটা গুলি মিছরী আর ঠাণ্ডা জলের সঙ্গে নিলে ম্যালেরিয়া জ্বর নিশ্চিত রূপে দূর হয়ে পড়ে।
- নিম পাতা 20 গ্রাম, ভাজা ফিটকিরী 10 গ্রাম – দুটোকে পিষে 1.5 রত্তির গুলি বানিয়ে নিন। জ্বর আসার 2 ঘন্টা আগে এক গুলি, তারপর এক ঘন্টা পরে আরেকটা গুলির সেবন করলে ম্যালেরিয়া জ্বর দূর হয়ে পড়ে।
- 60 গ্রাম নিম পাতা, 4 গোলমরিচ – দুটোকে পিষে 125 গ্রাম জলে ছেঁকে পান করুন। ম্যালেরিয়া জ্বর ঠিক হয়ে পড়বে।
- **পথরী ঃ** নিম পাতার ছাই, এক চামচ মাত্রায় দিনে তিন বার তাজা জলের সঙ্গে গিলে খেলে কিছু দিনের ভেতরেই কিড্‌নী আর মূত্রাশয়ের পথরী গলে বেরিয়ে আসে।
- **বসন্ত ঃ** নিম পাতাকে ফুটিয়ে খেলে লাভ হয়। বসন্ত হলে রোগীর বিছানায় নিম পাতা বিছিয়ে রোগীকে তার ওপরে শোওয়ান। দিনের মধ্যে 3-4 বার বিছানার নিম পাতা বদলানো উচিত। পানীয় জলেও নিম পাতার রস মিশিয়ে দেওয়াটা উপযোগী হয়। পাতা সমেত

নিম গাছের ডাল দিয়ে রোগীকে হাওয়া করলে রোগীর শরীরের ভেতরের দাহ শান্ত হয় আর বসন্তের দানা শীঘ্রই ঠিক হয়ে পড়ে।

- **মাথার চুলকোনি আর উকুন ঃ** নিমের তেল বা নিম্বোলীকে জলের সঙ্গে পিযে লাগালে মাথার উকুন অথবা চুলকোনি নষ্ট হয়ে পড়ে। যদি মাথার চুল ঝরে পড়তে থাকে, তাহলে এটা মাথায় লাগালে চুল ঝরে পড়া বন্ধ হয়।
- **ঘা, ফোড়া-ফুসকুড়ি ঃ** নিম পাতাকে পিযে কাপড়ে নিংড়ে রস বার করে নিন। ঘায়ের সমান তুলোর সলতে নিয়ে সেটা এই রসে ডুবিয়ে. হাল্কা চাপ দিয়ে ঘিয়ে সেঁকে নিন। হাল্কা *(গুনগুনা)* গরম অবস্থায় সেটাকে ক্ষতস্থানের ওপরে বেঁধে দিন। যদি জলে নিমের রস মিশিয়ে ক্ষতস্থানকে ধুয়ে দিতে পারেন, তাহলে আরও ভালো হয়। এতে ক্ষতস্থান শীঘ্রই শুকিয়ে আসে। নিম পাতাকে পিযে ফোড়া-ফুসকুড়ির ওপরে লাগালে বা নিম পাতাকে গরম করে বাঁধলে ফোড়া-ফুসকুড়ি শীঘ্র ঠিক হয়ে পড়ে।
- **কোষ্ঠকাঠিন্য ঃ** নিমের ফুলকে পরিস্কার জলে ধুয়ে শুকিয়ে নিন আর সেটাকে পিযে শুকিয়ে রেখে নিন। এই চূর্ণ এক চুটকী প্রতি দিন রাতে গরম জলের সঙ্গে গিলে খান। কোষ্ঠকাঠিন্যে লাভ হবে।
- **গেঁটে বাত ঃ** গেঁটে বাতের ফোলার ওপরে নিমের তেলের মালিশ করুন এবং নিম পাতাকে জলে ফুটিয়ে তার ভাপ দিয়ে সেঁক দিন আর গরম পাতা বেঁধে দিন।

❑❑

লাভদায়ক চূর্ণ

ত্রিফলা চূর্ণ

হরিতকী, বহেড়া আর আমলা – এই তিনটে জিনিষের চূর্ণ করে সমান মাত্রায় মেশালে ত্রিফলা চূর্ণ তৈরী হয়। এই তিনটে দ্রব্যেরই রসায়ন গুণ রয়েছে। কিছু-কিছু বৈদ্য 1 হরিতকী, 2 বহেড়া আর 3 আমলা মেশানোকে ত্রিফলা চূর্ণ বলেন... কিন্তু সেটার কোন শাস্ত্রীয় প্রমাণ পাওয়া যায় না। ভাব প্রকাশে এই তিনটে জিনিষকে সমান মাত্রায় নেবার নির্দেশ দেওয়া হয়েছে। ভাব প্রকাশ নির্ঘন্টুতে লেখা আছে –

পথ্যাবিভীতধাত্রীধাং ফলৈঃ স্যাত্রিফলা সমৈঃ।
ফলত্রিকঞ্চ ত্রিফলা সা বরা চ প্রকীর্তিতা।।
ত্রিফলা কফ পিত্তঘ্নী মেহকুষ্ঠ হরা সরা।
চক্ষুষ্যা দীপনী রুচ্যা বিষমৎচর নাশিনী।।

অর্থাৎ হরিতকী, বহেড়া আর আমলা – এই তিনটেকে সমান মাত্রায় নিয়ে মেশানো যোগকেই ত্রিফলা বলা হয়। সংস্কৃতে একে ফলত্রিক, ত্রিফলা আর বরাও বলা হয়। এই যোগ কফ আর পিত্তকে নাশ করে, প্রমেহ আর কুষ্ঠ রোগকে দূর করে, মল নিয়ে আসে, কোষ্ঠকাঠিন্য দূর করে, চোখের পক্ষে লাভদায়ক হয়, অগ্নিকে প্রদীপ্ত করে তোলে, রুচিবর্ধক হয় আর বিষম জ্বরকে নাশ করে। পাশ্চাত্য মত অনুসারে এতে গ্যালিক এ্যাসিড বেশী মাত্রায় পাওয়া যায়। এই যোগ শক্তিদায়ক *(টনিক)* হয়, চোখের জ্যোতি বাড়ায় আর চুলকে কালো রাখে।

আয়ুর্বেদে আলাদা-আলাদা অনুপাতে এর উপযোগ করলে আলাদা-আলাদা কার্যের বিবরণ দেওয়া হয়েছে ঃ-

(01) হাল্কা জ্বর – পীপলের চূর্ণ 2 গ্রাম আর ত্রিফলা চূর্ণ 3 গ্রাম নিয়ে কিছুটা মধুর সঙ্গে মিশিয়ে সকালবেলা চাটা উচিত।

(02) স্থূলতা – এক গ্লাস ঠাণ্ডা জলে 2 চামচ মধু গুলে সকালবেলা 1 চামচ ত্রিফলা চূর্ণের সঙ্গে নিয়মিত রূপে পান করা উচিত।

(03) কাশি – মধু 2 গ্রাম আর গরুর দুধের ঘি আধ চামচ নিয়ে এক সঙ্গে মিশিয়ে নিন, তার সঙ্গে 1 চামচ ত্রিফলা চূর্ণ মিশিয়ে

সকালবেলা চাটা উচিত।

(04) প্রমেহ – 2 গ্রাম ত্রিফলা চূর্ণ, 3 গ্রাম পেষা হলুদ আর 6 গ্রাম পেষা মিছরী এক সঙ্গে মিশিয়ে গিলে নিন আর জল পান করে মুখ ধুয়ে পরিস্কার করে নিন। লাগাতার 60 দিন সেবন করলে সব প্রকারের প্রমেহ রোগ নস্ট হয়ে পড়ে, রক্তের শুদ্ধি হয় আর ত্বকের রং ফুটে ওঠে।

(05) জয়েন্টের যন্ত্রণা – ত্রিফলা চূর্ণ 2 চামচ *(প্রায় 10 গ্রাম)* দু কাপ জলে ফেলে ক্বাথ তৈরী করুন। যখন জল আধ কাপের মত অবশিস্ট থেকে যাবে, তখন আঁচ থেকে নামিয়ে এনে ঠাণ্ডা করে নিন। এতে 1 চামচ মধু মিশিয়ে দিন। ঔষধি তৈরী! এমন আধ কাপ ঔষধি সকালে আর আধ কাপ রাতে ঘুমোবার আগে পান করা উচিত। এই প্রয়োগে জয়েন্টের যন্ত্রণা দূর হয় আর রোগী আরামে ঘুমোতে পারেন।

(06) উদর বিকার – ত্রিফলা চূর্ণ 10 গ্রাম আর বীট লবন অথবা সন্ধক লবন 1 গ্রাম নিয়ে এক সঙ্গে মিশিয়ে নিন। এই চূর্ণের তিন ভাগ করে তিন বারে জলের সঙ্গে সেবন করলে উদর বিকার নস্ট হয়, ক্ষিধে এবং পাচন শক্তি বৃদ্ধি পায়। আরেকটা প্রয়োগ হচেছ এই প্রকার – ত্রিফলা চূর্ণ 15 গ্রাম, গুড় 10 গ্রাম আর শুকনো আদার চূর্ণ 5 গ্রাম নিয়ে সব কিছুকে ভালো করে মিশিয়ে নিন। এটা 5-5 গ্রাম মাত্রায় সকাল-সন্ধ্যা জলের সঙ্গে সেবন করুন। কোস্ঠকাঠিন্য নাশ করার জন্য ত্রিফলা চূর্ণ 1 বা 2 চামচ, নিজের পেটের অবস্হা অনুযায়ী মাত্রায় গুনগুনা গরম জলের সঙ্গে রাতে ঘুমোবার সময় সেবন করা উচিত। তীব্র জোলাপ নিতে হলে 20 গ্রাম ত্রিফলা চূর্ণ 4 কাপ জলে ফেলে ফোটান। জল ভালোমতন ফুটে ওঠার পরে আঁচ থেকে নামিয়ে এনে ঠাণ্ডা করে নিন আর তাতে 1 বা 2 চামচ *(10 থেকে 20 মিলি)* ক্যাস্টর অয়েল ঢেলে রাতে ঘুমোবার সময় পান করুন। পরের দিন সকালে ভালোমতন মলত্যাগ হবে আর পেটও পরিস্কার হয়।

(07) দুর্বলতা – কোন রোগের কারণে শরীরে আসা দুর্বলতাকে দূর করার জন্য ত্রিফলা চূর্ণের সঙ্গে অশ্বগন্ধ নাগৌরী, মূলেঠী আর শতাবর – এই সব কিছুকে কুটে-পিষে সমান মাত্রায় মিশিয়ে নিন। এটা 3 গ্রাম *(অর্ধেক চামচ)* মাত্রায় খাবার খাওয়ার আধ ঘন্টা আগে মধুর সঙ্গে মিশিয়ে চাটুন। এই যোগের প্রয়োগ লাগাতার 30-40 দিন পর্যন্ত করা উচিত।

(08) অর্শ – অর্শ রোগে আমযুক্ত পায়খানা হয়। এই ব্যাধিকে নস্ট করার জন্য 3 গ্রাম ত্রিফলা চূর্ণ এক চামচ মধুর সঙ্গে মিশিয়ে সকাল-সন্ধ্যা চাটা উচিত। দ্বিতীয় প্রয়োগ – ত্রিফলা, নাগরমোথা আর অতীসের চূর্ণ সমান মাত্রায় মিশিয়ে নিন। এই মিশ্রণ 3 গ্রাম *(আধ চামচ)* মাত্রায় জলের সঙ্গে সকাল-সন্ধ্যা গিলে সেবন করা উচিত।

বর্জন – উদর বিকার আর অর্শের রোগীর হাল্কা আর সুপাচ্য আহারই গ্রহণ করা উচিত। ভাজাভুজি, বেসন দিয়ে তৈরী আর ঝাল-

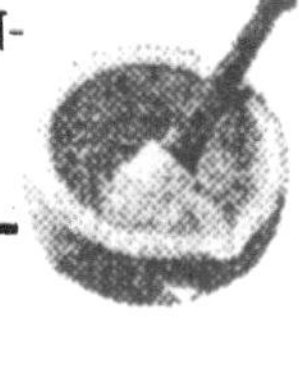

মশলাদার খাদ্য পদার্থের সেবন ভুলেও করা উচিত নয়।

(09) মাথার যন্ত্রণা – যেসব ব্যক্তিদের প্রায়ই মাথায় যন্ত্রণা হতে থাকে, তাঁদের এই প্রয়োগ করা উচিত – ত্রিফলা 30 গ্রাম, চিরতা, হলুদ, নিমের অন্তরছাল আর গিলোয় – এই চারটে জিনিষ 10-10 গ্রাম নিয়ে সব কিছুকে 4 গ্লাস জলে ফেলে ফোটান। জল 1 গ্লাস অবশিস্ট থেকে গেলে আঁচ থেকে নামিয়ে এনে ছেঁকে নিন। তাতে 10 গ্রাম গুড় গুলে দিন আর 1 চামচ সাদা জল মিশিয়ে পান করুন। এই প্রয়োগে মাথার যন্ত্রণা দূর হয়।

(10) নেত্র জ্যোতি – মাটির পাত্রে 2 গ্লাস জল ঢেলে তাতে 10 গ্রাম ত্রিফলা চূর্ণ ঢেলে রাতে রেখে দিন আর পাত্রকে ঢাকনা দিয়ে ঢেকে দিন। পরের দিন সকালে সেই জলকে কাপড় দিয়ে ছেঁকে সেই জল দিয়ে ভালো করে চোখ ধুন। একটু জ্বালা করবে... কিন্তু সেটা কিছুক্ষনের মধ্যেই ঠিক হয়ে পড়বে। এই প্রয়োগ করার পরে 5 গ্রাম ত্রিফলা চূর্ণ, আধ চামচ গলানো ঘি আর 2 চামচ মধু – এই তিনটে জিনিষকে এক সঙ্গে মিশিয়ে সকালবেলা খালি পেটে সেবন করা উচিত। এই দুটো প্রয়োগ লাগাতার 3-4 মাস পর্যন্ত করলে চোখের জ্যোতি বাড়ে আর কম পাওয়ারের চশমা চোখে দিতে থাকলে সেটা চোখে দেওয়ার আর কোন প্রয়োজন পড়ে না।

(11) পায়োরিয়া – দাঁত খারাপ হয়ে পড়া, মাড়ি পচে যাওয়া, মাড়ি থেকে রক্ত পড়া, মুখ থেকে দুর্গন্ধ বেরোন, দাঁত নড়তে থাকা ইত্যাদি হচ্ছে পায়োরিয়া রোগের লক্ষণ। এই রোগকে দূর করার জন্য এক অত্যন্ত ফলদায়ক প্রয়োগ হচ্ছে – ত্রিফলা 20 গ্রাম, শুকনো আদা আর গোলমরিচ 10-10 গ্রাম, ভাজা ফিটকিরী, সন্ধক লবন, হলুদ, নাগরমোথা, বায়বিডঙ্গ, নিম পাতা আর মাজুফল – সব কিছু 20-20 গ্রাম, বাবলা গাছের ছাল আর মোচরস 50-50 গ্রাম নিন। সব দ্রব্যগুলোকে আলাদা-আলাদা কুটে-পিষে মিহি চূর্ণ করে ময়দা চালার চালনী দিয়ে চেলে এক সঙ্গে মিশিয়ে নিন... তারপর সব কিছুকে আটা চালার চালনী দিয়ে 3 বার চালুন আর শিশিতে ভরে রেখে নিন। পায়োরিয়া রোগের রোগীর এই মাজনের প্রয়োগ দিনে চার বার করা উচিত – সকালে ঘুম থেকে ওঠার পরে, দু বার খাবার খাওয়ার পরে আর রাতে ঘুমোবার আগে। এই মাজনকে দাঁতে ঘষা উচিত নয়... বরং মাড়ির ওপরে ভালো করে লাগানো উচিত আর মুখের লার 15-20 মিনিট পর্যন্ত থুথু করে ফেলা উচিত। এর পরে পরিস্কার জল দিয়ে কুলকুচি করে নেওয়া উচিত।

অগ্নিমুখ চূর্ণ

সামগ্রী – ভাজা হিং 10 গ্রাম, বচ 20 গ্রাম, পীপল 30 গ্রাম, শুকনো আদা 40 গ্রাম, আজওয়াইন 50 গ্রাম, হরিতকী 60 গ্রাম, চিত্রক মূলের ছাল 70 গ্রাম আর কুট 80 গ্রাম – এই সব কিছুকে কুটে-পিষে কাপড়ে ছেঁকে চূর্ণ বানিয়ে নিন।

মাত্রা, অনুপাত, গুণ এবং প্রয়োগ বিধি – 3 গ্রাম থেকে

6 গ্রাম মাত্রায় সকাল-সন্ধ্যা দই বা দইয়ের জল অথবা গরম জলের সঙ্গে দিন। এই চূর্ণের উপযোগ মন্দাগ্নি, উদাবর্ত আর অজীর্ণে করা হয়ে থাকে। এই চূর্ণ পাচক, অগ্নিবর্ধক এবং রুচি উৎপন্নকারী হয়। মলাবরোধ এবং পেটের গ্যাসের নাশ করে।

লবন ভাস্কর চূর্ণ

সামগ্রী – সন্ধক লবন, বীট লবন, ধনে, পীপল, পীপলা মূল, সাদা জিরা, তেজপাতা, নাগকেশর, তালীসপত্র আর অম্লবেত – সব কিছু 25-25 গ্রাম। সমুদ্র লবন 100 গ্রাম, সাম্ভর লবন 60 গ্রাম, গোলমরিচ, জিরা আর শুকনো আদা 12-12 গ্রাম, আনারদানা 60 গ্রাম, দারচিনি আর বড় এলাচ 6-6 গ্রাম – এই সব কিছুকে কুটে-পিযে চূর্ণ বানিয়ে রাখুন। যদি এই চূর্ণকে লেবুর রসে ভাবনা দেওয়া হয়, তাহলে সেটা আরও বেশী সুস্বাদু আর গুণকারী হয়ে ওঠে।

মাত্রা, অনুপাত, গুণ এবং প্রয়োগ বিধি – 2-3 গ্রাম মাত্রায় দিনে দু বার খাবার খাওয়ার পরে ঠাণ্ডা জলের সঙ্গে অথবা দইয়ের জল বা লস্যিতে মিশিয়ে সেবন করুন। এই চূর্ণের সেবনে অজীর্ণ, মন্দাগ্নি, আম বিকার এবং অন্যান্য পেটের রোগ নস্ট হয়ে পড়ে।

হিঙ্গষ্টক চূর্ণ

সামগ্রী – শুকনো আদা, লঙ্কা, পীপল, আজওয়াইন, সন্ধক লবন, কালো জিরা, সাদা জিরা – এই সাতটি জিনিষ সমান মাত্রায় নিয়ে চূর্ণ তৈরী করে মিহি কাপড়ে ছেঁকে নিন। পরে একটা দ্রব্যের আট ভাগের এক ভাগ ঘিয়ে ভাজা হিং নিয়ে খুব মিহি করে পিযে চূর্ণের সঙ্গে মিশিয়ে দিন *(অর্থাৎ যদি প্রতিটা জিনিষ আপনি 25-25 গ্রাম করে নিয়ে থাকেন, তাহলে 3 গ্রাম হিং নিন)*।

মাত্রা, অনুপাত, গুণ এবং প্রয়োগ বিধি – 3 গ্রাম থেকে 5 গ্রাম মাত্রায় গরম জলের সঙ্গে সেবন করুন অথবা খাবার খাওয়ার সময় ঘি গরম করে একটু ঠাণ্ডা হলে খাবারে ঢেলে প্রথম গ্রাসে খেয়ে তারপর বাকী খাবার খেলে অগ্নি প্রদীপ্ত হয়ে ওঠে, বায়ু রোগের নাশ হয়, পেটে গ্যাসের সৃষ্টি হওয়া, অজীর্ণ এবং মন্দাগ্নি দূর হয়। এই চূর্ণ উত্তম প্রদীপক আর পাচক হয়। সবাই এই চূর্ণের গুণের সঙ্গে পরিচিত।

সুলেমানী চূর্ণ (01)

সামগ্রী – সাদা জিরা *(ভাজা)* 100 গ্রাম, সন্ধক লবন 15 গ্রাম, বীট লবন, গোলমরিচ আর লেবু সত্ব 60-60 গ্রাম, নৌসাদর 30 গ্রাম, ভাজা হিং আর পিপারমেন্ট 1.5-1.5 গ্রাম *(হিং আর পিপারমেন্টকে আলাদা ভাবে খল-নুড়িতে খরল করে চূর্ণে মিশিয়ে সুরক্ষিত রেখে নিন)*।

মাত্রা, অনুপাত, গুণ এবং প্রয়োগ বিধি – 2 থেকে 3 গ্রাম পর্যন্ত খাবার খাওয়ার পরে তাজা জলের সঙ্গে নিন। এই চূর্ণ অত্যন্ত

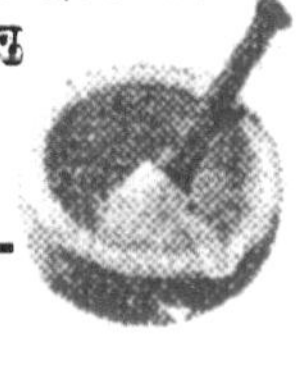

সুস্বাদু, রুচিবর্ধক আর উত্তম দীপক-পাচক হয়। এই চূর্ণের প্রয়োগে অজীর্ণ, অরুচি, পেটের যন্ত্রণা, পেট ফাঁপা, বায়ুগোলার যন্ত্রণা শেষ হয়ে পড়ে।

সুলেমানী চূর্ণ (02)

সামগ্রী – দারচিনি 10 গ্রাম, এলাচের দানা 20 গ্রাম, পীপল 40 গ্রাম, বংশলোচন 80 গ্রাম আর ভালো কুঞ্জা মিছরী 160 গ্রাম নিয়ে সব কিছুকে কুটে কাপড়ে ছেঁকে নিন।

মাত্রা, অনুপাত, গুণ এবং প্রয়োগ বিধি – 2-3 গ্রাম মাত্রায় সকাল-সন্ধ্যা 6 গ্রাম মধু অথবা 6 গ্রাম গরুর দুধের ঘি আর 1 গ্রাম মধুর সঙ্গে দিন। এই চূর্ণের সেবনে শ্বাসকস্ট, কাশি, হাতে-পায়ের জ্বলুনি দূর হয়, পিত্ত শান্ত হয় আর জঠরাগ্নি তীব্র হয়ে ওঠে। বিশেষ করে এই প্রয়োগ সকল প্রকারের কাশিকে শেষ করে দেয়।

শতবর্যাদি চূর্ণ

সামগ্রী – শতাবর, বড় গোখরু, বীজকন্দ, বংশলোচন, কাবাবচিনি, চোপচিনি, কৌঞ্চের বীজ, শুকনো আদা, গোলমরিচ, পীপল, সাদা মুসলী, কালো মুসলী, সালম মিছরী, গট্টা, বিদারী কন্দ আর অশ্বগন্ধ – সব কিছু 10 গ্রাম করে, নিশোথ 60 গ্রাম এবং মিছরী 20 গ্রাম নিয়ে সব কিছুকে এক সঙ্গে কুটে-পিযে, কাপড়ে ছেঁকে চূর্ণ বানিয়ে নিন *(এই চূর্ণকে বেশী দিন পর্যন্ত রাখতে হলে মিছরী ছাড়াই বানানো ভালো হয়। সেবন করার সময় চূর্ণে সমান মাত্রায় মিছরী মিশিয়ে প্রয়োগ করুন)*।

মাত্রা, অনুপাত, গুণ এবং প্রয়োগ বিধি – 6 গ্রাম থেকে 12 গ্রাম মাত্রায় সকাল-সন্ধ্যা গরুর দুধের সঙ্গে প্রয়োগ করুন। এই চূর্ণ পৌস্টিক, ধাতুবর্ধক হয়, বীর্যকে গাঢ় করে তোলে এবং স্বপ্নদোষকে দূর করে শরীরকে হৃস্ট-পুস্ট করে তোলে *(এই চূর্ণ দেরীতে হজম হয়... সুতরাং যেসব ব্যক্তির মন্দাগ্নি রয়েছে, তাঁদের এই প্রয়োগ করা উচিত নয়)*।

অশ্বগন্ধাদি চূর্ণ

সামগ্রী – অশ্বগন্ধ 200 গ্রাম আর বিধারা 200 গ্রাম নিয়ে দুটোকে কুটে-পিযে, কাপড়ে ছেঁকে সুরক্ষিত রেখে নিন।

মাত্রা, অনুপাত, গুণ এবং প্রয়োগ বিধি – 3-6 গ্রাম সকাল-সন্ধ্যা দুধ বা জলের সঙ্গে নিন। এই চূর্ণের সেবনে বীর্য বিকার, বীর্যের পাতলাপন, শিথিলতা, শীঘ্রপতন, প্রমেহ ইত্যাদি বিকার দূর হয়ে বীর্য গাঢ় আর নির্দোষ হয়ে ওঠে। এই চূর্ণ মস্তিস্ককে পরিপুস্ট করে তোলে। হৃদয়ের দুর্বলতাকে দূর করে এবং শক্তিবর্ধক এবং বাজীকারক হয়।

লাভদায়ক আয়ুর্বেদিক যোগ

চন্দ্রপ্রভা বটী

'চন্দ্রপ্রভা বটী' আয়ুর্বেদিক শাস্ত্রের এমন এক অদ্ভূত এবং গুণকারী যোগ, যেটা আজকের যুগের স্ত্রী-পুরুষ – উভয়ের জন্যই, যে কোন বয়সে উপযোগী এবং লাভকারী প্রমাণিত হয়। আজকাল বেশীর ভাগ লোকেদের মধ্যে যে প্রকারের খাওয়া-দাওয়া, আহার-বিহার এবং আচার-বিচার দেখতে পাওয়া যায়, তারই ফলস্বরূপ সৃষ্টি হওয়া বেশ কিছু বিকারকে দূর করার ক্ষেত্রে *'চন্দ্রপ্রভা বটী'* এক অত্যন্ত সফল যোগ হিসেবে প্রমাণিত হয়েছে। *"রস তন্ত্রসার এবং সিদ্ধ প্রয়োগ সংগ্রহ"* এবং *"আয়ুর্বেদ-সারসংগ্রহ"* নামক সুপ্রসিদ্ধ আয়ুর্বেদিক গ্রন্থগুলোয় এই যোগের অত্যন্ত প্রশংসা করা হয়েছে আর বৈদ্য জগতও একে অত্যন্ত গুণকারী এবং বিশ্বসনীয় যোগ হিসেবে মেনে নিয়েছেন।

এই যোগ বেশ কিছু আয়ুর্বেদিক ঔষধি নির্মাতা দ্বারা নির্মিত করা হয়ে থাকে এবং গোটা দেশে সর্বত্র ওষুধের দোকানগুলোয় সহজেই কিনতে পাওয়া যায়।

ঘটক দ্রব্য ঃ কর্পূর, বচ, নাগরমোথা, চিরতা, গিলোয়, দেবদারু, হলুদ, অতীস, দারু দরিদ্রা, পীপলা মূল, চিত্রক, ধনে, হরিতকী, বহেড়া, আমলা, চব্য, বায়বিডঙ্গ, গজপীপল, শুকনো আদা, গোলমরিচ, পীপল, সুবর্ণ মাক্ষিক ভস্ম, সজ্জীক্ষার, জবাক্ষার, সন্ধক লবন, বীট লবন, সাম্ভর লবন – সব কিছু 3-3 গ্রাম... কালো নিশোথ, দন্তীমূল, তেজপাতা, দারচিনি, ছোট এলাচের দানা, বংশ লোচন – সব কিছু 10-10 গ্রাম... লৌহ ভস্ম 20 গ্রাম... মিছরী 40 গ্রাম... শুদ্ধ শিলাজিত 80 গ্রাম এবং শুদ্ধ গুগ্গুল 80 গ্রাম।

"আয়ুর্বেদ-সারসংগ্রহ" গ্রন্থে এই সমস্ত ঘটক দ্রব্যগুলো ছাড়াও কাবাবচিনি, গোখরু আর সাদা চন্দন 3-3 গ্রাম এবং 10 গ্রাম বড় এলাচকেও শামিল করা হয়েছে। দ্রব্য বাড়ালে এই যোগের উপযোগিতা এবং গুণবত্তা আরও বেড়ে ওঠে।

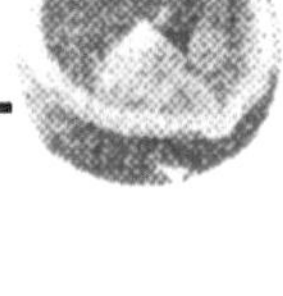

নির্মাণ বিধি ঃ দুই গ্রন্থে এর নির্মাণ বিধি আলাদা-আলাদা ভাবে দেওয়া হয়েছে। *"রস তন্ত্রসার এবং সিদ্ধ প্রয়োগ সংগ্রহ"* গ্রন্থ অনুসারে সব ঘটক দ্রব্যকে কুটে-পিষে অত্যন্ত মিহি করে মিশিয়ে নিন আর একটু-একটু গরুর দুধের ঘি ঢেলে কুটে চলুন। সব কিছুকে এক সার করে নিয়ে ছোলার আকারের গুলি বানিয়ে নিন। *"আয়ুর্বেদ-সারসংগ্রহ"* গ্রন্থ অনুসারে প্রথমে গুগ্গুলকে পরিস্কার করে লোহার হামান-দিস্তায় কুটুন। গুগ্গুল যখন নরম হয়ে পড়বে, তখন তাতে শুদ্ধ শিলাজিত ভস্ম এবং অন্যান্য সকল দ্রব্যের কুটে-পিষে নেওয়া মিহি চূর্ণ মিশিয়ে দিন আর তিন দিন পর্যন্ত গিলোয়ের স্বরস ঢেলে খল-নুড়িতে খরল করে চলুন। তারপর 3-3 রত্তির গুলি বানিয়ে রেখে নিন। গুলিগুলো যদি ভেজা থাকে, তাহলে ছায়ায় রেখে শুকিয়ে নিন।

মাত্রা আর সেবন বিধি ঃ 2-2 গুলি সকাল-সন্ধ্যা মধুর সঙ্গে মিশিয়ে চাটুন বা দুধের সঙ্গে গিলে খান।

উপযোগ ঃ এই অদ্ভূত যোগের মুখ্য কার্য আর প্রভাব হচ্ছে মূত্রেন্দ্রিয় এবং স্ত্রী-পুরুষের যৌনাঙ্গের সঙ্গে সম্বন্ধিত সকল প্রকারের বিকারকে নস্ট করা। পুরুষদের শুক্র আর স্ত্রীদের আর্তবের উৎপাদন করা যৌনাঙ্গের বিকারগুলোর শমন করে সেগুলোকে শক্তিশালী করে তোলা এবং রসায়নের মত লাভ প্রদান করাই হচেছ এই যোগের প্রধান কার্য। মূত্রকৃচ্ছ *(প্রস্রাবে অবরোধ এবং জ্বলুনি)*, প্রমেহ, স্বপ্নদোষ, শীঘ্রপতন, ধাতুক্ষীণতা, পথরী, ভগন্দর, অণ্ডকোষ বৃদ্ধি, জণ্ডিস, অর্শ, কোমরের যন্ত্রণা এবং মহিলাদের গর্ভাশয় সম্বন্ধীয় বিকার, শ্বেত প্রদর, গনোরিয়া এবং আতশক ইত্যাদি থেকে উৎপন্ন বিকার, প্রস্রাবের সঙ্গে আলব্যুমিন *(Albumen)* বেরোন, প্রস্রাব হলুদ আর দুর্গন্ধযুক্ত হওয়া, হস্ত মৈথুন এবং অতি মৈথুনের কারণে যৌনাঙ্গ শিথিল হয়ে পড়া আর শীঘ্রপতন রোগ হওয়া, গর্ভাশয়ের দুর্বলতার কারণে গর্ভস্থাপন না হওয়া বা গর্ভপাত হয়ে পড়া ইত্যাদি বেশ কিছু ব্যাধি দূর করতে এই যোগ সফলতাপূর্বক সহায়ক প্রমাণিত হয়। এই যোগ নতুন শুক্রাণুর উৎপত্তি করে শুক্রাণুর সংখ্যাকে বৃদ্ধি করে এবং রক্তাণুগুলোর শুদ্ধি আর নবনির্মাণ করে।

মহিলাদের গর্ভস্রাব, গর্ভপাত, গনোরিয়া বা উপদংশের পরম্পরাগত প্রভাব, তাড়াতাড়ি গর্ভধারণ, অতি সহবাস, অধিক প্রসব, শারীরিক দুর্বলতা ইত্যাদি কারণে গর্ভাশয় দুর্বল হয়ে পড়া আর গর্ভের ভার সহ্য করতে অক্ষম হয়ে পড়া, মুখ-চোখ নিস্তেজ হয়ে পড়া, মনে উৎসাহহীনতা এসে যাওয়া, শরীরের অঙ্গ-প্রত্যঙ্গগুলোয় দুর্বলতা আর যন্ত্রণা হওয়া, মাসিক ধর্ম অনিয়মিত হয়ে পড়া আর কস্টের সঙ্গে হওয়া, শ্বেত প্রদর রোগ হওয়া ইত্যাদি

সকল ব্যাধিকে দূর করতে চন্দ্রপ্রভা বটীকে ঘিয়ের সঙ্গে সেবন করাটা অত্যন্ত লাভপ্রদ প্রমাণিত হয়। ক্লান্ত, দুর্বল আর শিথিল শরীরের যুবক-যুবতী বা প্রৌঢ় স্ত্রী-পুরুষদের চন্দ্রপ্রভা বটীর 2-2 গুলি সকাল-সন্ধ্যা লাগাতার 3-4 মাস পর্যন্ত সেবন করা উচিত।

ক্রণিক *(পুরোন)* রোগে ধৈর্য্যপূর্বক, সঠিক বর্জনতার সঙ্গে 3-4 মাস পর্যন্ত এর সেবন করা উচিত। বিভিন্ন আয়ুর্বেদিক-ঔষধি নির্মাতারা এই যোগকে *'চন্দ্রপ্রভা বটী নং 1'* নামে তৈরী করেন... সেটারই সেবন করা উচিত... কারণ এতে ঘটক দ্রব্য কিছু বেশী থাকে।

প্রবাল পঞ্চামৃত রস

দ্রব্য ঃ প্রবাল পিস্টী বা ভস্ম 20 গ্রাম আর মোতি পিস্টী বা ভস্ম, কড়ি পিস্টী বা ভস্ম – সব কিছু 10-10 গ্রাম।

নির্মাণ বিধি ঃ সব কিছুকে ভালো করে মিশিয়ে নিন আর যথোচিত মাত্রায় গরুর দুধ ঢেলে ঘুঁটে-পিষে একটা গোলা বানিয়ে নিন... তারপর সম্পুট করে আগুনে পুড়িয়ে ভস্ম বানিয়ে নিন। পরে বার করে ঠাণ্ডা করে নিন আর গোলার থেকে ভস্ম বার করে শিশিতে ভরে রেখে নিন। একবার পুট দেওয়ার পরে যদি পরিস্কার সাদা রং না আসে, তাহলে আরও দু বার পুট দিলে সাদা রং এসে যায়।

নোট ঃ মূল প্রয়োগে আকের দুধের প্রয়োগ করার কথা বলা হয়েছে... কিন্তু আকের দুধের প্রয়োগ উগ্র প্রভাবের হয়... সুতরাং কিছু-কিছু বিদ্বান বৈদ্য আকের দুধের স্হানে গরুর দুধের প্রয়োগ করার পক্ষধর। আমরাও এটাকেই ঠিক বলে মনে করি... সুতরাং আমরা এই প্রয়োগে গরুর দুধের ব্যাপারেই উল্লেখ করেছি।

মাত্রা আর সেবন বিধি ঃ 1 বা 2 রত্তি মাত্রায়, সকাল-সন্ধ্যা মধু... শিতোপলাদি চূর্ণ এবং মধু... গুলকন্দ, আমলার মোরব্বা, বেদানার রস, লেবুর রস, আদার রস আর মধু – এগুলোর মধ্যে যে কোন এক অনুপাতকে রোগ অনুসারে বেছে নিয়ে সেবন করা উচিত।

উপযোগ এবং লাভ ঃ এই প্রয়োগে পারদ *(পারা)*-র উপযোগ করা হয় না... তবুও এই প্রয়োগে রসের সমান গুণ থাকে... এজন্য শাস্ত্রবিদেরা এর নাম *'প্রবাল পঞ্চামৃত রস'* রেখেছেন। এর প্রভাব সব থেকে বেশী পিত্তাশয় *(Gall Bladder)*, প্লীহা *(Spleen)* আর লিভার *(Liver)*-য়ের কার্যের ওপরে বিশেষ রূপে পড়ে। এই রস শীতবীর্য আর ক্ষারীয় হয়... সুতরাং পিত্ত আর কফজনিত রোগের পক্ষে অধিক উপযোগী হয়। এই রসায়নের

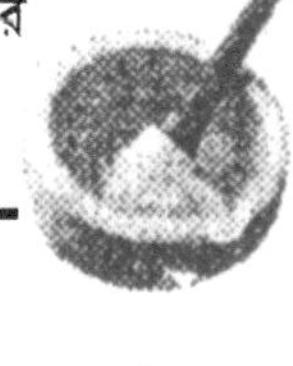

সেবনে মলাবরোধের কারণে পেট ফুলে ওঠা, গুল্ম *(Stomach Tumour)*, প্লীহা, উদর রোগ, কাশি, অগ্নিমান্দ্য, কফ আর বাতজনিত রোগ, বেশী ঢেঁকুর ওঠা, অজীর্ণ, হৃদয় রোগ, গ্রহণী বিকার, অতিসার, মূত্র বিকার, প্রমেহ, পথরী, প্রস্রাবে অবরোধ আর জ্বলুনি ইত্যাদি রোগ দূর হয়। পিত্ত কুপিত হয়ে পড়ার কারণে উৎপন্ন হওয়া রোগ, যেমন – গলা আর পেটে জ্বলুনি হওয়া, আমযুক্ত পায়খানা হওয়া, জ্বলুনির সঙ্গে পাতলা পায়খানা হওয়া ইত্যাদি বিকার দূর হয়। এর সেবনে হৃদয় আর মস্তিস্ক শক্তি প্রাপ্ত করে এবং ফুসফুসে আটকে থাকা দোষ বাইরে বেরিয়ে আসে। এই রসায়নে প্রবাল পিত্তশামক আর মূত্রল হয়, মোতি জ্বলুনি আর পিত্ত প্রকোপ দূর করে এবং মূত্রল *(Diuretic)* হয় এবং শঙ্খ আর কড়ি পাচক, অগ্নিবর্ধক এবং স্তম্ভনকারক হয়। এই যোগের কিছু বিশেষ প্রয়োগের উল্লেখ এখানে করা হল ঃ-

পিত্ত প্রকোপ ঃ পিত্ত কুপিত হয়ে পড়লে পাচন ক্রিয়া ঠিক মত হতে পারে না, পেটে অম্লতার বৃদ্ধি হয়, টক-টক ঢেঁকুর আসতে থাকে, পেট ফোলা আর ভারী-ভারী লাগে, আলস্য আর ক্লান্তির অনুভব হয়... এমন অবস্থায় আধ চামচ লেবুর রসের সঙ্গে এর সেবন করা উচিত।

লিভারের বিকার ঃ পিত্ত প্রকোপের কারণে লিভারে বিকার সৃষ্টি হয়ে পড়ে আর ত্বক, চোখ, নখ আর প্রস্রাবের রং হলুদ হয়ে পড়ে, অস্থিরতা, হাত-পায়ে জ্বলুনি এবং শারীরিক দুর্বলতার অনুভূতি হতে থাকে। এমন অবস্থায় তাজা দইয়ের জলের সঙ্গে প্রবাল পঞ্চামৃত রস সকাল-সন্ধ্যা সেবন করলে এই সব ব্যাধি দূর হয়ে পড়ে।

পিত্তজনিত অতিসার ঃ পিত্ত প্রকোপের কারণে গরম আর পাতলা পায়খানা বার-বার হতে থাকলে সেটাকে *'অতিশয়েন সারয়তি রেচয়তি ইতি অতিসারঃ'* অনুসারে অতিসার বলা হয়। এই ব্যাধিকেও দূর করতে প্রবাল পঞ্চামৃত রস তাজা দইয়ের জলের সঙ্গে সেবন করাটা অত্যন্ত গুণকারী প্রমাণিত হয়।

প্রস্রাবে অবরোধ ঃ এই ব্যাধিকে দূর করার জন্য ছোট বা বড় গোখরুকে মোটা-মোটা করে কুটে দু কাপ জলে ফেলে ক্বাথ তৈরী করুন। 3-4 গোখরুই পর্যাপ্ত হয়। জল আধ কাপের মত অবশিষ্ট থেকে গেলে আঁচ থেকে নামিয়ে এনে ছেঁকে নিন আর ঠাণ্ডা করে এই জলের সঙ্গে প্রবাল পঞ্চামৃত রস মিশিয়ে সকাল-সন্ধ্যা সেবন করুন। আধ কাপ ক্বাথকে 2 মাত্রায় ভাগ করে সকাল-সন্ধ্যা নিন। এই প্রয়োগে প্রস্রাবের জ্বলুনি দূর হয় আর প্রস্রাব ভালোমতন আসতে থাকে।

অত্যধিক ঘাম আসা ঃ যেসব ব্যক্তিদের অত্যধিক ঘাম আসতে থাকে, তাঁদের 2 গ্রাম বংশ লোচন আর কিছুটা মধুর সঙ্গে 2 রত্তি প্রবাল পঞ্চামৃত রস মিশিয়ে দিনে তিন বার চাটা উচিত।

কাশি-শ্বাসকস্ট ঃ কাশি, শ্বাসকস্টের অস্থিরতা, ঠাণ্ডা পদার্থ এবং ঠাণ্ডা আর খোলা জায়গা ভালো লাগা, দুধ বা আনারদানার মত পিত্তশামক পদার্থ ভালো লাগা, গরম আর আগুনের আঁচ লাগলে যন্ত্রণা বেড়ে ওঠা ইত্যাদি লক্ষণে প্রবাল পঞ্চামৃত রসের সেবন ভালো ফল প্রদান করে। কফজনিত কাশি আর শ্বাসকস্ট হলে আদার রস পৌনে এক চামচ, মধু পৌনে এক চামচ আর এক মাত্রা অর্থাৎ 2 রত্তি *(এক গ্রামের এক-চতুর্থাংশ ভাগ)* প্রবাল পঞ্চামৃত রসের সেবন সকাল-সন্ধ্যা করা উচিত।

অম্ল-পিত্ত ঃ হাইপার এ্যাসিডিটির কারণে গলা জ্বালা করা, মুখে টক-টক জল আসা, টক-টক ঢেঁকুর আসা, বুক জ্বালা করা ইত্যাদি লক্ষণকে দূর করার জন্য বেদানার 2 চামচ রসের সঙ্গে প্রবাল পঞ্চামৃত রসের সেবন করা উচিত।

বসন্ত কুসুমাকর রস

নির্মাণ বিধি ঃ 2 ভাগ অভ্রক ভস্ম, 2 ভাগ অভ্রক ভস্ম শতপুটী, 3 ভাগ লৌহ ভস্ম আর 4-4 ভাগ নাগ, প্রবাল আর মুক্তা ভস্ম।

সকল ভস্মকে খল-নুড়িতে ফেলে খরল করুন। আবশ্যকতা অনুসারে নিম্নলিখিত জিনিযগুলো ঢেলে খরল করুন – গরুর দুধ ফ্যাট স্বরস, হলুদ ক্বাথ, বলীস্তম্ভ স্বরস। তারপর গোলাপ ফুল আর মালতী ফুলের রস এক-এক ভাবনা দিয়ে শুকিয়ে নিন।

এর পরে কর্পূর আর তুলসীর স্বরসের এক-এক ভাবনা দিন। শেযে 1 গ্রাম কস্তুরী ঢেলে ভালো করে মিশিয়ে লুগদী তৈরী করে নিন। এই লুগদীর 2-2 রত্তির গুলি বানিয়ে ছায়ায় রেখে শুকিয়ে নিন। এই গুলিগুলো কোন কাঁচের শিশিতে সুরক্ষিত রেখে নিন।

সেবন বিধি আর মাত্রা ঃ সকাল-সন্ধ্যা 1 বা 2 গুলি।

উপযোগ ঃ এটা অত্যন্ত মূল্যবান এবং উত্তম রসায়ন – যেটা ডায়াবেটিজ, প্রমেহ থেকে সৃষ্টি হওয়া নপুংসকতাকে ঠিক করে তোলে। মহিলাদের প্রদর আর সোম রোগেও এই যোগ ভালো ফল প্রদান কসে। এই যোগ স্তম্ভন শক্তিকে বাড়িয়ে তোলে। বীর্যকে গাঢ় করে তোলে। সম্ভোগ শক্তি বাড়ায়। এর সেবন দুধ-মালাইয়ের সঙ্গে করা উচিত।

বিভিন্ন রোগে পথ্যাপথ্য

পেটের রোগ *(পেটের শূল, গুল্ম, প্লীহা ইত্যাদি)*

পেটের রোগে ফুটিয়ে ঠাণ্ডা করা জল, সোডা ওয়াটার, গরু-ছাগলের দুধের লস্যি, ঘি, পুরোন চাল, কাগজী লেবু, পুনর্নবা, সোয়াবীন, পেঁয়াজ, পটল, বেগুন, মূলো, ওল, ক্যাস্টর অয়েল আর গোমূত্রের সেবন করা আর কোমরে প্রলেপ করা, বেদানা এবং আদা ইত্যাদি বস্ত্ত হচেছ পথ্য।

মন্দাগ্নি *(বদহজমী)*

বদহজমী হওয়ার আলাদা কারণ থাকে। এজন্য কোন নির্দিষ্ট নিয়ম বলা সম্ভব নয়... তবুও কিছু সাধারণ আহারের ব্যাপারে এখানে জানানো হচেছ... যার দ্বারা প্রতিটি রোগীর জন্য সঠিক পথ্যাপথ্য বেছে নিয়ে প্রয়োগ করা যেতে পারে।

পথ্য ঃ মুগ, গম, বাজরা *(কিছুটা মাত্রায়)*, চাল *(পুরোন)*, সাবু দানা, সবুজ শাক, পালং শাক, মূলো, মেথী, মুগ ডাল ইত্যাদি আর ফলের মধ্যে কমলা লেবুর রস, পেঁপে, সবেদা, আঙ্গুর, জাম, ফালসা ইত্যাদি, ঠাণ্ডা জল, লস্যি আর প্রয়োজনে *'দ্রাক্ষাসব'* এবং *'অঙ্গুরাসব'*-য়ের প্রয়োগ করুন।

অপথ্য ঃ মিস্টি, গরম মশলা, আচার, শক্ত ডাল, মালাই, কাঁচা আর টক ফল, বাসী ভোজন, মল এবং মূত্রের বেগ আটকানো ইত্যাদি হচেছ অপথ্য। দাঁত আর পেট খারাপ হওয়ার প্রতি বিশেষ দৃস্টি দিন... দাঁত আর পেট সর্বদা পরিস্কার রাখুন।

আমবাতাদি রোগে

পথ্য ঃ গমের আটার রুটী, ঘি আর চিনি দিয়ে তৈরী হালুয়া, শাঠী চাল, পুনর্নবার পাতার শাক, বেদানা, আম, আঙ্গুর, ক্যাস্টর অয়েল আর অগ্নিমান্দ্য না থাকলে কলাইয়ের ডাল দেওয়াটা হচেছ পথ্য। দুপুরে আর রাতে নারায়ণ তেলের মালিশ করাটা ভালো হয়।

অপথ্য ঃ ছোলা, কড়াইশুঁটি, সোয়াবীন, আলু, মুগ ডাল, তোরই, মসুর ডাল, এঁচোড়, বেশী পরিশ্রম, রাত জাগা, ঠাণ্ডা জলে স্নান করা হচ্ছে অপথ্য।

প্রসূতা মহিলাদের জন্য

প্রসূতা মহিলাদের গমের আটার হালুয়া বেশী করে ঘি ঢেলে খাওয়ালে, ফুটিয়ে ঠাণ্ডা করা জল পান করতে দিলে... হাওয়াদার, পরিস্কার আর সূর্যের আলো ভালো করে ঢোকে... এমন ঘরে রাখলে প্রসব হওয়ার সময় গর্ভশিয়ে যন্ত্রণা কম হয়।

প্রসূতা মহিলাদের জন্য পথ্য ঃ গম, জ্যোয়ার, চাল, ঘি, দুধ, চিনি, পটল, সাদা কুন্দরু, পেঠা, নারকেল, ঢেঁড়শ, লাউ, ভাজা মুগ আর কলাইয়ের ডাল, বাদাম, কিশমিশ, সাদা পেঁয়াজ, রসুন, কৌঞ্চের বীজ, শতাবরী, পান, সুপারী পাক ইত্যাদি 12 দিন পরে প্রসূতার শারীরিক শক্তি অনুসারে দিন।

গর্ভবতীদের জন্য

সিঁড়ি চড়া, খাটের ওপরে শোওয়া, খুব বেশী পরিশ্রম করা, মৈথুন করা, বড় এলাচ খাওয়া, ভয় পাওয়া ইত্যাদি গর্ভবতী মহিলাদের পক্ষে ক্ষতিকারক হয়... সুতরাং এগুলো পরিত্যাগ করা উচিত।

শিশু রোগের পথ্যাপথ্য

বাচ্চা যদি শুধুমাত্র মায়ের দুধ পান করতে থাকে, তাহলে মায়ের দুগ্ধ শোধনের জন্য ঔষধযুক্ত পথ্য দেওয়া উচিত। এই সময় বাচ্চার মায়ের প্রচণ্ড সতর্কতা অবলম্বন করে চলা উচিত... কারণ এই সময় ওনার কোন ছোট ভুলের কারণেও বাচ্চাকে অনেক প্রকারের কষ্টের মুখোমুখি হতে হয়। এই প্রকার গর্ভবতী মায়েদের দুধ রোগের কারণ হয়ে ওঠে... সুতরাং এমন দুধ বাচ্চাদের পান না করিয়ে তার পরিবর্তে ছাগল বা গরুর দুধ দিন।

যে গরুর অন্ততঃ পক্ষে 6 মাস আগে বাচ্চা হয়েছে, সেই গরুর দুধ দেওয়াটা ঠিক হয়। গর্ভিণী গরুর দুধ বাচ্চাকে কখনোই দেওয়া উচিত নয়। স্বাভাবিক রূপে কিছু-কিছু গরুর দুধ গাঢ় বা পাতলা হয়। গাঢ় দুধ শারীরিক রূপে দুর্বল বাচ্চারা সহজে হজম করতে পারে না... অন্য দিকে নীরোগ আর সুস্থ বাচ্চারা গাঢ় দুধ সহজেই হজম করে নেয়। এমন বাচ্চারা মোষের দুধও হজম করে নেয়। রোগ বিকারের সম্ভাবনা দেখতে পাওয়া মাত্র গাঢ় দুধ দেওয়া বন্ধ করে দেওয়া উচিত। ছাগলের দুধ সহজে হজম হয়ে পড়ে। ছাগলের দুধ পান করতে থাকা বাচ্চারা পুষ্ট শরীরের অধিকারী আর চঞ্চল হয়। গরুর দুধ পান করতে থাকা বাচ্চারা বুদ্ধিমান আর ভালো বিচারের হয়। মোষের দুধ পান করতে থাকা বাচ্চারা উম্মত্ত আর জড় স্বভাবের হয়।

যদি বাচ্চার কোন দুধই হজম হতে না চায়, তাহলে 5 তোলা দুধে 5 ফোটা চুনের থিতিয়ে নেওয়া জল মিশিয়ে দিলে ভালো হয়। ছোট বাচ্চাদের আফিম মিশ্রিত ওষুধ দেওয়াটা ঠিক নয়... কারণ এর প্রভাব সরাসরি বাচ্চার মস্তিস্কের ওপরে হয়। অনেক মায়েরা বাচ্চাদের ভালো করে ঘুম পাড়াবার জন্য কিছুটা আফিম দিয়ে থাকেন... কিন্তু এই অভ্যাস বাচ্চাদের পক্ষে লাভকারী হয় না।

বাচ্চাদের ওষুধের মাত্রা

বৃদ্ধ বা 12-13 বছরের বাচ্চা বা গর্ভবতী মহিলাকে যদি ওষুধ দিতে হয়, তাহলে অর্ধেবভক মাত্রাই দিন। ছোট বাচ্চাদের এক-চতুর্থাংশ মাত্রায় ওষুধ দেওয়া উচিত। বাচ্চা যদি অত্যন্ত দুর্বল হয়, তাহলে অর্ধেক মাত্রা দিন। বাচ্চাদের ওষুধের 16-তম ভাগ পর্যন্ত মাত্রায় ওষুধ দেওয়া উচিত।

শুধুমাত্র দুধের পথ্য দ্বারা দূর হওয়া রোগ

ক্রনিক জ্বর, অগ্নিমান্দ্য, তিল্লী, লিভার, গুল্ম, উদর, জলোদর, রক্ত বিকার, বাতরক্ত, কণ্ডমাল, মৃগী, উম্মাদ, ভ্রম, মাথা ঘোরা, মূর্চ্ছা, উপদেশ বিষ আর সেগুলোর থেকে উৎপন্ন সকল প্রকারের যন্ত্রণা, পক্ষাঘাত, মাথা আর চোখের রোগ, মস্তক শূল, মূত্রাশয়ের রোগ, জণ্ডিস, রক্তপিত্ত, অত্যধিক পিপাসা, টি. বি., উরক্ষত, হৃদয় রোগ, বুকের যন্ত্রণা, বমি, পেট ফোলা, সংগ্রহণী, আমাশা আর পাতলা পায়খানা, মনের বিকার, চিন্তা ইত্যাদি অনেক রোগে শুধুমাত্র দুধের পথ্য দ্বারা আরাম হয়।

ধাতু-প্রমেহ রোগে

পথ্য ঃ ছাতু, গম, চাল *(মিহি)* ইত্যাদি কম পক্ষে এক বছরের পুরোন হওয়া উচিত, পুরোন মুগ, ধোওয়া কলাইয়ের ডাল, অরহর আর ছোলার ডাল, মোলায়েম ভাত, ছাগল বা গরুর দুধ আর লস্যি, পটল, কাঁকড়ি, কলা, কলার ফুল, ঢেঁড়শ ইত্যাদি হচ্ছে পথ্য।

পোস্ত, কর্পূর, ছুয়ারা, চন্দন, জাম, গ্যারপাঠা, বহনী ইত্যাদি ঔষধির রূপে প্রয়োগ করাটা হচ্ছে পথ্য।

ভোজনের সময় জল পান না করে ভোজনের 1-2 ঘন্টা পরে জল পান করা উচিত। রুটী বা পুরী দেরী করে হজম হয়। সুতরাং হাল্কা জিনিষ খাওয়া উচিত।

অপথ্য ঃ মূত্র বেগ আটকানো, ধূম্রপান, রক্তস্রাব, নিশ্চিন্তে চুপচাপ বসে থাকা, দিনের বেলা ঘুমোন, কোন পরিশ্রম না করা, দই, সোয়াবীন, নতুন অন্ন-জলের সেবন, তেলে ভাজা পদার্থ, তেল,

গুড়, টক ইত্যাদির সেবন, মৈথুন, মদ, লাউ, আঞ্জীর, আখের গুড়, চিনি ইত্যাদি হচ্ছে অপথ্য।

মূত্র রোগ (মূত্রকৃচ্ছ, মূত্রাঘাত এবং পথরী ইত্যাদি)

পথ্য ঃ মূত্র রোগে পুরোন লাল চাল, ভাজা মুগের ডাল, গরুর দুধের লস্যি, পেঠা, আম, পটল, কাঁকড়ি, এলাচ, কাবাব চিনি, চন্দনের তেল, ছুয়ারা, ইসবগোল, তাজা ফল, মোঠ, আম, ধনে, নাগকেশর ইত্যাদি হচ্ছে পথ্য।

পলাশ ফুলকে কিছুটা ফুটিয়ে নাভির নীচে পেটের ওপরে বাঁধা, জননেন্দ্রিয়ে উল বোনার কাঁটা চালানো, গরম জলে বসা ইত্যাদিও লাভ প্রদান করে।

অপথ্য ঃ কড়াইশুঁটি, দই, রাই, ছোলা, হিং, সেদ্ধ খাবার, কলা ইত্যাদি, মল-মূত্রের বেগ আটকানো, মৈথুন, অত্যধিক পরিশ্রম, সফর, রোদে ঘোরা বা বসা ইত্যাদি হচ্ছে অপথ্য।

ডায়াবেটিজ রোগে

এই রোগে কম মিস্টি এবং কষা স্বাদের পদার্থ খাওয়াটা ভালো হয়। এই রোগে ক্রমশঃ শারীরিক দুর্বলতা বেড়ে চলে... সুতরাং কোন প্রকারের শারীরিক পরিশ্রম না করা উচিত... তবে যতটা সম্ভব মানসিক পরিশ্রম অবশ্যই করা উচিত। চিত্তকে সর্বদা কাজে লাগিয়ে রাখলেও এই রোগ বেড়ে ওঠার চিন্তার হাত থেকে মুক্তি পাওয়া যায়। এর ফলে শরীরে উৎসাহ (স্ফূর্তি) বেড়ে ওঠে আর ক্লান্তিও দূর হয়।

মেদার গড়বড়ি

পথ্য ঃ গম, বাজরা, যব, মুগ ডালের জুস, কিছুটা মাখন, ফোটানো জল, মুনক্কা, নারঙ্গী ইত্যাদি ফল, ধারোষ্ণ দুধ, টম্যাটো ইত্যাদি।

অপথ্য ঃ ঘি, গাঢ় ডাল, ভাত, আলু, মিস্টি, গরম দুধ আর দেশী চিনি ইত্যাদি হচ্ছে এই রোগে অপথ্য।

গেঁটে বাত / পক্ষাঘাত

পথ্য ঃ জ্বরের কারণে শরীরের জয়েন্টগুলো ফুলে উঠলে শুধুমাত্র চুনের থিতিয়ে নেওয়া জলে দুধ মিশিয়ে বা এমনিই অন্য কোন প্রবাহী পদার্থের সঙ্গে মিশিয়ে দেওয়া উচিত।

মুগ বা যবের জল, হাল্কা চা, দুধ এবং সবুজ শাক ইত্যাদি দেওয়া উচিত।

অপথ্য ঃ মিস্টি, আলু এবং বাসী খাদ্য পদার্থ ইত্যাদি।

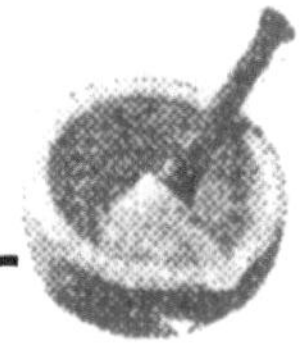

টায়ফয়েড জ্বরে

পথ্য ঃ জ্বর থাকলে শুধু দুধ দেওয়া উচিত। সম্ভব হলে পাঁউরুটীও দিতে পারেন। সারা দিনে 1 থেকে 1.5 কিলো পর্যন্ত মাত্রায় জল পান করা উচিত। যদি খালি পেটেও পেট ভারী লাগে, তাহলে তাতে চুনের থিতিয়ে নেওয়া জল বা সোডা ওয়াটার বা যবের জল মিশিয়ে পান করা উচিত। দুধ যদি হজম না হয়, তাহলে লস্যি পান করুন।

অপথ্য ঃ ঘরের মধ্যে স্নান করা, কাপড় কাচা, বাড়ীতে নোংরা মহিলা আসা, মাছ-মাংস ঢোকা ইত্যাদি এই রোগের রোগীর পক্ষে ক্ষতিকারক হয়।

টি. বি.

পথ্য ঃ সকল প্রকারের পশু-পক্ষীর মাংসের ঝোল, ডিম, মাছ, মুগ ডাল, গম, ছোলার আটার রুটী, ছাগলের দুধ, মাখন, ঘি, সবুজ সব্জী আর আঙ্গুর ইত্যাদি হচ্ছে পথ্য।

অপথ্য ঃ পান, কলাইয়ের ডাল, কুলথী, দ্বিতীয়বার রান্না করা ভোজন, আচার ইত্যাদি হচ্ছে অপথ্য। টি. বি. রোগীর পক্ষে বেশী পরিশ্রমের কাজ করা, অন্য কারো এঁটো খাবার খাওয়া বা অন্য কাউকে নিজের এঁটো খাবার খাওয়ানো ক্ষতিকারক হয় এবং ব্রহ্মচর্যের পালন করাটা উপযোগী হয়।

চর্ম রোগ / রক্ত বিকারে

দুধ, পুরোন চালের ভাত, সন্ধক লবন, ভাজা মুগ ডাল, অরহর ডাল, ঢেঁড়শ, পটল, কলা, কলার ফুল, কপি ইত্যাদিতে মশলা ঢেলে সেবন করা, ফুটিয়ে ঠাণ্ডা করা জল, লস্যি ইত্যাদি জিনিযের মধ্যে যত জিনিষ কম খাওয়া যায়, ততই ভালো।

পথ্যে লস্যির প্রয়োগ

লস্যি তৈরী করার বিধি ঃ ভালো করে জমানো দই নিয়ে তাতে এক-চতুর্থাংশ ভাগ জল মিশিয়ে ভালো করে গুলে তার থেকে মাখন বার করে নিন। এই প্রকারে তৈরী লস্যি অত্যন্ত রুচিকর, হজমে হাল্কা, মল-মূত্রকে সাফ করা, স্বয়ং পাচক এবং অন্নকে সহজে হজম করানোর কারণে এটা অতিসার, সংগ্রহণী, অর্শ, নলাশ্রিত বায়ু, জণ্ডিস, উদর শূল, মূত্রকৃচ্ছ, কলেরা, মূত্রাঘাত, অশ্মরী, প্রমেহ আর গুল্ম রোগে লাভদায়ক হয়।

গুণ ঃ শীতকালে এবং অগ্নিমান্দ্য, অরুচি, বাতরোগ ইত্যাদিতে লস্যি অমৃতের মত গুণকারী হয়। এটা বিষ বিকার, লাল স্রাব,

বিষম জ্বর, জণ্ডিস, গ্রহণী, অর্শ, মূত্রকৃচ্ছ, অশ্মরী ইত্যাদি মূত্র বিকার, ভগন্দর, প্রমেহ, গুল্ম, অতিসার, শূল, তিল্লী, অরুচি, কুষ্ঠ রোগ, কোষ্ঠগত রোগ, কোষ্ঠ ফুলে ওঠা, অত্যধিক পিপাসা আর কৃমির নাশ করে। এটা ক্ষুধাবর্ধক, নেত্র রোগনাশক, রক্ত এবং মাংসবর্ধক এবং বাতনাশক হয়।

রোগানুসার প্রয়োগ

বাত বিকারে টক আর সন্ধক লবন মিশিয়ে দেওয়া আর পিত্ত বিকারে মাখন বার করা লস্যিতে শুকনো আদা, সন্ধক লবন, গোলমরিচ আর পীপল মিশিয়ে দেওয়া উচিত। মূত্রকৃচ্ছে গুড় মিশিয়ে আর জণ্ডিস রোগে চিত্রকের চূর্ণ মিশিয়ে লস্যি পান করানো উচিত।

উদর রোগ আর বাতোদরে পীপল আর সন্ধক লবন মিশিয়ে, পিত্তোদরে চিনি আর গোলমরিচ মিশিয়ে, সন্নিশাতোদরে শুকনো আদা, গোলমরিচ, পীপল আর সন্ধক লবন মিশিয়ে লস্যি পান করানো উচিত। বদ্ধোদরে হাউবের, আজওয়াইন, জিরা আর সন্ধক লবন মিশিয়ে লস্যি দিন। গ্রহণী রোগের জন্য বিশেষ রূপে প্রস্তুত লস্যি পান করা উচিত। গ্রহণী রোগে অন্নের সেবন একেবারে ত্যাগ করে লাগাতার লস্যির প্রয়োগ করুন। এতে কিছুটা সাদা জিরার চূর্ণ ভেজে মিশিয়ে নিলে আরও লাভ হয়।

রোগীর আহার

রোগী আর রোগীর শারীরিক অবস্হা অনুযায়ী রোগীকে খেতে দেওয়া উচিত। দুর্বল আর ক্রণিক জ্বরের রোগীর জন্য দুধ বড়ই গুণকারী আর রোগনাশক হয়। কিন্তু নতুন জ্বরে দুধের সেবন কাঁচা রসের সৃষ্টি করে রোগীর অবস্হাকে আরও ভয়ংকর করে তোলে। দুধ, ঘি, মালাই, মাখন ইত্যাদি পুষ্টিকর বস্তু সঞ্জীবনী শক্তি সৃষ্টি করে আর দেহকে পুস্ট করে তোলে... কিন্তু আমাতিসার আর সংগ্রহণীর মত রোগে এই সব বস্তু রোগীকে শীঘ্রই মৃত্যুমুখে ঠেলে দেয়। আমাদের এই বক্তব্যের তাৎপর্য হচ্ছে এটা যে, একই বস্তু ভিন্ন-ভিন্ন রোগীর পক্ষে পথ্য আর অপথ্য হয়ে ওঠে। নীচের তালিকা দ্বারা এটা জানানোর চেস্টা করা হয়েছে যে, কোন্ বস্তু কোন্ রোগীর পক্ষে অনুকূল হবে।

মাসিক পথ্যাপথ্য

বৈশাখ ঃ এই মাসে নতুন তেলের প্রয়োগ করবেন না।
জৈস্ঠ ঃ এই মাসে দুপুরে ভ্রমণ করবেন না।
আষাঢ় ঃ এই মাসে পাকা বেল খাবেন না।

শ্রাবণ ঃ এই মাসে সবুজ শাক খাবেন না।

ভাদ্র ঃ এই মাসে দই খাওয়া উচিত নয়।

আশ্বিন ঃ এই মাসে করলা খাওয়া উচিত নয়।

কার্তিক ঃ এই মাসে মেঝেতে শোওয়া উচিত নয়।

অগ্রহায়ণ ঃ এই মাসে জিরা খাবেন না।

পৌষ ঃ এই মাসে ধনে খাবেন না।

মাঘ ঃ এই মাসে মিছরী খাবেন না।

ফাল্গুন ঃ এই মাসে ছোলা খাবেন না।

চৈত্র ঃ এই মাসে নতুন গুড় খাবেন না।

- সকালে তাড়াতাড়ি ঘুম থেকে ওঠা আর রাতে তাড়াতাড়ি ঘুমোন উচিত।
- প্রতি দিন সকালে স্নান করা উচিত।
- নোংরা পোশাক পরবেন না... এতে স্বাস্থ্যের ক্ষতি হয়।
- আগের দিন রাতে রাখা জল পরের দিন সকালে পান করে শৌচে যাওয়া উচিত।
- সূর্যোদয়ের আগে গরুর ধারোষ্ণ দুধ পান করা উচিত।
- ব্যায়াম করার পরে অবশ্যই দুধ পান করা উচিত।
- মল-মূত্র-হাঁচি ইত্যাদির বেগকে আটকানো উচিত নয়।
- খাবার খাওয়ার সময় কথা বলা আর ক্রোধ করা উচিত নয়। প্রয়োজন হলেও বেশী কথা বলবেন না আর কথা বলার সময় খাবার খাওয়া বন্ধ করে দিন।
- ইচ্ছে না হলে খাবার খাওয়া আর ভ্রমণ করা উচিত নয়।
- স্নান করার আগে আর খাবার খাওয়ার পরে প্রস্রাব অবশ্যই করুন।
- খাবার খাওয়ার পরে কিছুক্ষন বাঁ পাশ ফিরে শোওয়া উচিত।
- খাবার খাওয়ার সময় জলের প্রয়োগ কম করা উচিত।
- খাবার খাওয়ার পরে রসালো ফল ছাড়াও অন্য ফল খাওয়া উচিত এবং রাতে ফলের সেবন করা উচিত নয়।
- মরশুমী ফলের সেবন অবশ্যই করা উচিত।
- সূর্যের দিকে মুখ করে মূত্রত্যাগ কখনো করবেন না।

মাটির লাভ

মাটির প্রয়োগ বড়ই লাভদায়ক হয়। এর প্রয়োগে সংক্রমণ হওয়ার ভয় থাকে না। মাটির বিভিন্ন উপযোগ ঃ-

- বড় আর কঠোর ফোড়া... যেটা কোন ওষুধেই ফাটছে না, ভেজা মাটি লাগালে খুব শীঘ্র পেকে ফেটে যায়।
- কালো মাটি গলায় প্রলেপ করলে কানফোড়া দূর হয়।
- নদী বা পুকুরের সাদা মাটিকে জলে গুলে ফোলার ওপরে লাগালে আরাম হয়।
- গরমের দিনে শরীরে পিত্তি বেরোলে মুলতানী মাটিকে মিহি করে কুটে দইয়ের সঙ্গে মিশিয়ে লাগালে লাভ হয়।
- মুলতানী মাটিকে জলে গুলে লাগালে মুখের দাগ-ছোপ, ব্রণ-ফুসকুড়ি দূর হয়।
- আকরকরার চূর্ণের সঙ্গে খড়ি মাটি মিশিয়ে সেটা দিয়ে দাঁত মাজলে দাঁতের পোকা মারা যায় আর দাঁত পরিস্কার হয়।
- বাচ্চারা কাঁচ গিলে ফেললে গোপীচন্দন মাটির চূর্ণ দইয়ের সঙ্গে মিশিয়ে পান করালে শরীরের কোন ক্ষতি না করে কাঁচ মলদ্বার দিয়ে বাহিরে বেরিয়ে যায়।
- গোপীচন্দন মাটি ঘষে লাগালে মুখের ছালায় আরাম পাওয়া যায়।
- মাথায় যন্ত্রণা হতে থাকলে গোপীচন্দন মাটির প্রলেপ লাগান, মাথার যন্ত্রণা দূর হবে।
- ফোড়া দিয়ে পুঁজ বেরোতে থাকলে ভেজা মাটির টিকিয়া

বানিয়ে লাগালে ফোড়া থেকে পুঁজ বেরোন আর জ্বলুনি বন্ধ হয়ে পড়ে।

- বিছে আর বোলতা কামড়ালে সেই জায়গায় ভেজা মাটির পট্টি বাঁধুন... লাভ হবে।
- জ্বরের তাপকে কমাবার জন্য ভেজা মাটির চওড়া পট্টি প্রতি ঘন্টায় পাল্টাতে থাকুন।
- পায়ে ফোড়া হয়ে উরুতে গাঁট ফুলে উঠলে তার ওপরে দিনে চার বার ভেজা মাটি গরম করে সেঁক দিন।
- যদি আমাশা হয়ে পড়ে, তাহলে পেটের ওপরে পাঁচ মিনিট ভেজা ঠাণ্ডা মাটির সেঁক আর তারপর পাঁচ মিনিট গরম মাটির সেঁক দিলে লাভ হয়।
- যদি মহিলাদের স্তন ফুলে ওঠে, জ্বলুনি হতে থাকে... তাহলে প্রথমে তিন মিনিট ভেজা গরম মাটির সেঁক আর তারপর তিন মিনিট ভেজা ঠাণ্ডা মাটির সেঁক দিন। মাটি যেন বেশী গরম না হয়, সেটা মাথায় রাখবেন।
- দাদ আর এ্যাপেণ্ডিসাইটিসেও ক্রমশঃ গরম আর ঠাণ্ডা ভেজা মাটির সেঁক দিলে লাভ হয়।
- বাচ্চা যদি মাটি খেয়ে ফেলে আর তার পেটে যদি যন্ত্রণা হতে থাকে, তাহলে সোনা গেরুকে ঘিয়ে সেঁকে মিহি করে পিযে 1 গ্রাম মাত্রায় 10 গ্রাম মধুর সঙ্গে মিশিয়ে বাচ্চাকে চাটান।
- যদি হেঁচকি বন্ধ না হতে চায়, তাহলে গেরুকে আগুনে পুড়িয়ে 1 গ্রাম মাত্রায় 10 গ্রাম মধুর সঙ্গে মিশিয়ে চাটান।

❑❑

পায়চারী করাটাও এক প্রকারের ব্যায়াম হয়

সূর্যোদয়ের আগে কোন খালি জায়গায়, রাস্তার ধারে, পার্ক, ময়দান বা নদীর ধারে সহজেই পায়চারী করা যেতে পারে। নিয়মিত পায়চারী করলে শুধু যে আপনার শরীরের আকার ঠিক থাকবে, তাই নয়... বরং শারীরিক এনার্জীও বেড়ে উঠবে। পায়চারী করলে হাত-পা ছাড়াও মস্তিস্কে রক্ত সঞ্চারণের গতি তীব্র হয়ে ওঠে... যার ফলে মস্তিস্ক আরও বেশী সক্রিয়তার বোধ করায়। আপনি নিজেকে মানসিক রূপে আরও বেশী সুস্থ অনুভব করতে থাকবেন।

আপনি এটা জেনে আশ্চর্য হয়ে উঠবেন যে, আপনার ব্যায়াম করার পদ্ধতি আপনার জীবন-শৈলী, আচার-বিচার আর সংবেদনাগুলোর ওপরে গভীর প্রভাব বিস্তার করে। শরীরে যেমন-যেমন পরিবর্তন দৃষ্টিগোচর হয়, আপনি নিজেকে *'ফিজিক্যাল ফিটনেস'*-য়ের অনুরূপ করে তোলার ভরপুর প্রচেস্টা চালাতে থাকেন। এমনিতেও নতুন ফ্যাশন আর স্টাইলের অনুরূপ লোকেদের জীবন যাপনকে এখন বেশী করে পছন্দ করা হচ্ছে। যুবক-যুবতী বা প্রৌঢ় ব্যক্তি – সবারই এখন সর্বদা ফিটফাট হয়ে থাকার প্রতি বিশেষ আগ্রহের সৃষ্টি হয়েছে। তবুও এমন কিছু ব্যক্তিও আছেন, যাঁরা সকালবেলা বিছানায় শুয়ে-শুয়ে চায়ের কাপে চুমুক মারাটাকে বেশী লাভদায়ক বলে মনে করেন।

এখানে উল্লেখ্য যে, পেট, হৃদয় আর ফুসফুসের রোগীদের পক্ষে পায়চারী করাটাকে অত্যন্ত আবশ্যক বলে মেনে নেওয়া হয়েছে। চিকিৎসকরা এমন পরামর্শ বার-বার দিয়ে থাকেন। পায়চারী করলে শুধু শরীরই স্লিম হয়ে থাকে না... তার সাথে-সাথে অনাবশ্যক রূপে বেড়ে ওঠা শরীরের ওজনও ধীরে-ধীরে কমে আসতে থাকে। শরীরের ভেতরে শুদ্ধ রক্তের বাহক ধমনীগুলোর কার্য ক্ষমতা বেড়ে ওঠে। আপনার রক্তচাপ স্বাভাবিক হয়ে থাকে... সেটা বেড়ে উঠতে পারে না।

প্রতি দিন পায়চারী করার শুধু একটা টাইম টেবিল বানালেই চলবে না... সেটাকে নিজের দৈনন্দিন জীবন যাত্রায় শামিলও করতে হবে।

প্রতি দিন পায়চারী করলে শুধু যে শরীরের রক্ত সঞ্চারণে তীব্রতা আসে, তাই নয়... শরীরের অঙ্গগুলোর গতিবিধিও তীব্র হয়ে ওঠে। শরীরের ত্বক আর মাংসপেশীগুলো টানটান হয়ে ওঠে। পায়চারী করলে ফুসফুসের শক্তি বেড়ে ওঠে।

- পায়চারী করার আরও একটা লাভ আছে। পায়চারী করার সময় আপনার চোখ দুটো চার দিকে সবুজের অবলোকন করে... যার ফলে আপনার চোখ আরাম প্রাপ্ত করে আর হৃদয়ের এক বিচিত্র সুখানুভূতি হয়। পায়চারী করলে পাচন ক্রিয়াও ঠিক থাকে। চিকিৎসকদের মতে প্রতি দিন কম পক্ষে আধ ঘন্টা পায়চারী করলে হৃদয়ের মাংসপেশীগুলোর কার্য ক্ষমতা 20 শতাংশ বেড়ে ওঠে। পায়চারী করলে ব্যক্তির মুডও ভালো হয়ে ওঠে, যেটার প্রত্যক্ষ প্রভাব তাঁর স্বভাবের ওপরে পড়ে। পায়চারী করার পরে আপনি নিজেকে অনেক বেশী প্রসন্ন চিত্ত অনুভব করবেন। আপনার রাগ অনেকটাই কমে আসবে।
- একা-একাও পায়চারী করা যায়... কিন্তু তাতে আপনি *'বোর'* হয়ে উঠতে পারেন। নিজের সঙ্গে কোন্ সমবয়সী ব্যক্তি বা কোন বাচ্চাকে নিয়ে পায়চারী করুন। পায়চারী করার সময় আপনার পতি / পত্নী সঙ্গে থাকলে আরও ভালো হয়।
- পায়চারী করার জায়গাটা একেবারে খোলা জায়গা হওয়া উচিত। সেটা আপনার বাড়ীর ছাদ, ময়দান, পার্ক, রাস্তার ধার বা বাগান – যে কোন একটা জায়গা হতে পারে... কিন্তু সেই জায়গাটা যেন পরিবেশের দৃষ্টিতে প্রদূষণমুক্ত হয় এবং চার পাশে যেন সবুজ গাছপালা থাকে। মাটিতে পায়চারী করাটা স্বাস্থ্যের পক্ষে সব থেকে বেশী লাভদায়ক হয়। পায়চারী করার সময় সর্বদা নাক দিয়ে শ্বাস নেওয়া উচিত।
- পায়চারী করার সময় এমন কোন চিন্তা মাথায় আসা উচিত নয়, যার ফলে আপনি হঠাৎ করে মানসিক চাপের অথবা ক্রোধের শিকার হয়ে পড়েন। পায়চারী করাটা সবার পক্ষেই আবশ্যক হয়। বিশেষ করে গর্ভবতী মহিলাদের পক্ষে পায়চারী করাটাকে সব থেকে ভালো ব্যায়াম বলে মেনে নেওয়া হয়েছে। এর ফলে যে গর্ভাবস্থার বেশ কিছু সমস্যা থেকে তো মুক্তি পাওয়া যায়, তাই নয়... বরং মা এবং বাচ্চা - দুজনেরই স্বাস্থ্যলাভ হয়।

❑❑

www.ingramcontent.com/pod-product-compliance
Lightning Source LLC
LaVergne TN
LVHW040001051026
849558LV00001B/10